14.12.82   Sabine Seyer

Dellmann

Betriebswirtschaftliche Produktions- und Kostentheorie

DIE WIRTSCHAFTSWISSENSCHAFTEN
NEUE REIHE

Herausgeber: Prof. Dr. Dr. h. c. mult. Erich Gutenberg

Band 3

Betriebswirtschaftliche Produktions- und Kostentheorie

Von

Dr. Klaus Dellmann

o. Professor für Betriebswirtschaftslehre an der Universität zu Kiel

CIP-Kurztitelaufnahme der Deutschen Bibliothek

Dellmann, Klaus:
Betriebswirtschaftliche Produktions- und Kostentheorie / von Klaus Dellmann. –
Wiesbaden: Gabler, 1980
(Die Wirtschaftswissenschaften: Neue Reihe; Bd. 3)
ISBN 3-409-68032-2

© 1980 Betriebswirtschaftlicher Verlag Dr. Th. Gabler GmbH, Wiesbaden
Umschlaggestaltung: Horst Koblitz, Wiesbaden
Satz: Composer-Satz Günter Hartmann, Nauheim
Druck und Buchbinderei: IVD – Industrie- und Verlagsdruck GmbH, Walluf b. Wiesbaden
Alle Rechte vorbehalten. Auch die fotomechanische Vervielfältigung des Werkes
(Fotokopie, Mikrokopie) oder von Teilen daraus bedarf der vorherigen Zustimmung des Verlages.
Printed in Germany

ISBN 3 409 68032 2

Vorwort

Der vorliegende Band in dem Lehrwerk „Die Wirtschaftswissenschaften – Neue Reihe" ist als Einführung in die betriebswirtschaftliche Produktions- und Kostentheorie gedacht. Aus diesem Grund liegt das Schwergewicht des Buches auf Begriffserklärungen, der Einführung neuer Begriffe, Vorstellung der Grundlagen und Grundprobleme der Produktions- und Kostentheorie sowie der Darstellung wichtig erscheinender betriebswirtschaftlicher Produktions- und Kostenmodelle. Die Darstellung der Beziehungen zwischen Kosten und den wichtigsten Kosteneinflußgrößen bleibt – schon wegen der Begrenzung der Seitenzahl – einer weiteren Arbeit vorbehalten.

Das Buch verfolgt das Ziel, dem Praktiker und Studierenden der Wirtschaftswissenschaften die Grundlagen der Produktions- und Kostentheorie zu vermitteln. Gelegentlich werden die formalen Darlegungen durch kleinere Anschauungsbeispiele ergänzt.

Mein Dank gilt meinen Mitarbeitern Fräulein A. Cornelius, Fräulein B. Meyer, Herrn Diplom-Kaufmann K. Gutermuth und Herrn Dipl.-Volkswirt H. Wiedey. Sie haben mit großem Fleiß die letzte Durchsicht des Manuskripts besorgt. Frau K. Löhr danke ich für die umfangreichen und mit Einfühlungsvermögen besorgten Schreibarbeiten.

Kiel, im Juni 1979   KLAUS DELLMANN

Inhaltsverzeichnis

Erstes Kapitel
Gegenstandsbereich und Wissenschaftsprogramm 11

1 Der Gegenstandsbereich der Produktions- und Kostentheorie: Die Güterprozesse in der Betriebswirtschaft. 13
2 Zum Wissenschaftsprogramm der Produktions- und Kostentheorie 15
   2.1 Die Stellung der Produktions- und Kostentheorie im Rahmen der Betriebswirtschaftstheorie. 15
   2.2 Forschungsansätze in der Produktions- und Kostentheorie. 16
   2.3 Betriebs- und volkswirtschaftliche Produktions- und Kostentheorie. 18
   2.4 Die Entwicklung der betriebswirtschaftlichen Produktions- und Kostentheorie. 18

Zweites Kapitel
Produktionstheorie 23

3 Grundtatbestände der Produktionstheorie 25
   3.1 Die Güter als Objekte der Produktion 25
      3.1.1 Kennzeichnung und Klassifikation der Güter. 25
      3.1.2 Die Produktionsfaktoren. 28
         3.1.2.1 Überblick. 28
         3.1.2.2 Die dispositiven Faktoren 30
         3.1.2.3 Die Elementarfaktoren 31
      3.1.3 Die Produkte und das Produktprogramm 35
   3.2 Das Produktionssystem und Strukturen von Betriebswirtschaften 38
   3.3 Die Produktionsverfahren 41
      3.3.1 Zur Systematik der Produktionsverfahren 41
      3.3.2 Die Produktionsverfahren in verfahrenstechnischer Sicht. 43
      3.3.3 Die Produktionsverfahren in ökonomischer Sicht. 44
      3.3.4 Die Organisationstypen des Produktionsablaufs. 50
4 Produktionsmodelle. 54
   4.1 Produktionsmodelle für einstufige Fertigung. 54
      4.1.1 Das Grundmodell und seine Spezifikationen 54
         4.1.1.1 Limitationalität, Substitutionalität 57
         4.1.1.2 Größe der Produktion, Homogenität 63
         4.1.1.3 Begriffe zur Beschreibung von Produktionszusammenhängen 66

4.1.1.4 Allgemeine produktionstheoretische Zusammenhänge	68

    4.1.2 Das Leontief-Produktionsmodell 70
        4.1.2.1 Ein Produkt – Zwei Faktoren – Ein Prozeß 70
        4.1.2.2 Ein Produkt – H Faktoren – S effiziente Prozesse 71
    4.1.3 Das Gutenberg-Produktionsmodell 74
        4.1.3.1 Allgemeine Kennzeichnung des Gutenberg-Produktionsmodells 74
        4.1.3.2 Nähere Charakterisierung des Gutenberg-Produktionsmodells 77
        4.1.3.3 Weiterentwicklung des Gutenberg-Produktionsmodells 81
    4.1.4 Das Chenery-Produktionsmodell 83
    4.1.5 Das Pichler-Produktionsmodell 85
  4.2 Produktionstheoretische Problemstellungen bei mehrstufiger Fertigung 91
  4.3 Das mehrstufige Pichler-Produktionsmodell 94
    4.3.1 Die Aufstellung des Modells 94
    4.3.2 Anwendungsmöglichkeiten des Pichler-Modells 108

Drittes Kapitel
Kostentheorie 115

5 Grundlagen der Kostentheorie 117
  5.1 Der Kostenbegriff im Rahmen der Kostentheorie 117
    5.1.1 Wertgrößen und wertmäßige Abbildung von Gütern in Betriebswirtschaften 117
    5.1.2 Die Kostenwerttheorie 125
        5.1.2.1 Allgemeiner Überblick 125
        5.1.2.2 Der monetäre Kostenbegriff 128
        5.1.2.3 Der substantielle Kostenbegriff 129
        5.1.2.4 Der wertmäßige Kostenbegriff 131
        5.1.2.5 Der entscheidungsorientierte Kostenbegriff 134
        5.1.2.6 Zusammenfassung 135
  5.2 Die Systematisierung von Kosteneinflußgrößen 136
    5.2.1 Allgemeine Kennzeichnung 136
    5.2.2 Die wichtigsten Kosteneinflußgrößen 138
  5.3 Die Systematisierung von Kosten 140
    5.3.1 Die Gruppierung der Kosten in Kostenkategorien 140
    5.3.2 Die Gruppierung der Kosten nach Art der verbrauchten Faktoren 142
    5.3.3 Die Gruppierung der Kosten in Leistungs- und Bereitschaftskosten ... 152
    5.3.4 Die Gruppierung in Einzel- und Gemeinkosten 158
  5.4 Kostenfunktionen und ihre Struktureigenschaften 159

6 Kostenmodelle 165
  6.1 Grundlegende Annahmen – Gleichgewichtsproduktion 165
    6.1.1 Allgemeine Sätze 165

      6.1.2 Minimalkostenproduktion. 170
      6.1.3 Maximalumsatzproduktion 171
  6.2 Kostenmodelle für einstufige Fertigung 172
      6.2.1 Das Kostenmodell auf Basis des Leontief-Produktionsmodells 172
            6.2.1.1 Die Kostenfunktion im Leontief-Produktionsmodell 172
            6.2.1.2 Die optimale Prozeßauswahl im Einproduktfall
                       (Gleichgewichtsproduktion) 174
            6.2.1.3 Die optimale Güter- und Programmauswahl im Leontief-
                       Produktionsmodell 180
      6.2.2 Das Kostenmodell auf Basis des Gutenberg-Produktionsmodells 182
            6.2.2.1 Die Kostenfunktion im Gutenberg-Produktionsmodell 182
            6.2.2.2 Der optimale Anpassungsprozeß im Gutenberg-Produktions-
                       modell 184
  6.3 Das Pichler-Kostenmodell für mehrstufige Fertigung. 192
      6.3.1 Die Ableitung des Pichler-Kostenmodells aus dem Pichler-
           Betriebsmodells 192
      6.3.2 Gleichgewichtsproduktion im Pichler-Modell 194

Literaturverzeichnis 199

Verzeichnis der Abbildungen 209

Sachregister 211

Erstes Kapitel

Gegenstandsbereich und Wissenschaftsprogramm

1 Der Gegenstandsbereich der Produktions- und Kostentheorie: Die Güterprozesse in der Betriebswirtschaft

1. Fundamentalsatz: „Es gibt menschliche Bedürfnisse, und es gibt eine Menge von Gütern, durch die menschliche Bedürfnisse befriedigt werden können." (WITTMANN [Produktionstheorie 1968, S. 1])

In dieser Welt kann der Mensch die zur Befriedigung seiner Bedürfnisse notwendigen Güter und Dinge nur zum Teil der ihn umgebenden Natur entnehmen. Den größeren Teil muß er durch Verwendung von Verstand, Schweiß, Energie, Maschinen und Werkstoffen selbst herstellen. Dies geschieht in Betriebswirtschaften. In Verfolgung dieses *Sachziels* (Produktziel) produziert die Betriebswirtschaft Güter *(Produkte)* durch gleichzeitigen Verbrauch oder Inanspruchnahme anderer Güter *(Faktoren)*, die ebenfalls nicht im Überfluß vorhanden sind. *Güterverbrauch* und *Güterentstehung* sind also gleichzeitig auftretende Wirkungen eines realen Prozesses, den wir Produktion nennen, die auf eine komplexe Ursache zurückgehen. „*Ursache* dieser Doppelwirkung ist der Einsatz der *Gesamtheit* der erforderlichen Produktionsfaktoren unter den jeweiligen technologisch bestimmten Produktionsbedingungen." (RIEBEL [Deckungsbeitragsrechnung 1976, S. 72]). Die *Produktionstheorie* (Pth) hat sich die Klärung dieser Ursache/Wirkungs-Zusammenhänge zur Aufgabe gemacht.

Eine Produktion ohne den Einsatz vorhandener knapper Güter ist nicht denkbar. Um möglichst viele Produkte herstellen zu können, muß die Betriebswirtschaft *effizient*, d. h. wirtschaftlich produzieren. Dazu bedarf es einer Lenkung der Güterprozesse im Hinblick auf das Produktziel. Um jedoch ökonomische Wirtschaftlichkeitsüberlegungen durchführen zu können, müssen die artverschiedenen Güterverbräuche in Geldeinheiten abgebildet werden. Den in Geld ausgedrückten Wert des Gütereinsatzes bezeichnet man als *Kosten*. Da Güter- und Kostenentstehung auf einer gemeinsamen Ursache beruhen, ist es zweckmäßig, produktions- und kostentheoretische Überlegungen auch gemeinsam durchzuführen. Die *Kostentheorie* (Kth) erweitert die Pth um Wertaspekte auf der Gütereinsatzseite. Sie versucht, die Zusammenhänge zwischen Produktion und Kostenentstehung zu klären sowie die Beziehungen zwischen Kostenhöhe und ihren Bestimmungsgrößen zu erforschen.

Die Frage, welche Produkte in welchen Mengen produziert werden sollen, beantworten die personalen Träger dieser Entscheidung durch Orientierung an den *Geldzielen* der Betriebswirtschaft. *Liquiditätswahrung* und *Erfolgserzielung* werden als der Marktwirtschaft immanente Ziele angesehen (GUTENBERG [Produktion 1975, S. 457 ff.]). Die Lenkung der Güterprozesse im Hinblick auf das Erfolgsziel bedarf neben der Berücksichtigung von Kosten auch der Abbildung der Güterentstehung in Werte. Den in Geld ausgedrückten Wert der Produktentstehung bezeichnet man als *Leistung* (Bruttoproduktionswert). Damit ein positiver Erfolg (*Gewinn*) entsteht, muß der leistungsbezogene

Faktorverzehr einen geringeren Wert aufweisen als die Leistung selbst. Das bedeutet aber, daß der Produktionsvorgang in seiner Gesamtheit zugleich ein *Wertschöpfungsprozeß* sein soll. Sind die Käufer der Produkte bereit, für die Produkte mehr zu bezahlen als die Menge der verzehrten Faktoren auf den Beschaffungsmärkten gekostet hat, so hat ein solcher Wertschöpfungsprozeß stattgefunden. Er drückt sich in einer positiven Differenz von Leistung und Vorleistung aus. Die Festlegung des Produktprogramms nach Art und Menge durch die Unternehmungsleitung hat sich daher an den Absatzmöglichkeiten, den zu erzielenden Marktpreisen, den Kosten und den verfügbaren Faktormengen zu orientieren. Die *Theorie zur Ableitung des Produktprogramms* erweitert die Produktions- und Kostentheorie (PuK) um Wertaspekte auf der Güterverwertungsseite. Sie wird hier nicht behandelt, sondern ist Teil einer umfassenderen Preis- und Absatztheorie. Das Problem der optimalen Lenkung von Faktoren und Produkten im Rahmen des betrieblichen Gütersystems ist ein Grundproblem aller Betriebe. Das Gütersystem als Gesamtheit aller Güterbestände und -bewegungen ist das Objekt der Lenkung. Es umfaßt ein Realgüter- und ein Nominalgütersystem. Das Realgütersystem wird durch das Instrument der *Produktionsplanung* art- und mengenmäßig in der durch Ziele festgelegten Richtung gesteuert. Dabei lassen sich grundsätzlich fünf Phasen (Abb. 1) unterscheiden: In einer ersten Phase *(Beschaffung)* erhält der Betrieb reale Einsatzgüter (Faktoren) gegen Nominalgüter geliefert. Bevor sie in einer dritten Phase im Rahmen der *Produktion* in Produkte umgewandelt werden, findet möglicherweise in einer zweiten Phase eine *Lagerung* statt. Das gleiche gilt für fertige Produkte in Phase 4, bevor sie in der fünften Phase an Abnehmer gegen Hergabe von Nominalgütern den Betrieb verlassen *(Absatz).*

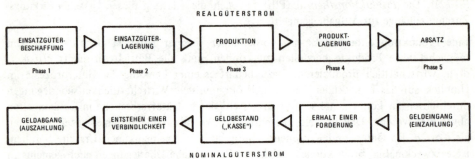

Abb. 1: Real- und Nominalgüterströme

In Phase 1 und Phase 5 ist die Betriebswirtschaft mit ihrer wirtschaftlichen Umwelt – den Beschaffungs- und Absatzmärkten – verbunden. Dem Realgüterstrom läuft ein Nominalgüterstrom entgegen.

Die Produktionsplanung enthält daneben jedoch auch Anweisungen, mit welchem Verfahren, unter Einsatz welcher Mittel und zu welchen Zeitpunkten produziert werden soll. Das Rechnungswesen im allgemeinen, die *Kosten- und Leistungsrechnung* im besonderen, dient dagegen der wertmäßigen Lenkung des Gütersystems. Die enge Verflechtung von Realgüterströmen auf der einen Seite und Nominalgüterströmen auf der anderen Seite wird im Wertsystem des betrieblichen Rechnungswesens besonders deutlich.

2 Zum Wissenschaftsprogramm der Produktions- und Kostentheorie

2.1 Die Stellung der Produktions- und Kostentheorie im Rahmen der Betriebswirtschaftstheorie

Die Produktion von Gütern vollzieht sich in Einheiten, die Betriebe heißen. Diese Betriebe sind Gegenstand der Betriebswirtschaftstheorie. Jeder Betrieb läßt sich nach *Funktionen*, d. h. nach Haupttätigkeitsbereichen gliedern, die wie folgt bezeichnet werden können:

1. *Management*: Hierunter werden alle Führungs- und Entscheidungsaufgaben der Geschäftsleitung sowie die Instrumente „Planung", „Kontrolle" und „Organisation" zusammengefaßt.
2. *Finanzierung*: Beschaffung von Zahlungsmitteln für Finanzierungszwecke.
3. *Beschaffung*: Auswahl, Beschaffung und Lagerhaltung von Faktoren.
4. *Produktion*: Herstellung von Gütern.
5. *Absatz*: Lagerung und marktliche Verwertung von Produkten.

Jedem dieser Funktionsbereiche lassen sich (Teil-) Theorien zuordnen, so z. B. dem Management die Entscheidungs- und Organisationstheorie, der Finanzierung die Finanzierungstheorie, der Beschaffung die Lager- und Investitionstheorie. Die Aussagen der Produktionstheorie konzentrieren sich (zumindest was die übliche Betrachtungsweise anbelangt) allein auf den Bereich der Produktion. Da jedoch auch in den anderen Funktionsbereichen Güter bzw. Leistungen erstellt werden — wenn auch teilweise zum innerbetrieblichen Verbrauch bestimmt — müßte eine umfassende Produktionstheorie auch auf diese Bereiche ausgedehnt werden. Quantitative Input-Output Beziehungen sind auch hier feststellbar. Die Kostentheorie hat diesen Schritt schon weitgehend vollzogen. Sie beschränkt ihre Untersuchungen nicht nur auf den Bereich der Fertigungs- und Herstellkosten, sondern untersucht auch Kosten in Abhängigkeit von Finanzierungsmaßnahmen oder verschiedener Lager- oder Beschaffungspolitiken. Wirtschaftlichkeitsrechnungen findet man in allen Teilbereichen eines Betriebes.

Die betriebswirtschaftlichen (Teil-) Theorien stehen nicht unabhängig nebeneinander. Da sie sich alle auf den gleichen realen Objektbereich beziehen, stimmen ihre Anwendungsbedingungen weitgehend überein. Aus diesem Grund sind enge Abhängigkeiten feststellbar. So wird beispielsweise versucht, Investitions- und Finanzierungstheorie miteinander zu verschmelzen. Das Bemühen der Betriebswirtschaftslehre geht dahin, zu einer allgemeinen Betriebswirtschaftslehre bzw. „Theorie der Unternehmung" zu gelangen.

2.2 Forschungsansätze in der Produktions- und Kostentheorie

Die PuK bedient sich zur Erhöhung ihres Wissensstandes verschiedener Forschungsansätze, die in Abb. 2 dargestellt sind.

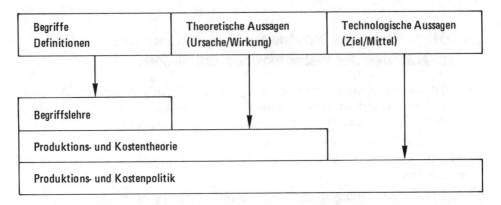

Abb. 2: Forschungsansätze in der Produktions- und Kostentheorie

Eine erste Forschungskonzeption, die man als produktions- und kostentheoretische *Begriffslehre* bezeichnen kann, konzentriert sich auf das Finden und Konstruieren von Begriffen. Das Begriffssystem bildet das Fundament der jeweiligen Wissenschaftssprache. Die wissenschaftliche Begriffsbildung und Begriffsexplikation knüpft entweder an die Umgangssprache (oder den vorwissenschaftlichen Sprachverkehr) an, oder es werden ganz neue Begriffe eingeführt. Im ersten Fall muß die Bedeutung der Ausdrücke präzisiert werden, um zu exakten Aussagen kommen zu können, welche diese Begriffe enthalten. Bei der Einführung neuer Begriffe spielen Definitionen eine wichtige Rolle. Wenn auch Begriffe das Ergebnis willentlicher Festsetzungen sind, so ist doch die Schaffung des wissenschaftlichen Vokabulars nicht ganz in das freie Belieben des Wissenschaftlers gestellt. Insbesondere sind ständig die *Zweckmäßigkeit* und die *Fruchtbarkeit* der Begriffe zu überprüfen, denn der fragliche Begriff soll ja die Aufstellung und Überprüfung möglichst vieler Aussagen im Rahmen der Theoriebildung gestatten. Das begriffliche Denken als Basis jeden wissenschaftlichen Bemühens darf daher nicht unterschätzt werden.

Ein zweiter Forschungsansatz ist dadurch gekennzeichnet, allgemeine Gesetzmäßigkeiten im Rahmen einer *Produktions- und Kostentheorie* zu entdecken, die für die erfahrbare Welt der Produktion gelten. Solche Gesetzmäßigkeiten werden durch theoretische Satzsysteme in einer theoretischen Sprache wiedergegeben. Sie sollen stets eine *Erklärung* früherer oder gegenwärtiger Sachverhalte und eine *Prognose* zukünftiger Tatbestände erlauben. Damit werden *Ursache/Wirkungs-Zusammenhänge* erforscht. Die Sätze einer realwissenschaftlichen Theorie sind synthetische Sätze, d. h. Sätze, die die Realität betreffen. Ihre Gültigkeit kann nur durch empirische Überprüfung festgestellt werden. Durch die Zuordnung der Ausdrücke (Hypothesen, Theoreme, Definitionen) der Theorie auf der Erfahrungsstufe zu Begriffen, die der Gesamtheit der beobachtbaren Vorgänge und Erscheinungen entstammen, erhält man ein *reales Modell* der Theorie.

Auf einer dritten Stufe werden wirtschaftliche Handlungen und Entscheidungen im Produktionsbereich als Objekt betrachtet. Damit wird die PuK auf der zweiten Stufe um ein entscheidungsorientiertes *Ziel/Mittel-Denken* erweitert. Eine so verstandene Forschungskonzeption kann als „Technologie" oder *Produktions- und Kostenpolitik* bezeichnet werden; sie setzt sich mit den Lenkungsmechanismen im Produktionsbereich der Betriebswirtschaft auseinander.

Produktions- und Kostentheorie sowie -politik sind frei von normativen Werturteilen. Ziele und Mittel werden als gegeben unterstellt. Allerdings müssen realwissenschaftliche Aussagen die Zielsetzungen der Praxis einbeziehen.

Zu den *Aufgaben* der Produktionstheorie und -politik zählen daher:

1. Die Entwicklung einer theoretischen Sprache zur Erfassung der realen Phänomene im Bereich der Produktion.
2. Die Ermittlung empirisch gehaltvoller Hypothesen über die quantitativen Beziehungen (bei verschiedenen möglichen Produktionsalternativen), die zwischen Input und Output bestehen.
3. Die Überprüfung dieser empirischen Regelmäßigkeiten oder Teilen von solchen im Rahmen von empirischen Tests sowie realitätsorientierten Prognose- und Entscheidungsmodellen.
4. Das Aufzeigen der Bedingungen, die zu einer zielgerichteten Gestaltung der Produktion in bezug auf Input, Output und zeitlicher Durchführbarkeit führen.

Die *Aufgaben* der Kostentheorie und -politik können entsprechend, wie folgt, formuliert werden:

1. Die Entwicklung einer theoretischen Sprache zur Erfassung der realen monetären Phänomene im Bereich der Herstellung von Gütern
2. Die Erarbeitung von Bewertungsgrundsätzen für Inputs und Outputs bei verschiedenen Zwecksetzungen
3. Die Ermittlung empirisch gehaltvoller Hypothesen über die Kostenhöhe und die diese Kostenhöhe beeinflussenden Faktoren bei vorgegebenem Output sowie die Ermittlung von Abhängigkeiten der Einflußgrößen untereinander
4. Die Überprüfung dieser „Kostengesetze" im Rahmen empirischer Tests sowie im Rahmen von Prognose- und Entscheidungsmodellen
5. Das Aufzeigen der Bedingungen, die zu einer optimalen Kostengestaltung führen.

2.3 Betriebs- und volkswirtschaftliche Produktions- und Kostentheorie

Die Produktions- und Kostentheorie ist eine der ältesten Theorien in den Wirtschaftswissenschaften. Erste Ansätze reichen zurück bis zu den Kameralisten, Physiokraten und Klassikern. Am häufigsten findet man Abhandlungen zu produktionswirtschaftlichen Fragestellungen in der Landwirtschaft (Ertragsgesetz). Betrachtet man die Dogmengeschichte der Produktionstheorie genauer, so ist nicht zu verkennen, daß es zunächst volkswirtschaftliche Autoren waren, die hier wesentliche Beiträge geleistet haben. Das hier entwickelte umfangreiche Instrumentarium wurde von der Betriebswirtschaftslehre übernommen und ausgebaut. Im Rahmen der Volkswirtschaftslehre wird die Produktionstheorie als Basis und Teil der Preistheorie angesehen (KRELLE [Produktionstheorie 1969]). Sie ist damit fester Bestandteil der Gleichgewichtstheorie und volkswirtschaftlichen Mikroökonomie. Betrachtet man die Produktionstheorie jedoch unter anderen Erkenntnisaspekten, so gehört sie ebenso zur Makroökonomie. Dort dient sie als Baustein der Wachstumstheorie (KRELLE [Produktionstheorie 1969, Kapitel XI]). In der Betriebswirtschaftslehre ist die Produktions- und Kostentheorie wesentlicher Bestandteil der „Theorie der Unternehmung". Enge Verbindungen zu anderen betriebswirtschaftlichen (Teil-)Theorien sind feststellbar. Hier sei nur auf das betriebswirtschaftliche Pendant der Wachstumstheorie – die Investitionstheorie – hingewiesen (ALBACH [Verbindung 1962]).

Fundamentale Unterschiede zwischen volks- und betriebswirtschaftlicher Produktionstheorie sind heute nicht mehr gegeben. Die Erkenntnisziele sind jedoch anders. Der Abstraktionsgrad ist in der volkswirtschaftlichen Produktionstheorie höher. Die betriebswirtschaftliche Produktions- und Kostentheorie weist höhere Anschaulichkeit auf; sie soll zu Aussagen kommen, die als Prognose- und Entscheidungshilfen in Betrieben dienen können. Dies ist auch der Grund, warum die im Rahmen der Verfahren des Operations Research entwickelten Entscheidungsmodelle in der Produktions- und Kostentheorie Verwendung finden.

2.4 Die Entwicklung der betriebswirtschaftlichen Produktions- und Kostentheorie

Mit der Gründung der Handelshochschulen um die Jahrhundertwende beginnt die eigentliche Entwicklung der Betriebswirtschaftslehre im deutschsprachigen Raum. Nachdem zunächst Fragen der Bewertung, Gewinnermittlung und Bilanzierung im Mittelpunkt des Interesses standen, ist in den 20er und 30er Jahren eine stärkere Hinwendung zu kostentheoretischen Problemstellungen zu verzeichnen. Hier sind die Artikel von K. BÜCHER, J. F. SCHÄR und E. SCHMALENBACH zu nennen. SCHMALENBACHs Beitrag zur

Kostentheorie kann kurz, wie folgt, zusammengefaßt werden (KILGER [Schmalenbachs Beitrag 1973]; SEICHT [Grenzbetrachtung 19 . . S. 15–54]):

(1) *Die Einteilung der Kosten* in

– beschäftigungsabhängige Kosten („primäre Unkosten")
– beschäftigungsunabhängige Kosten („sekundäre Unkosten")
  (fixe Kosten)

SCHMALENBACH erkannte, daß diese beiden Kostenkategorien nicht alternativ, sondern gleichzeitig auftreten. Fixe Kosten werden bei SCHMALENBACH als Kosten der Betriebs- oder Produktionsbereitschaft definiert. Er erkennt, daß die fixen Kosten eines Mehrproduktbetriebes den einzelnen Produkten nicht verursachungsgerecht zugerechnet werden können. Dies führt zu der Forderung der Ausgliederung der fixen Kosten aus Kalkulation und Preispolitik, was heute allgemein anerkannt ist.

(2) *Die Abhängigkeit der Kosten von der Beschäftigung*

Als wichtigste Kosteneinflußgröße sieht SCHMALENBACH die Beschäftigung an. Andere Kosteneinflußgrößen sind von untergeordneter Bedeutung. Er unterscheidet fünf Kostenkategorien:

– Fixe Kosten
– Proportionale Kosten
– Degressive Kosten
– Progressive Kosten
– Regressive Kosten

Bereits 1903 unterscheidet er zwischen den Verfahren der Produktionskostenermittlung (Kostenrechnung) und einer Theorie der Produktionskostenermittlung (SCHMALENBACH [Verrechnungspreise 1903]).

(3) *Die Grundzüge einer entscheidungsorientierten Kostentheorie*

Im Mittelpunkt der wissenschaftlichen Arbeiten SCHMALENBACHs steht die Frage ökonomisch rationaler Entscheidungen über den Faktoreinsatz. Hier geht es vor allem um die Erarbeitung von Bewertungsgrundsätzen für Inputs im Hinblick auf ökonomische Ziele. „Von mehreren Wertansätzen ist derjenige der beste und darum der richtige, der innerhalb der wirtschaftlichen Wahlmöglichkeiten das wirtschaftliche Optimum herbeiführt." (SCHMALENBACH [Selbstkostenrechnung 1934, S. 9]). Damit kann SCHMALENBACH als Begründer der Kostenwerttheorie angesehen werden. Seine im Rahmen der „Betriebswertrechnung" ermittelten Wertansätze („Kalkulationswert", „Betriebswert", „optimale Geltungszahl") für Inputs entsprechen dem sog. „wertmäßigen" Kostenbegriff. Danach ist Sinn jeglicher Faktorbewertung, die einzelnen Faktoren in die zielsetzungsadäquaten Verwendungsrichtungen zu lenken (Lenkungsfunktion der Bewertung). SCHMALENBACHs Überlegungen sind durch die Modellanalysen der mathematischen Programmierung (KUHN-TUCKER-Bedingungen, Preistheorem) bestätigt worden.

Von K. BÜCHER stammt das „Gesetz der Massenproduktion" (1910) (BÜCHER [Gesetz 1910]), in dem der Einfluß der fixen und variablen Kosten auf den Output des Betriebes aufgezeigt wird. J. F. SCHÄR beschrieb erstmals die „Berechnung des toten

Punktes" (SCHÄR [Allgemeine 1923]) (heute als break-even-point bekannt), als diejenige Outputmenge, bei der Gesamtkosten und Umsatz gleiche Höhe aufzeigen.

Von besonderer Bedeutung für die Entwicklung der Kostentheorie ist der Ansatz H. v. STACKELBERGs [Grundlagen 1932]. Erstmals werden hier Postulate angeführt, wie z. B. die Annahme der Knappheit der Güter, das ökonomische Prinzip, die unternehmerische Zielsetzung, und daraus Sätze abgeleitet. v. STACKELBERGs Ansatz ist als erster Axiomatisierungsversuch der Kostentheorie zu werten. In der Einführung zu seinem Buch führt er aus: „Aus der Verbindung des Kostenbegriffes mit bestimmten Grundprinzipien der Produktionsregulierung ergibt sich ein System von formalen Sätzen über die Abhängigkeit des Produktionsvorganges von den Produktionskosten. Diese Sätze sind in dem Sinne formal, daß sie sich aus bloßen Begriffsdefinitionen ergeben und Denkformen darstellen, in denen sich jede spezielle kostentheoretische oder kalkulatorische Überlegung zu halten hat ..." (S. 1).

Die kostentheoretische Entwicklung ist weiter mit dem Namen K. RUMMEL verbunden. Bereits im Jahre 1930 erscheint ein Aufsatz (RUMMEL [Ordnung 1930]), der wesentliche Elemente seiner „Einheitliche(n) Kostenrechnung" (RUMMEL [Kostenrechnung 1949]) enthält. In diesem Werk formuliert RUMMEL die These, daß alle Kostenarten proportional zu irgendeiner Maßgröße sein müssen, mit der der Güterverbrauch meßbar ist. „Die Kosten sind proportional zur Maßgröße M". (S. 14) „Eine Kalkulation ist überhaupt nur möglich, wenn es gelingt, die Abhängigkeit zwischen den Kosten und den auf sie wirkenden Einflüssen durch lineare Gesetze darzustellen." (S. 18) Das Verursachungs- oder Proportionalitätsprinzip („Proportionalitätsgesetz") ist nach RUMMEL das grundlegende Prinzip der Kostenrechnung. „Aber wir müssen uns leider mit der Annahme, daß die Kosten dem Gesetz der geraden Linie folgen, abfinden, sonst gibt es überhaupt keine Kostenrechnung." (S. 12) K. RUMMEL teilt die Kosten in zwei Gruppen ein:

a) (Kalender-) zeitproportionale Kosten; sie sind fix in bezug auf die Erzeugnismenge. Da diese Kosten nur für gewisse Zeitabschnitte und nicht absolut fix sind, können sie nach Fristen geordnet werden, für die sie fest sind. „Das ist zugleich eine Einteilung der festen Kosten nach leichter, mittlerer und schwerer Beeinflußbarkeit, nach ihrer ‚Festigkeit'." (S. 128)

b) Mengenproportionale Kosten; sie sind eine lineare Funktion der erzeugten Menge.

Höhe und Änderung der Kosten werden durch Einflußgrößen bewirkt. Er unterscheidet hier

— Verbrauch
— Bewertung des Verbrauchs
— zeitlicher Beschäftigungsgrad
— Intensitäts- oder Lastgrad
— Losgröße
— Anordnung der Betriebspausen

Auffallend ist die Unterscheidung zwischen „zeitlicher" und „intensitätsmäßiger Anpassung", die später von E. GUTENBERG aufgegriffen wird.

Sieht man von den Grundsätzen der Kostenwerttheorie SCHMALENBACHs ab, so kann man die genannten Arbeiten durch die theoretische Beschäftigung mit der Frage der Kosteneinflußgrößen charakterisieren. Im Mittelpunkt stand die Analyse des Problems der fixen Kosten und der Beziehungen zwischen Kostenverlauf und Beschäftigung bzw. weiterer Einflußgrößen.

Die weitere Entwicklung der Kostentheorie und insbesondere der betriebswirtschaftlichen Produktionstheorie ist geprägt durch das wissenschaftliche Werk ERICH GUTENBERGs „Grundlagen der Betriebswirtschaftslehre". Der erste Band dieses dreibändigen Werkes – „Die Produktion" – erschien im Jahre 1951 und löste zunächst eine heftige wissenschaftliche Diskussion aus. Seither sind mehr als 25 Jahre vergangen, und das Werk E. GUTENBERGs gilt als Meilenstein in der wissenschaftlichen Entwicklung der Betriebswirtschaftslehre. „Die Produktion" ist zunächst gekennzeichnet durch die Rezeption und Weiterentwicklung der volkswirtschaftlichen Produktionstheorie in Verbindung mit den im Rahmen der Betriebswirtschaftslehre entwickelten Theorie. Die Pionierleistung E. GUTENBERGs besteht jedoch in der Lösung vom volkswirtschaftlichen Ertragsgesetz und der Entwicklung eines neuen theoretischen Konzepts, in dessen Mittelpunkt die Produktivitätsbeziehung alternativer Faktorkombinationen steht. Zunächst behandelt GUTENBERG das „System der produktiven Faktoren" und beschreibt die „Bedingungen optimaler Ergiebigkeit". Im Zentrum steht der „Kombinationsprozeß" dieser Faktoren, der unter produktions- und kostentheoretischen Perspektiven analysiert wird. Die Analyse unterscheidet sich von zeitlich früher liegenden Arbeiten betriebswirtschaftlicher Autoren einerseits und der auf dem Ertragsgesetz basierenden volkswirtschaftlichen Produktionstheorie andererseits grundlegend. Auf Basis der von GUTENBERG entwickelten Theorie der Verbrauchsfunktion wird eine Produktionsfunktion abgeleitet, die inzwischen seinen Namen trägt (GUTENBERG-Produktionsfunktion). Hierauf aufbauend wird eine Theorie der Anpassungsprozesse bei Beschäftigungsschwankungen begründet. Im Rahmen der Kostentheorie werden fünf „Haupt-Kosteneinflußgrößen" genannt:

– Faktorqualität
– Faktorpreise
– Beschäftigung
– Betriebsgröße
– Fertigungsprogramm

In diese Entwicklung gehören die Arbeiten der Schüler E. GUTENBERGs. Hier sind zu nennen: E. HEINEN [Anpassungsprozesse 1957]; W. KILGER [Produktions- 1958]; H. ALBACH [Verbindung 1962]; H. JACOB [Produktionsplanung 1962]; W. LÜCKE [Produktions- 1969].

Angeregt durch das „Preistheorem der Linearen Programmierung" propagierte H. H. BÖHM ([Programmplanung 1957], BÖHM-WILLE [Direct Costing 1960]) Ende der 50er Jahre eine „Standard-Grenzpreisrechnung", die dadurch charakterisiert ist, daß die Kalkulationssätze für Produktionsfaktoren, die in ausreichender Menge zur Verfügung stehen, durch die Grenzkosten, für knappe Faktoren dagegen durch den Grenznutzen (Opportunitätskosten) bestimmt werden. Der Standardgrenzpreis ist der Wert eines Produktes, der sich aufgrund der Kalkulation mit solchen Kalkulationssätzen ergibt: Grenzkosten („Leistungskostensatz") + Grenznutzen („Leistungserfolgssatz") = Standardgrenzpreis. Auch hier steht die Lenkungsfunktion der Faktorbewertung im Mittelpunkt, die in der SCHMALBACHschen Betriebswertrechnung vorweggenommen wurde.

1966 und 1968 veröffentlichte W. WITTMANN eine axiomatisierte Produktionstheorie ([Grundzüge 1966]; [Produktionstheorie 1968]). Daran kann der weite Entwicklungsstand der betriebswirtschaftlichen Produktionstheorie gemessen werden.

Neben den aktivitätsanalytischen Ansätzen, die mit den Namen einer Reihe volkswirtschaftlicher Autoren verknüpft sind[1], sei abschließend noch auf zwei Veröffentlichungen im deutschsprachigen Raum verwiesen, die auf dynamische und stochastische Aspekte im Rahmen der Produktionstheorie hinweisen. Die Monographie von D. ZSCHOCKE [Betriebsökonometrie 1974] beinhaltet nicht nur den Versuch, die betriebswirtschaftliche Produktionstheorie auf eine ökonometrische Basis zu stellen, sondern behandelt „stochastische und technologische Aspekte bei der Bildung von Produktionsmodellen und Produktionsstrukturen" (Untertitel). Die Untersuchung von S. STÖPPLER [Produktionstheorie 1975] weist den Weg für die Einbeziehung dynamischer Fragen, insbesondere den Einbezug von Technologien früherer und späterer Perioden, in Produktionssysteme, die als Systeme des Gesamtsystems Betrieb aufgefaßt werden.

---

1 Stellvertretend sei hier verwiesen auf KOOPMANS [Analysis of Production 1951]; DANTZIG [Programming 1951]; GEORGESCO-ROEGEN [Aggregate 1951].

Zweites Kapitel

Produktionstheorie

3 Grundtatbestände der Produktionstheorie

3.1 Die Güter als Objekte der Produktion

3.1.1 Kennzeichnung und Klassifikation der Güter

Grundlage eines jeden Produktionssystems sind wirtschaftliche Güter. Ein *Gut* liegt vor, wenn folgende Merkmale erfüllt sind[1]:

(1) Eigenschaft der *Differenzierbarkeit* zu anderen Objekten

(2) Eigenschaft der *Meßbarkeit* seiner Eigenschaften

(3) Eigenschaft der *Bedürfnisbefriedigung* von Wirtschaftssubjekten

(4) Eigenschaft der *technischen Tauglichkeit* zur Bedürfnisbefriedigung

(5) Eigenschaft der *faktischen* und *rechtlichen Verfügbarkeit* an einem bestimmten *Ort*, zu einem bestimmten *Zeitpunkt (Periode)*

(6) Eigenschaft der *Übertragbarkeit* auf andere Wirtschaftssubjekte

(7) Eigenschaft der relativen *Knappheit* zum gegebenen Bedarf

(8) Eigenschaft, Träger eines positiven *Preises* zu sein. Sog. freie Güter haben den Preis Null, schädliche Güter können mit einem negativen Preis belegt werden.

Im ökonomischen Sinn wird ein Gut durch eine Reihe von physischen, technologischen, funktionellen, ästhetischen und symbolischen Merkmalen sowie Periode und Ort der Verfügbarkeit gekennzeichnet, die seine Eigenschaft, zur Bedürfnisbefriedigung von Wirtschaftssubjekten zu dienen, begründen. In der Realität werden häufig Sachen, Dienstleistungen und Rechte zu *einem* Gut kombiniert.

---

[1] Zum Begriff des Gutes vgl. v. BÖHM-BAWERK [Rechte 1881, S. 15 ff.]; MENGER [Grundsätze 1923, S. 10 ff.]; MAYER [Gut 1927]; AMONN [Objekt 1927, S. 226 ff.]; CLAUSS [Begriff 1927]; AMONN [Grundbegriffe 1944, S. 21 ff.]; DEBREU [Werttheorie 1976, S. 37 ff.]; SAUERMANN [Einführung 1965, S. 41]; KOSIOL [Einführung 1968, S. 124 ff.]; CHMIELEWICZ [Integrierte 1972, S. 18 ff.], [Wirtschaftsgut 1969, S. 85 ff.].

Beispiel:
Gut: Bohrmaschine.

Funktioneller Aspekt:	*Bohren – Drehzahl bei Vollast...*
	Schlagbohren – Schlagzahl bei Vollast...
	Antriebsmaschine
Technologischer Aspekt:	*Materialart der Einzelteile: Metall, Polyamid*
	Leistungsaufnahme/-abgabe
	Bohrfutter spannt bis... mm
	Getriebe
	Motor
	Schutzisolation
Ästhetischer Aspekt:	*Design*
	Farbe
	Form
Symbolischer Aspekt:	*Markenname*
	Assoziationen
Zusatzleistungen:	*Ausbaumöglichkeit zu einem Heimwerker-System*
	Beratung
	Kundendienst
	Garantieleistung

Eine Klassifikation der Güter kann nach verschiedenen Kriterien erfolgen: Hier wird ein Überblick der Güterarten in Anlehnung an CHMIELEWICZ [Integrierte 1972, S. 19], [Wirtschaftsgut 1969, S. 85 ff.] gegeben (Abb. 3).

Physikalische (anorganische und biologische Objekte) und künstlich geschaffene Gegenstände der Welt sowie das auf materiellen Trägern aufgezeichnete kulturelle Erbe der Menschheit stellen *ursprüngliche Güter* dar. Bei diesen Gütern handelt es sich um materielle oder immaterielle *Realgüter* oder um (immaterielle) *Nominalgüter,* die als Ergebnis einer willentlichen Festsetzung Güter in Geldfunktion darstellen. Die ursprünglichen Güter sind naturgegeben oder materielle oder immaterielle Erzeugnisse der menschlichen Kreativität. *Abgeleitete Güter* sind solche mit Forderungscharakter auf ursprüngliche Güter. Bargeld und abgeleitete Güter stellen sog. *relative Güter* dar. Sie sind stets immaterielle Güter, benötigen jedoch meist einen materiellen Träger (z. B. Edelmetall, Papier).

Die Deutung als Wirtschaftsgut ist für *„Kapital"* umstritten, da die Kapitalbegriffe schon im Grundsätzlichen differieren (vgl. CHMIELEWICZ [Wirtschaftsgut 1969, S. 104 ff.]). Definiert man Kapital „ ... als abstrakte Vorrätigkeit bestandsfähiger Wirtschaftsgüter in der Zeit... " (ebenda, S. 106), so sind zwar Zinsen als Kosten deutbar, jedoch ist der Wert des absoluten Gutes „Kapital" nicht zu den Werten anderer Güterbestände addierbar. Kapital entspricht vielmehr der Aktivseite der Bilanz als Summe aller bestandsfähigen Wirtschaftsgüter.

		Realgüter		Nominalgüter
		Materiell	Immateriell	Immateriell
Ursprüngliche Güter	Natur-gegeben oder produziert = *Elementar-güter*	– Boden – Wasser – Luft – Tiere – Pflanzen – Energie-(träger)	– Menschl. Arbeit – Tierische Arbeit – adjunktive Güter (Standort, Kundenstamm) – Vorrätigkeit (Kapital)	*Ursprüngliche Nominalgüter* Bargeld
		Ursprüngliche Realgüter = *Absolute Güter*		
	immer produziert	Güter der menschlichen Kreativität		
		– Verbrauchs-güter – Gebrauchs-güter	– Wissen im objektiven Sinn (Informationen) – Dienste – Rechte – Abnutzung produzierter Gebrauchs-güter	
Abgeleitete Güter (= Ansprüche auf ursprüngliche Güter)		Realforderungen Realschulden		Nominalforderungen Nominalschulden

Abb. 3: Klassifikation der Güter

Ähnlich verhält es sich mit den sog. *adjunktiven Gütern* — wie Organisation, Kundenstamm, guter Ruf, Standort einer Unternehmung —, die zwar beim Kauf eines Unternehmens mitbezahlt werden, denen aber die Eigenschaft der selbständigen Übertragbarkeit fehlt.

Als *Verbrauchsgüter* werden Güter bezeichnet, deren Form und/oder Beschaffenheit (Substanz) bei der Bedürfnisbefriedigung verändert (z. B. physikalisch, chemisch) wird. Der „Nutzungsvorrat" wird bei einmaligem Gebrauch vollständig aufgezehrt.

Beispiele:

Bearbeitetes Holz, verformter Ton, verbranntes Gas, Zahnpasta.

Gebrauchsgüter sind solche Güter, die der Bedürfnisbefriedigung wiederholt, meist über einen bestimmten Zeitraum hinweg, dienen. Ihr „Nutzungsvorrat" wird erst durch mehrmaligen Gebrauch oder durch Zeitablauf aufgebraucht.

Beispiele:

Maschinen, Patente, Obstbäume, Kinderwagen.

Güter, die unmittelbar der menschlichen Bedürfnisbefriedigung dienen, heißen *Konsumgüter*.

2. Fundamentalsatz: Konsumgüter werden der Umwelt entnommen oder sie werden mit Hilfe anderer Güter und/oder aus anderen Gütern hergestellt (Herkunft der Konsumgüter).

Beispiele:

Naturprodukte, Lebensmittel, Zahnpasta, Tonband, Kugelschreiber, Auto, Kleider.

Produktionsgüter sind dagegen solche Güter, die der Herstellung von Konsumgütern und anderen Produktionsgütern dienen. Sie tragen also nur mittelbar zur Bedürfnisbefriedigung bei.

Beispiele:

Drehbänke, Tunnelöfen, Hebekräne.

3. Fundamentalsatz: Damit angegeben werden kann, mit wieviel Einheiten ein Gut an der Produktion beteiligt ist, gehört zu jedem Gut ein quantitatives Maß (Maße der Güter).

Für gewöhnlich werden physikalische Maßeinheiten verwendet, deren Grundeinheiten für die Länge das Zentimeter (cm), für das Gewicht das Gramm (g) und für die Zeit die Sekunde (sec) sind. Durch bestimmte Umrechnungsfaktoren sind die Einheiten dieses Maßsystems in die entsprechenden Einheiten anderer Maßsysteme überführbar.

3.1.2 Die Produktionsfaktoren

3.1.2.1 Überblick

Produktionsfaktoren – oder kurz: *Faktoren* – sind Güter, mit deren Hilfe innerhalb eines Produktionssystems und innerhalb einer endlichen, fest vorgegebenen (Produktions-)Periode produziert wird. Faktoren sind also Güter, die der Herstellung von Produkten dienen.

Faktoren, die von externen Beschaffungsmärkten in das Produktionssystem eingehen, heißen *Primärfaktoren*. *Sekundäre Faktoren* (Innerbetriebliche Leistungen, Zwischenprodukte) heißen Güter, die innerhalb des Produktionssystems, in dem sie erzeugt werden, zu Faktoren werden.

Die Endlichkeit der Produktionsperiode und die im vorstehenden Kapitel genannte Eigenschaft (8) (Preisträger) implizieren, daß Faktoren weder in beliebigen Mengen von externen Märkten beschafft noch in beliebigen Mengen innerhalb des Produktionssystems produziert werden können. Daher ergibt sich die Notwendigkeit, die Anzahl von Einheiten eines Faktors zu messen. Eine *Faktorquantität* bezeichnet man als *Input*.

Praktisch wird es nur sehr schwer möglich sein, alle Faktoren, die an einer Produktion beteiligt sind, zu erfassen. Man wird sich deshalb auf solche beschränken, die feststellbar und technisch und ökonomisch von Interesse sind (KRELLE [Produktionstheorie 1969, S. 2, 3]).

In der Volkswirtschaftslehre ist es üblich, die Faktoren in folgende Kategorien zu gliedern[2]:

(a) *Arbeit*, als die Gesamtheit aller Arbeitsleistungen gemessen in physischen Einheiten, z. B. Arbeitsstunden.

(b) *Boden*, als die Gesamtheit aller Bodenleistungen gemessen in „Bodenmenge × Zeit der Inanspruchnahme".

(c) *Kapital*, als Sachkapital im Sinne produzierter materieller Realgüter[3] gemessen in physischen Einheiten, z. B. Maschinenstunden, kg.

Diese für volkswirtschaftliche Erkenntnisziele konzipierte Klassifikation ist für betriebswirtschaftliche Zwecke zu grob.

Hier erfolgt eine Beschreibung von Faktoren in Anlehnung an das System von GUTENBERG [Produktion 1975, S. 11 ff.], das als „ ... reales deskriptives Satzsystem mit empirischem Wahrheitsanspruch zu kennzeichnen" wäre (STEINMANN-MATTHES [Überlegungen 1972, S. 136]). GUTENBERG unterteilt die Faktoren in *dispositive Faktoren* und *Elementarfaktoren*: objektbezogene menschliche Arbeitsleistungen, Arbeits- und Betriebsmittel, Roh-, Hilfs- und Betriebsstoffe (Werkstoffe). Neben diesen Faktoren gibt es eine Menge anderer Faktoren, die zur Durchführung der Produktion unerläßlich sind und auch Kosten verursachen. Sie werden mit BUSSE v. COLBE-LASSMANN [Betriebswirtschaftstheorie 1975, S. 68 f.] als *Zusatzfaktoren* bezeichnet.

Eine vierte Kategorie von Faktoren werden von KERN [Produktionswirtschaft 1976, S. 760] als *Objektfaktoren* bezeichnet. Dies sind Güter, „ ... die – z. B. zum Zwecke der Veredlung – von einem Auftraggeber ‚beigestellt' und nicht juristisches Eigentum eines Produzenten werden ... Sie sind spezielle für den Produktionsprozeß benötigte Faktoren, die zu keinem Güterverzehr führen. Sie lassen sich als Objektfaktoren im Sinne von Katalysatoren ansprechen und klassifizieren."

---

2 SAY [Traité 180]; vgl. auch KRELLE [Produktionstheorie 1969, S. 3].
3 So v. BÖHM-BAWERK [Kapital 1923]; ders. [Kapitalzins 1921, S. 39 ff., S. 97 ff.].

Eine Übersicht zeigt Abb. 4

Abb. 4: Produktionsfaktoren

3.1.2.2 Die dispositiven Faktoren

Im System der Faktoren nimmt der Faktor „menschliche Arbeit" wegen seiner sozialen Komponente eine Sonderstellung ein. Im Rahmen betriebswirtschaftlicher Analysen ist dieser Sonderstellung Rechnung zu tragen, indem gefragt werden muß, ob die Produktivität menschlicher Arbeit mit den gleichen Hypothesen erklärt werden kann wie die Produktivitätsbeziehungen der anderen Faktoren. Aus dieser Sonderstellung leitet sich die Forderung ab, die Produktionstheorie auch „handlungstheoretisch" zu betreiben (vgl. hierzu REICHWALD [Arbeit 1977, S. 100 ff.]).

Der Faktor „menschliche Arbeitsleistung" wird unterteilt

— in Ziele vorgebende, entscheidende und lenkende Tätigkeiten. Das ist die „Unternehmensleitung" – der dispositive Faktor – mit ihren Dispositionshilfsmitteln
  — Planung
  — Organisation
  — Kontrolle
— in objektbezogene, menschliche Arbeitsleistungen in allen Funktionsbereichen einer Betriebswirtschaft.

Die Leistungen der *Unternehmensleitung* betreffen die Betriebswirtschaft als Ganzes. Zu den spezifischen Aufgaben der Unternehmensleitung zählen

— die Festlegung, Vorgabe, Überprüfung und Revision von Unternehmenszielen (Zielentscheidungen)
— die Entscheidungen über die für die Zielerreichung einzusetzenden Mittel (Mittelentscheidungen).

Zur Durchführung dieser Entscheidungsaufgaben bedient sich die Unternehmensleitung der Dispositionshilfen:

- *Planung,* als zukunftsbezogene Gestaltung des Kreislaufes von Gütern (incl. Zahlungsmittel und Informationen) in der Betriebswirtschaft auf der Basis erwarteter Daten, unter Zugrundelegung eines Zielsystems, für einen fest vorgegebenen (Planungs-)Zeitraum, in allen Teilbereichen und abgestimmt für die Betriebswirtschaft als Ganzes. Die Planung ist damit durch Zielabhängigkeit, Risikoabhängigkeit und Systemabhängigkeit gekennzeichnet (ALBACH [System 1965]).
- *Organisation,* als Festlegung der Verbindungen zwischen den Systemelementen (Mensch, Betriebsmittel, Zahlungsmittel, Informationen u. a.) und den Funktionsbereichen des soziotechnischen Systems „Betriebswirtschaft" im Sinne der vorgegebenen Ziele. Diese Strukturierung der gesamten Betriebswirtschaft erfolgt unter den Aspekten:
  - *Aufbauorganisation:* Gliederung der Betriebswirtschaft in organisatorische Subsysteme und Festlegung ihrer Koordinationsregeln (statischer Aspekt)
  - *Ablauforganisation:* Festlegung der räumlichen und zeitlichen Strukturierung der Aktivitäten (dynamischer Aspekt).
- *Kontrolle,* als laufende Feststellung und Analyse der Abweichungen vom geplanten Betriebsgeschehen (Soll-Ist-Vergleich) sowie die Bereitstellung von wirkungsvollen Maßnahmen und die Entscheidung über ihren Einsatz zur Vorbeugung und Korrektur von Abweichungen.

3.1.2.3 Die Elementarfaktoren

Alle psychophysischen Arbeitsleistungen, die nicht den eben beschriebenen dispositiven Faktoren zuzurechnen sind, werden als *objektbezogene, menschliche Arbeitsleistungen* bezeichnet. Das menschliche Arbeitsverhalten muß als Ergebnis von Einflußgrößen gesehen werden, die zum einen in der Umwelt des Arbeitenden, zum anderen in seiner Persönlichkeit liegen. Abb. 5 zeigt die Bestimmungsgrößen des Arbeitsverhaltens nach STEFFEN [Analyse 1973]. Sie können in drei Gruppen eingeteilt werden:

(1) Im Arbeiter begründete Bestimmungsgrößen:
   - Leistungsfähigkeit
   - Leistungsbereitschaft

(2) Bestimmungsgrößen der innerbetrieblichen Umwelt

(3) Bestimmungsgrößen der außerbetrieblichen Umwelt.

Die *Leistungsfähigkeit* wird durch eine Reihe physischer und psychischer, konstitutioneller Faktoren, aber auch durch Wissen und Erfahrung bestimmt. Viele dieser Faktoren sind trainier- und erlernbar. Die Leistungsfähigkeit ist also die Gesamtheit der Fähigkeitsarten einer Person.

Die *Leistungsbereitschaft* hängt sowohl von physisch bedingten als auch von psychologisch bedingten Faktoren ab. Die Motivation zur Arbeit kann durch Anreize (z. B. Entlohnung, Aufstiegsmöglichkeiten, Sicherheit des Arbeitsplatzes, Anerkennung durch Kollegen) positiv oder negativ beeinflußt werden.

Die physikalische Definition der *Arbeit* als Produkt aus dem Weg s und dem in der Wegrichtung wirkenden Kraftanteil P, also Arbeit

$$A = P \cdot s$$

ist u. a. wegen der geistig-dispositiven Tätigkeiten nicht anwendbar. Aus diesem Grund wird unter *Arbeit* auch die auf einen bestimmten Zweck (Ziel) ausgerichete psychophysische Tätigkeit (Anstrengung, Verrichtung) verstanden.

Häufig entscheidet bei der Beurteilung einer Arbeit A aber erst die dazu benötigte Zeit. Dieser Umstand führt zur Definition der Leistung.

Unter *Leistung* versteht man die in der Zeiteinheit vollbrachte Arbeit, also Leistung

$$L = \frac{A}{t}$$

Damit verschiedene Arbeiten und Leistungen miteinander verglichen werden können, benötigt man ein Maßsystem. Die bekannten bio-physikalischen Maßsysteme — Arbeit gemessen in Joule, Erg oder mkg, Leistung gemessen in Watt oder PS — versagen, weil die menschliche Arbeit nur teilweise in diesen Maßsystemen erfaßbar ist. Die sich daraus ergebenden Konsequenzen werden im Abschnitt 5.3.2 erörtert.

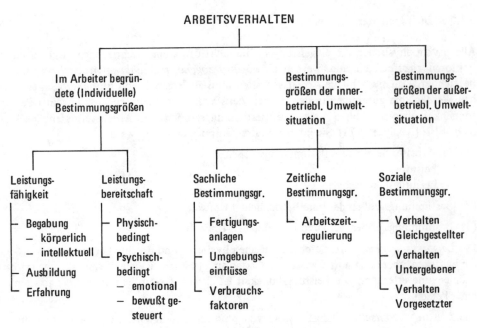

Abb. 5: Bestimmungsgrößen des Arbeitsverhaltens nach STEFFEN

Die *Betriebsmittel* umfassen die Gesamtheit aller Güter, die „... zur Erfüllung der Betriebszwecke erforderlich ... " (GUTENBERG [Produktion 1975, S. 57]) sind. Hierzu zählen Grundstücke, Gebäude, Maschinen, Apparate, Anlagen, Einrichtungen, Werkzeuge, aber auch Objekte, wie Obstbäume in Plantagen oder Legehühner in Hühnerfarmen. Jedes Betriebsmittel hat eine bestimmte technische oder naturgegebene Leistungsfähigkeit, die man auch als *Kapazität* bezeichnet. Diese Kapazität ist definiert in bezug auf die Menge der erbringbaren Arbeitseinheiten (*quantitative* Kapazität) und in bezug auf die qualitative Beschaffenheit dieser Arbeitseinheiten (*qualitative* Kapazität). Die Möglichkeiten der Messung von quantitativer und qualitativer Kapazität sind unterschiedlich stark und reichen von „exakt meßbar" bis „nicht meßbar". Die Begriffe *Arbeit* und *Leistung* sind auf Betriebsmittel in gleicher Weise anwendbar.

Als *Werkstoffe* werden alle Roh-, Hilfs- und Betriebsstoffe sowie Zwischenprodukte bezeichnet. Roh- und Hilfsstoffe dienen als *Material* zur Herstellung von Gütern und sind nach Vornahme von Bearbeitungsvorgängen im Produkt ganz oder teilweise enthalten. *Zwischenprodukte* sind Produkte, die innerhalb eines Produktionssystems zu Faktoren, also Bestandteile neuer Produkte werden. Betriebsstoffe dienen dem Betrieb von Betriebsmitteln. Sie werden nicht Bestandteil von Produkten. Hierzu zählen z. B. Dieselöl, Schmiermittel, elektrische Energie, Reparaturmaterial. Werkstoffmengen werden in biophysikalischen Maßeinheiten gemessen, z. B. Stück, kg, t, hl, h, kWh, cal. Ihre Leistungsfähigkeit zur Bedürfnisbefriedigung hängt von ihren qualitativen Eigenschaften ab, die nur teilweise meßbar sind (z. B. Härte, Wärmeleitvermögen, elektr. Leitvermögen, Elastizitätskoeffizient).

Neben den genannten Faktoren beansprucht die Betriebswirtschaft Leistungen des Staates, von Verbänden, Versicherungen, Kreditinstituten, Beratungs- und Prüfungsgesellschaften. Hierbei handelt es sich meist um Dienstleistungen, aber auch um den Erwerb von „Wissen" in Form von Beratung, Patentverwertungsrechten oder den Erwerb von Kapitalvorrätigkeit (Kredite). Güter dieser Art, die zur Durchführung des Betriebs erforderlich sind, werden als *Zusatzfaktoren* bezeichnet. Da sehr oft ihre mengenmäßige und noch mehr ihre qualitätsmäßige Messung Schwierigkeiten bereitet, wird als Maßeinheit diejenige spezifische Menge angesehen, die der „Gebührenordnung" der betreffenden Institution entspricht (z. B. Gebührenordnung für Architektenleistungen, für Ärzte, Notare, Rechtsanwälte, Wirtschaftsprüfer, Versicherungsprämien).

Unterscheidet man die Faktoren nach ihrer Produktnähe bzw. danach, inwieweit der Faktor in der Produktionsperiode verzehrt wird, so läßt sich das in Abb. 6 dargestellte Schema angeben.

(a) *Verbrauchsfaktoren* (Repetierfaktoren): Sie gehen als selbständige Güter bei der Herstellung von Produkten oder sekundären Faktoren in einer Produktionsperiode unter. Sie verändern ihre (physikalischen, chemischen) Eigenschaften und werden dadurch andere Güter oder Bestandteile anderer Güter.

(b) *Gebrauchsfaktoren* (Bestandsfaktoren, Potentialfaktoren): Sie verkörpern ein Potential von Arbeitseinheiten, die sie bei Gebrauch und/oder im Zeitablauf abgeben. Der Verzehr der Gebrauchsfaktoren erfolgt meist in mehreren Perioden.

	Untergang des Faktors als selbständiges Gut in ... Produktionsperiode(n)		
	einer	mehreren	nie
	Verbrauchsfaktoren	Gebrauchsfaktoren	
Materiell in das Produkt eingehend	– Rohstoffe – Hilfsstoffe – Zwischenprodukte		
Immateriell in das Produkt eingehend, d. h. Abgabe produktbez. Arbeitseinheiten	– Betriebsstoffe – Werkzeuge	– objektbez. menschl. Arbeit – Maschinen – Rechte	
Nicht in das Produkt eingehend, jedoch Abgabe von Arbeitseinheiten	– Betriebsstoffe – Werkzeuge	– Gebäude – Mobiliar – Apparate – Disp. menschl. Arbeit	– Grundstücke (sofern nicht dem Substanzverzehr unterliegend)

Abb. 6: Nutzung von Faktoren und Produktnähe

Diese obige Einteilung der Faktoren ist für die Frage der Zurechnung des bewerteten Faktorverzehrs auf Produkte bzw. Produktionsperioden im Rahmen der Kostentheorie von Bedeutung.

Abschließend sei kurz auf die Problematik des Begriffs „(Produktions-)Faktor" hingewiesen. Übereinstimmend wird in der Literatur hervorgehoben, daß nur wirtschaftliche Güter als „Faktoren" anzusehen sind. Allerdings ist die Frage, ob ein Gut ein „freies" oder wirtschaftliches Gut ist, nicht generell und für jede Situation zu beantworten. Insbesondere bereitet es Schwierigkeiten, Güter von technologischen Sachverhalten zu trennen.

Beispiel:

Erfordert die Herstellung eines Produktes eine bestimmte Temperatur, so kann man diesen Sachverhalt entweder als technologische Bedingung definieren oder in der Weise interpretieren, daß die Produktion nur dann durchführbar ist, wenn eine bestimmte Menge an „Energie" zugeführt wird. Beide Beschreibungen sind sicherlich gleichwertig, aber nicht gleich zweckmäßig.

Es erscheint deswegen sinnvoll, sich auf solche Faktoren zu beschränken, die „von Interesse" sind und einen Preis haben (KRELLE [Produktionstheorie 1969, S. 2, 3]). Für theoretische Anwendungen sind solche Spitzfindigkeiten von untergeordneter Bedeutung, auf der Erfahrungsstufe einer Theorie jedoch ist konkret zu entscheiden, welches die wirtschaftlich bedeutsamen Faktoren sind.

Problematisch ist sicherlich auch die Einteilung der Faktoren nach ihrer Wirkung in der Produktion in Verbrauchs- und Gebrauchsfaktoren (vgl. Abb. 6). Die Frage nach dem physischen Verbleib der Materie (Verbrauchsfaktoren: materiell in das Produkt eingehend) ist für produktionstheoretische Überlegungen mehr oder weniger uninteressant. Auch die Definition der Gebrauchsfaktoren als „Potential von Arbeitseinheiten" ist nur ein gedankliches Konstrukt ohne Wirklichkeitsbezug. In der Realität stellen wir lediglich fest, daß eine Maschine vor Produktionsbeginn vorhanden ist und nach Produktionsende ebenfalls, wenn auch möglicherweise etwas abgenutzter oder älter. Ähnliches gilt für den Faktor menschliche Arbeit. Wenn man dennoch mit Faktoreinteilungen oben dargestellter Art arbeitet, so deshalb, weil man zwischen Faktoren und Produkten im herkömmlichen Sinne unterscheiden möchte.

3.1.3 Die Produkte und das Produktprogramm

Produkte sind Güter, die innerhalb eines Produktionssystems innerhalb einer endlichen, fest vorgegebenen (Produktions-)Periode produziert werden. Wir unterscheiden:

(1) *Endprodukte:* Spezifische, konkretisierte Versionen von Gütern oder Güterbündeln, die als Ergebnis eines nach Nutzen- und Bedarfsvorstellungen von Konsumenten ausgerichteten Gestaltungs- und Produktionsvorgangs auf externen Absatzmärkten als Konsum- oder Produktionsgüter veräußert werden.

(2) *Zwischenprodukte:* Produkte, die innerhalb eines Produktionssystems wieder zu Faktoren werden.

(3) *Abfallprodukte:* Produkte, die weder als Zwischen- noch als Endprodukte verwendet werden.

Da die *Produktgestaltung* die Produktion beeinflußt, wird sie hier kurz behandelt. Man unterscheidet:

(a) *Innere* Produktgestaltung als Gestaltung der
 − technischen
 − physikalischen (chemischen) und

- funktionalen

Komponenten des Produktes.

(b) *Äußere* Produktgestaltung als Gestaltung der ästhetischen und symbolischen Komponenten sowie der Verpackung des Produktes.

(c) Gestaltung der Zusatzleistungen des Produktes.

Bei der inneren Produktgestaltung geht es im wesentlichen um technologische Aspekte, wie z. B.

- Auswahl der möglichen technologischen Wirkungsweisen der Funktionserfüllung

  Beispiel:

  Kohleheizung, Ölheizung, Elektroheizung, Grundwasserheizung, Solarheizung.
- Effizienz der Funktionserfüllung
- Technische Haltbarkeit, Ausbeutegrad, Umweltbelastung u. ä.
- Materialauswahl.

Da oben für selbständige Güter die Eigenschaft der Differenzierbarkeit zu anderen Objekten gefordert wurde, liegen selbständige Produkte auch dann vor, wenn sie in mehreren Mustern, Typen, Qualitäten oder Dessins vorkommen. Man spricht im Rahmen der Produktgestaltung dann von *Produktdifferenzierung*. Werden Produkte dagegen im Zeitablauf verändert, dann liegt *Produktvariation* vor. Solche Veränderungen werden aus vielfachen Gründen erforderlich, z. B. technischer Fortschritt, Geschmacksänderungen, Änderungen des Käuferverhaltens, gesetzliche Vorschriften, Konkurrenzmaßnahmen.

Als *Produktlinie* bezeichnet man eine Teilmenge von Produkten, die aufgrund bestimmter Kriterien (z. B. produktionstechnischer Zusammenhang) in enger Beziehung zueinander stehen.

Beispiel:

Teppichböden getuftet, Teppichböden gewebt.

Die Produktart hat große Bedeutung für den *Produktionsablauf* und damit für den Organisationstyp des Fertigungsablaufs (vgl. ELLINGER [Ablaufplanung 1959]).

Das *Produktprogramm* umfaßt alle von einer Betriebswirtschaft zu produzierenden Produkte. Das Produktprogramm wird gekennzeichnet durch seine

(a) *Breite:* Zahl der von einer Unternehmung angebotenen Produktlinien

(b) *Tiefe:* Zahl der in einer Produktlinie enthaltenen Produkte

(c) *Konsistenz:* aufgrund bestimmter Kriterien (Produktionsverwandtschaft, Absatzverwandtschaft) bestehende Intensität zwischen Produktlinien.

Beispiel:

Eine Unternehmung für Getriebe und Antriebselemente bietet folgende 7 Produktlinien an:

- *Zahnradgetriebe:*   *29 verschiedene Produkte*
- *Planetengetriebe:*   *5 verschiedene Produkte*

- Schneckengetriebe: 24 verschiedene Produkte
- Variatoren: 10 verschiedene Produkte
- Kupplungen: 19 verschiedene Produkte
- Riemen-Triebe: 5 verschiedene Produkte
- Lager: 5 verschiedene Produkte.

Das Produktprogramm dient in vielen Unternehmungen als Basis für die Organisation der Betriebswirtschaft in Unternehmensbereiche (Geschäftsbereiche, Sparten, Divisionen), indem das gesamte Produktspektrum in Produktlinien (Produktgruppen) aufgespalten wird. Jeder Geschäftsbereich trägt für seine Produktgruppe die Verantwortung hinsichtlich der Unternehmungsziele.

Beispiel:
Ein führendes deutsches Elektrounternehmen hat folgende 7 Geschäftsbereiche:

(1) Bauelemente: *Integrierte Schaltungen*
                                Einzelhalbleiter
                                passive Bauelemente
                                Röhren
                                Sondergebiete

(2) Daten- und Informationssysteme:
                                Datenverarbeitung
                                Basisinformationssysteme

(3) Energietechnik: *Energieversorgung*
                                Verkehr und öffentl. Auftraggeber
                                Grundstoffindustrie
                                verarbeitende Industrie
                                Standarderzeugnisse
                                Meß- und Prozeßtechnik

(4) Fernschreib- und Signaltechnik:
                                Fernschreib- und Datenverkehr
                                Eisenbahnsignaltechnik
                                Signalgeräte

(5) Installationstechnik:
                                Starkstromkabel und -leitungen
                                Installationsgeräte und Beleuchtungstechnik
                                Installationsanlagen und Klimatechnik
                                Zähler

(6) Medizinische Technik:
                                Röntgen
                                Elektromedizin
                                Hörgeräte
                                Dental

(7) Nachrichtentechnik:
    Privat- und Sonderfernsprechsysteme
    öffentl. Fernsprechvermittlungssysteme
    Weitverkehrssysteme
    Nachrichtenkabel.

Im Rahmen der *Programmgestaltung* geht es um die

(a) *qualitative* Programmplanung, d. h. Festlegung der Produkt*arten*, die im Programm enthalten sein sollen. Diese Frage hat besonderes Gewicht, wenn die von den Produkten gemeinsam beanspruchten Produktionsfaktoren in der Betriebswirtschaft knapp sind;

(b) *quantitative* Programmplanung, d. h. Festlegung der Mengen der herzustellenden Produkte. Diese Mengen werden durch die selbst zu erstellenden Zwischenprodukte, durch marktliche Gegebenheiten und/oder durch die zur Verfügung stehenden Faktoren bestimmt.

Der Einfluß des Produkt*programms* auf Faktorverbrauch und Kostenstruktur ist in der produktions- und kostentheoretischen Literatur weit weniger ausführlich behandelt worden als gleiche Fragen in bezug auf einzelne Produkte. Einflüsse von Breite und Tiefe des Produktprogramms gehen auch auf die Struktur der Aufbauorganisation des Produktionsbereichs aus.

3.2 Das Produktionssystem und Strukturen von Betriebswirtschaften

Ein *Produktionssystem* ist eine betriebliche Einheit, die innerhalb eines endlichen, fest vorgegebenen Zeitraums *(Produktionsperiode)*

(1) aus Gütern besteht und Güter produziert

(2) eine Umgebung besitzt, aus der Güter entnommen und/oder an die Güter abgegeben werden (vgl. ZSCHOCKE [Betriebsökonometrie 1974, S. 35]).

(1) besagt, daß die Elemente eines Produktionssystems Güter darstellen, die entweder Faktoren oder Produkte sind.

(2) besagt, daß jedes Produktionssystem in eine Umgebung eingebettet ist. Die Umgebung, der Güter entnommen werden, ist entweder

(a) ein vorgelagertes oder nachgelagertes betriebliches Produktionssystem oder
(b) die Gesamtheit der Beschaffungsmärkte für Faktoren.

Die Abgabe von Gütern dagegen erfolgt

(a) an vor- oder nachgelagerte Produktionssysteme
(b) an die Absatzmärkte für Produkte.

Der Gesamtprozeß der betrieblichen Produktion vollzieht sich in einer Menge von Produktionssystemen, deren Zahl ≥ 1 ist. Die Elemente (Güter) und die zwischen diesen Systemen bestehenden strukturellen Beziehungen stellen die grundlegenden Bestandteile einer *Betriebswirtschaft* dar, die unter produktionstheoretischen Aspekten erforscht werden soll.

Diese strukturellen Beziehungen zwischen Produktionssystemen P_i (i = 1, ..., n) und der Fluß der Faktoren und Produkte lassen sich in einer *Strukturmatrix* $S_{(n,n)} = (s_{ij})_{(n,n)}$ darstellen. Es gilt

$$s_{ij} = \begin{cases} 1 & \text{falls ein Güterfluß } \textit{von } P_i \textit{ nach } P_j \text{ besteht} \\ 0 & \text{sonst} \end{cases}$$

Beispiel:

Eine Betriebswirtschaft besteht aus n = 6 Produktionssystemen, zwischen denen die in der Abbildung dargestellten Güterströme bestehen.

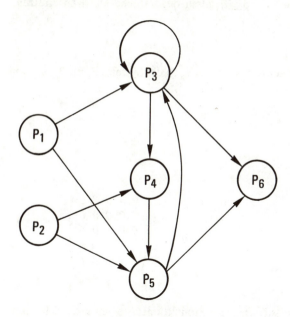

Die zugehörige Strukturmatrix lautet:

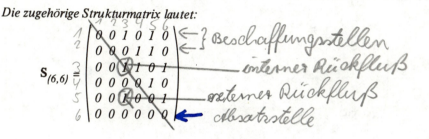

Beispiel und Strukturmatrix machen deutlich:

(a) P_1 und P_2 erhalten keine Güter von anderen Produktionssystemen (1. und 2. *Spalten*vektor der Matrix sind Nullvektoren). P_1 und P_2 entnehmen die Faktoren der Umgebung der Betriebswirtschaft, d. h. von den Beschaffungsmärkten. P_1 und P_2 sind daher Beschaffungsstellen.

(b) P_3 liefert auch Güter an sich selbst (auf der Hauptdiagonalen steht eine „1"), d. h. es liegt Eigenverbrauch von Gütern vor *(interner Rückfluß)*.

(c) P_5 liefert auch Güter an vorgelagerte Produktionssysteme (Eine „1" steht in der Matrix deshalb auch unterhalb der Hauptdiagonalen) *(externer Rückfluß)*.

(d) P_6 liefert keine Güter an andere Produktionssysteme (6. *Zeilen*vektor ist ein Nullvektor). Die Güter werden an die Umwelt der Betriebswirtschaft abgegeben, d. h. an die Absatzmärkte. P_6 ist daher eine Absatzstelle.

Die obige Strukturmatrix gibt nur an, ob ein Güterstrom von P_i nach P_j fließt (1) oder nicht (0). Will man dagegen die Güterströme in die einzelnen Güter aufspalten, so muß man die *Elemente* s_{ij} der Strukturmatrix $S_{(n,n)}$ durch quadratische Matrizen ersetzen, die wie folgt definiert sind:

$$S^{ij}_{(Q,Q)} = (s^{ij}_{lr})_{(Q,Q)}$$

$$s^{ij}_{lr} = \begin{cases} 1 & \text{falls ein Output der Art } l\ (l = 1, \ldots, k)\ \text{des Systems } P_i\ \text{bei } P_j\ \text{zum Input der Art } r\ (r = 1, \ldots, q)\ \text{wird.} \\ 0 & \text{sonst} \end{cases}$$

mit $Q = \max(k, q)$.

Beispiel:

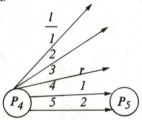

$$S^{45}_{(5,5)} = \begin{pmatrix} & 1 & 2 & 3 & 4 & 5 \\ 1 & 0 & 0 & 0 & 0 & 0 \\ 2 & 0 & 0 & 0 & 0 & 0 \\ 3 & 0 & 0 & 0 & 0 & 0 \\ 4 & 1 & 0 & 0 & 0 & 0 \\ 5 & 0 & 1 & 0 & 0 & 0 \end{pmatrix}$$

Die Strukturmatrix einer Betriebswirtschaft mit n Produktionssystemen setzt sich dann aus n^2 Matrizen $S^{ij}_{(Q,Q)}$ zusammen:

$$S = \begin{pmatrix} S^{11} & S^{12} & \ldots & S^{1n} \\ S^{21} & S^{22} & \ldots & S^{2n} \\ \vdots & & & \\ S^{n1} & S^{n2} & \ldots & S^{nn} \end{pmatrix}$$

Je nach Art der Strukturmatrix unterscheidet man folgende *Strukturen von Betriebswirtschaften:*

(a) *Nullstrukturen:* Die Strukturmatrix ist die Nullmatrix. Die Betriebswirtschaft umfaßt in diesem Fall nur *ein* Produktionssystem. Liegen dagegen zwei oder mehr Produktionssysteme vor, so werden reale Betriebswirtschaften nur in seltenen Fällen durch solche Strukturen erfaßt.

(b) *Einfach zusammenhängende Strukturen:* Die Strukturmatrix läßt sich in diesem Fall immer durch elementare Spalten- bzw. Zeilenoperationen in eine *Dreiecksmatrix*[4] überführen. Bei solchen Strukturen treten *keine externen Rückflüsse* auf. Produktionssysteme geben Güter nur an sich selbst *(interner Rückfluß)* oder an *nach*gelagerte Systeme innerhalb der Betriebswirtschaft an.

Beispiel:

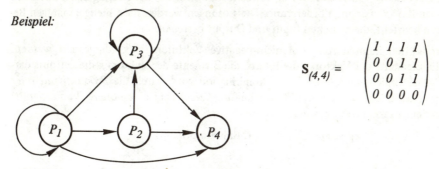

$$S_{(4,4)} = \begin{pmatrix} 1 & 1 & 1 & 1 \\ 0 & 0 & 1 & 1 \\ 0 & 0 & 1 & 1 \\ 0 & 0 & 0 & 0 \end{pmatrix}$$

(c) *Komplexe Strukturen:* Die Strukturmatrix kann *nie* in eine Dreiecksmatrix transformiert werden. Es treten *externe Rückflüsse* innerhalb der Betriebswirtschaft auf.

3.3 Die Produktionsverfahren

3.3.1 Zur Systematik der Produktionsverfahren

Unter einem *Produktionsverfahren* (Fertigungsverfahren) ist die spezifische Art und Weise oder die Technik der Umformung (Umwandlung) von Faktoren in Produkte zu verstehen. Die Menge aller bekannten Produktionsverfahren heißt *Technologie*. Produktionsverfahren sind charakterisiert durch

— *zielgerichtete Aktivitäten,* die von
— *Trägern* (Menschen, Maschinen, Mensch-Maschine-Kombinationen) an
— *Objekten* (Gütern)

---

[4] Eine Matrix, in der alle Elemente unter- bzw. oberhalb der Hauptdiagonalen gleich Null sind, heißt eine Dreiecksmatrix.

bei Vorliegen bestimmter Fertigungs- (Qualität der Faktoren, Produktionsgestaltung), Verfahrens- (Druck, Temperatur) und Arbeitsbedingungen (Arbeitsverfahren, Arbeitsplatz, Werkraum, Arbeitsermüdung) erbracht werden. Die Produktionsverfahren determinieren die Kombination der Faktoren zur Herstellung von Produkten. Im sozio-technischen System „Betriebswirtschaft" kann man die Produktionsverfahren unter

— *verfahrenstechnischen* Aspekten
— *ökonomischen* Aspekten
— *sozialen* Gesichtspunkten

analysieren und systematisieren.

In *verfahrenstechnischer Sicht* geht es um die Frage, welche Kombinationen von Faktoren zur Herstellung von Produkten in Betracht kommen. Bei der Lösung dieses Problems stehen damit *Sachziele* im Vordergrund. Die Lösungen werden nach mengenmäßigen Beziehungen beurteilt, die zwischen Input und Output bestehen.

Jede Produktion kann durch zwei nicht-negative Vektoren (r, x) dargestellt werden, wobei die Elemente des Vektors r die Inputs, die Elemente des Vektors x die Outputs darstellen.[5] Die Ergiebigkeit einer Faktorkombination wird durch die *Produktivität oder Effizienz* ausgedrückt. Eine Produktion 1 heißt *effizient* (hat eine höhere *Produktivität*) gegenüber einer Produktion 2, wenn entweder

(a) für $x_1 = x_2 \qquad r_1 < r_2$ \qquad (Minimumprinzip)

oder

(b) für $r_1 = r_2 \qquad x_1 > x_2$ \qquad (Maximumprinzip)

ist.

Man sagt auch: Produktion 1 dominiert Produktion 2.

In *ökonomischer Sicht* geht es um die Frage, welche Kombination von Faktoren im Hinblick auf ökonomische *(Formal-)Ziele* die günstigste ist. Dazu müssen Faktoren und Produkte zielkonform bewertet werden. Zunächst sind jedoch die Fertigungsverfahren im Hinblick auf Art und Menge der

— Produkte (Outputs): Produkt- oder absatzorientierte Sicht
— Zwischenprodukte (Throughputs): Durchsatz- oder produktionsorientierte Sicht
— Faktoren (Inputs): Faktor- oder beschaffungsorientierte Sicht

sowie in *örtlicher* und *zeitlicher* Strukturierung zu erfassen.

In *sozialer Sicht* geht es um die Frage, wie die Produktionsverfahren die individuellen und sozialen Ziele von Menschen beeinflussen. Produktionsverfahren werden nach der Sicherheit des Arbeitsplatzes oder z. B. danach beurteilt, inwieweit sie zur Selbstverwirklichung beitragen (Einzelarbeit, Gruppenarbeit) oder welche Einflüsse der Mechanisierungsgrad auf die Psyche des Arbeitenden ausübt. Die „Humanisierung der Arbeit" ist aus dieser Sicht zum geflügelten Wort geworden.

---

5 Man kann eine Produktion auch durch einen Vektor g abbilden, dessen Elemente Güterquantitäten darstellen. Faktormengen werden durch negative, Produktmengen durch positive Zahlen angegeben.

Abb. 7 gibt einen Überblick über eine Systematik der Produktionsverfahren, die im folgenden erläutert wird.

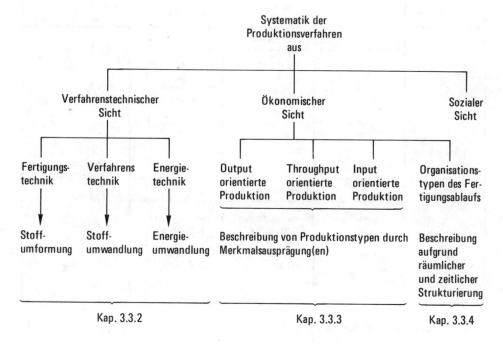

Abb. 7: Systematik der Produktionsverfahren

3.3.2 Die Produktionsverfahren in verfahrenstechnischer Sicht

Die Produktionstechnik gliedert man üblich in:

(1) *Fertigungstechnik:* Hierunter versteht man alle Verfahren der Be- und Verarbeitung von Gütern zur Herstellung geformter Güter. Diese sog. Stoffumformungsverfahren existieren in einfacher und komplexer Form. Einen Überblick über die einfachen Verfahren der Fertigungstechnik gibt die DIN-Norm 8580 (Abb. 8).

Komplexe Verfahren der Fertigungstechnik kombinieren einfache Verfahren in einem Arbeitsgang, z. B. *Pressen mit gleichzeitigem Kleben.*

(2) *Verfahrenstechnik:* Inbegriff aller Verfahren zur Be- und Verarbeitung von Stoffen zur Herstellung ungeformter Güter. Im Rahmen dieser sog. Stoffumwandlungsverfahren unterscheidet man zwischen physikalischen und chemischen Verfahren. Zur Trennung und Bildung von Stoffgemischen mittels physikalischer Verfahren zählen z. B. *Extrahieren, Schmelzen, Verdampfen.* Durch chemische Stoffumwandlung werden neue chemische Verbindungen geschaffen, z. B. *in der Kunststoffindustrie.*

(3) *Energietechnik:* Hierzu zählen alle Energieumwandlungsverfahren.

Zusammenhalt schaffen	Zusammenhalt beibehalten	Zusammenhalt vermindern	Zusammenhalt vermehren	
	Form ändern			
1. Urformen, Form schaffen z. B. gießen pressen sintern	2. Umformen z. B. biegen ziehen drücken stauchen schmieden	3. Trennen z. B. schneiden stanzen drehen bohren schleifen	4. Fügen z. B. schweißen kleben nieten schrauben weben	5. Beschichten z. B. anstreichen galvanisieren
	Stoffeigenschaft ändern			
	Umlagern von Stoffteilchen z. B. magnetisieren härten	Aussondern von Stoffteilchen z.B. entkohlen sieben	Einbringen von Stoffteilchen z. B. aufkohlen nitrieren mischen	

Abb. 8: Einfache Verfahren der Fertigungstechnik

Die Grenzen zwischen den Produktionsverfahren in technischer Sicht sind schwer zu ziehen und oft fließend. So sind die fertigungstechnischen und verfahrenstechnischen Produktionsverfahren ohne Energieeinsatz und Energieumwandlung nicht denkbar. Die Atomenergietechnik ließe sich auch als chemisches Stoffumwandlungsverfahren interpretieren, bei dem Energie freigesetzt wird.

3.3.3 Die Produktionsverfahren in ökonomischer Sicht

In der betriebswirtschaftlichen Literatur findet man zahlreiche Beschreibungen von *Produktionsverfahren* bzw. *Produktionstypen.* Durch Heranziehen eines oder mehrerer typischer Merkmale werden reale Erscheinungsformen von Betriebswirtschaften oder Teilen derselben charakterisiert. So ergeben sich ein- oder mehrdimensionale Typen. Die Typenbildung im Rahmen eines solchen Beschreibungsmodells ist davon abhängig, welchen Zweck das Modellsubjekt mit der Beschreibung verfolgt; sie dient als Basis für betriebswirtschaftliche Erklärungs- und Entscheidungsmodelle.

In diesem Kapitel werden nur sog. *Elementartypen* beschrieben, bei denen nur e i n e Merkmalsausprägung zur Typisierung verwendet wird. Nach Bedarf lassen sich aus diesen *Kombinationstypen* bilden.

Erfolgt die Einteilung nach produkt- oder absatzorientierten Merkmalen, dann handelt es sich um *outputbezogene Produktionstypen:*

(a) Nach dem *Grad der Beziehung der Produktion zum Absatzmarkt* unterscheidet man:

- *Bestellproduktion* (unmittelbar kundenorientierte Produktion, auftragsorientierte Produktion): Die Produktion erfolgt aufgrund individueller Bestellung durch Abnehmer.
- *Marktproduktion* (mittelbar kundenorientierte Produktion): Die Produktion von Produkten erfolgt für den anonymen Markt. Bei lagerfähigen Gütern spricht man auch von Vorratsproduktion.

(b) Nach der *Anzahl der produzierten Produkte* unterscheidet man:

- *Einproduktproduktion:* Es wird eine Produktart erzeugt
- *Mehrproduktproduktion:* Es wird ein Produktionsprogramm erzeugt.

Erfolgt die Einteilung nach Merkmalen aus dem Produktionsbereich, so spricht man von *throughputbezogenen Produktionstypen.* Hier unterscheidet man

(a) Nach dem *Wiederholungsgrad* der Produktion der Zwischen- und Endprodukte in der Produktionsperiode:

- *Einzelproduktion* (Einzelfertigung): Die Anzahl der ununterbrochen hergestellten Produkte zwischen zwei Umstellungen eines Aggregates oder der Fertigung ist Eins.
- *Serienproduktion* (Serienfertigung): Die Produktion verschiedener Erzeugnisse erfolgt im zeitlichen Nacheinander auf ein und derselben Produktionsanlage unter jeweiliger Zusammenfassung mehrerer gleicher Einheiten zu geschlossenen Posten. Mit jedem Serienwechsel wird die Produktion unterbrochen und die Produktionsanlage von einem Produkt auf die produktionstechnischen Anforderungen eines anderen neuaufzulegenden Erzeugnisses umgestellt. Eine Sonderform der Fertigung in Serien bildet die *Sortenfertigung.* Unter Sorten versteht man Erzeugnisse mit einem hohen Grad an Produktions- und Absatzverwandtschaft, die alle ein und derselben Erzeugnisart angehören (z. B. *Bier, Zigaretten, Schokolade*).
- *Massenproduktion* (Massenfertigung): Das Produkt wird in größtmöglicher Menge hergestellt.

(b) Nach der *Anzahl der Arbeitsgänge,* die ein Produkt bei seiner Fertigstellung durchläuft:

- *Einstufige Produktion:* Die Betriebswirtschaft besteht nur aus einem Produktionssystem.
- *Mehrstufige Produktion:* Die Betriebswirtschaft umfaßt mehrere Produktionssysteme, zwischen denen Güterströme existieren.

(c) Nach der *zeitlichen Zuordnung* der Produkte zu den Arbeitsgängen:

- *Einfache Produktion:* Es wird ein Produkt dauernd in einem Arbeitsgang erzeugt.
- *Parallelproduktion:* Es werden mehrere Produkte gleichzeitig in gesonderten, unabhängigen Arbeitsgängen hergestellt.

- *Wechselproduktion:* Güter werden im zeitlichen Nacheinander in einem Arbeitsgang gefertigt.

(d) Nach *Art der Verwertung der Inputs* (vgl. SCHÄFER [Aufgabe 1950], S. 36–38):

- *Durchlaufende Produktion:* In das Produktionssystem geht *ein* Faktor r ein, der zu *einem* Produkt x verarbeitet wird (Abb. 9).

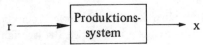

Abb. 9: Durchlaufende Produktion

- *Analytische Produktion* (Zerlegende Produktion): In das Produktionssystem geht *ein* Faktor r ein, der mit naturgesetzlicher bzw. technisch bedingter Zwangsläufigkeit in *mehrere* Erzeugnisse x_j aufgespalten wird (Abb. 10). Diese Art der Produktion heißt auch *Kuppelproduktion* (Kuppelproduktion, Verbundene Produktion).

Beispiele:
Fleischfabrik, Molkerei, Destillation von Erdöl, Kokerei.

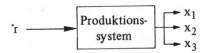

Abb. 10: Analytische Produktion

- *Synthetische Produktion* (Zusammenfassende Produktion): Bei diesem Produktionsverfahren werden *mehrere* Faktoren r_h eingesetzt. Bei der Produktion entsteht *ein* Produkt x (Abb. 11).

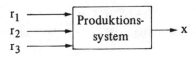

Abb. 11: Synthetische Produktion

- *Umgruppierende Produktion:* Bei dieser Produktion werden mehrere Faktoren r_h eingesetzt, aus denen mehrere verbundene und/oder unverbundene Produkte x_j entstehen (Abb. 12).

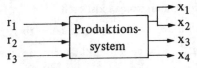

Abb. 12: Umgruppierende Produktion

(e) Nach dem *Grad der Verbundenheit* der Outputs:
- *Unverbundene Produktion:* In einem Arbeitsgang werden mehrere Erzeugnisse produziert, deren Mengenrelationen unabhängig voneinander variiert werden können.
- *Verbundene Produktion* oder *Kuppelproduktion:* Aus einem Arbeitsgang resultieren naturgesetzlich oder technisch zwangsläufig mehrere Produkte, deren Mengenrelation gar nicht oder nur in Grenzen beeinflußbar sind. Im ersten Fall spricht man von *starrer* Kuppelproduktion; er ist relativ selten und meist nur bei chemischen Prozessen anzutreffen. Ist dagegen das Mengenverhältnis in Grenzen beeinflußbar, so liegt *elastische* (variable, lose) Kuppelproduktion vor. So kann man z. B. bei der Zerlegung von Schweinen durch geeignete Schnittführungen den Anteil der Fleischsorten (Filet, Schinken etc.) variieren. Bei starrer Kuppelproduktion ist es für verschiedene Problemstellungen zweckmäßig, die verschiedenen Produkte als *ein* Produkt(-päckchen) anzusehen (Abb. 13).

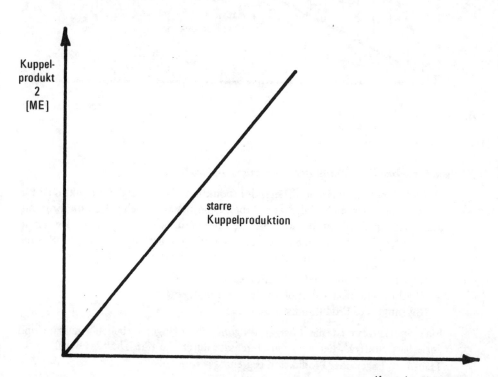

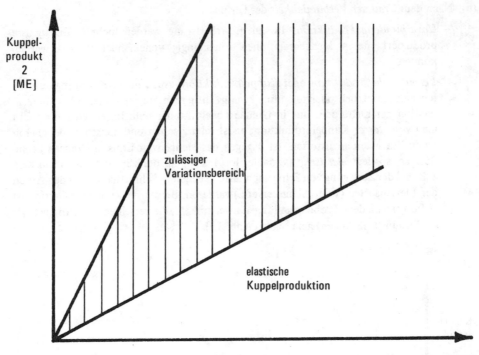

Abb. 13: Kuppelproduktion

(f) Nach dem *Grad der Kontinuität des Fertigungsablaufs:*

— *Diskrete Produktion* (Intermittierende Produktion, Rhythmische Produktion): Ein Arbeitsgang oder eine Folge von Arbeitsgängen wird regelmäßig unterbrochen, und zwar aus Gründen, die im Verfahren liegen, d. h. Güterströme finden nur in bestimmten Zeitabschnitten statt, in anderen Zeitabschnitten sind die Ströme unterbrochen. Diese Unterbrechungen werden begründet durch den

— Rhythmus des Materialflusses (Stückgüter)
— Rhythmus in der Wiederholung der Teilarbeitsgänge
— Rhythmus des Produktionsfortschritts.

Eine Spezialform ist die *Chargenfertigung* für Fließgüter (beliebig teilbare und dosierbare Stoffe). Hier wird der Durchsatz durch die Kapazität des Behälters für Transport, Lager oder Produktion begrenzt.

— *Kontinuierliche Produktion:* Alle Produktionsaktivitäten erfolgen ohne Unterbrechung. Das spezifische Charakteristikum sind fortlaufend existierende und stetige Güterströme. Diese Produktion ist nur für Fließgüter denkbar. Bei Stückgütern liegt immer diskrete Produktion vor, selbst dann, wenn sie als sog. Fließfertigung organisiert ist.

(g) Nach dem *Mechanisierungsgrad:*

Unter *Mechanisierung* versteht man die Substitution menschlicher Arbeitsverrichtungen (körperliche und geistige Tätigkeiten) durch Arbeitsleistungen technischer Einrichtungen. Eine Sonderform der Mechanisierung stellt die *Motorisierung* dar. Hier werden körperliche Kräfte des Menschen durch motorische Energie von Kraftmaschinen ersetzt. Wird Handarbeit durch Maschinenarbeit ersetzt, so spricht man auch von *Maschinisierung.*

Der Begriff „Mechanisierung" wird weit gefaßt. Er umfaßt neben der Mechanik als Teilgebiet der Physik auch andere Teilgebiete wie Akustik, Optik, Magnetik, Elektrik u. a. Für besonders weit fortgeschrittene Formen der Mechanisierung benutzt man auch den Begriff *„Automatisierung".* Werden Arbeitsverrichtungen im Rahmen der Automatisierung auch selbsttätig gesteuert und kontrolliert, so spricht man von *Automation.* Es lassen sich grobe Entwicklungsstufen der Mechanisierung unterscheiden:

- *Manuelle Produktion:* Keine Unterstützung der Arbeit durch Einsatz von Arbeits- und Kraftmaschinen, jedoch wird die Handarbeit bereits durch Werkzeuge und Vorrichtungen unterstützt.

- *Maschinelle Produktion:* Hier reicht die Entwicklung von „mit Muskelkraft angetriebenen, manuell gesteuerten Maschinen" (z. B. Schleifstein, Rührwerk) bis zu „motorisierten, aber manuell gesteuerten Maschinen" (z. B. *Dampfmaschine, Gabelstapler*).

- *Automatisierte Produktion:* Auch hier lassen sich verschiedene Entwicklungsstufen aufzeigen: Motorisierte Maschinen mit selbsttätiger Steuerung einzelner Funktionen (z. B. *Beobachtung und Einhaltung der Verfahrensbedingungen wie Druck, Temperatur*); selbsttätige Steuerung aller Funktionen (z. B. *Zwangslaufsysteme, Maschinenverkettungen, Transferstraßen*).

Erfolgt schließlich die Einteilung der Produktionstypen nach Merkmalen aus dem Beschaffungsbereich, so handelt es sich um *inputbezogene Produktionstypen:*

(a) Nach dem *Anteil des Faktoreinsatzes* unterscheidet man:

- *Arbeitsintensive Produktion*
- *Werkstoffintensive Produktion*
- *Betriebsmittelintensive Produktion*

Die Einteilung der Produktion nach dem Schwergewicht des Faktoreinsatzes ist für die *Kostenstruktur* der Betriebswirtschaft von Bedeutung.

(b) Nach dem *Grad der Verbundenheit* der Inputs:

- *Verbundener Faktoreinsatz:* Der Verbrauch eines Faktors ist an den Einsatz anderer Faktoren gekoppelt.

- *Unverbundener Faktoreinsatz:* Eine oder mehrere Faktorarten können vollständig durch andere Faktorarten ersetzt werden.

Mit Hilfe dieser Elementartypen lassen sich kombinierte Produktionstypen bilden. Damit ist es möglich, bestimmte spezielle Betriebswirtschaften mit Hilfe von Profildarstellungen genauer zu beschreiben (vgl. Abb. 14). Dabei wird man feststellen, daß bestimmte Merkmale stark korreliert sind, andere dagegen schwächer oder gar nicht.

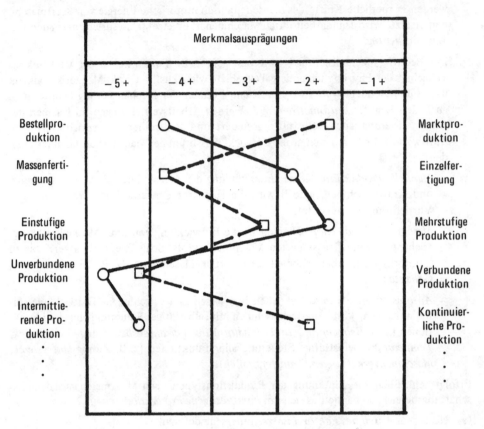

Abb. 14: Merkmalsprofil der Produktion von Betriebswirtschaften

1: sehr stark   3: mittel   5: sehr schwach
2: stark   4: schwach

3.3.4 Die Organisationstypen des Produktionsablaufs

Die *örtliche* und *zeitliche* Strukturierung von Produktionen in Betriebswirtschaften finden ihre Beschreibung in den Organisationstypen des Fertigungsablaufs. Im Mittelpunkt stehen die Beziehungen zwischen der Anordnung der Betriebsmittel und dem *Ablauf der Produktion* in räumlicher und zeitlicher Sicht. Die verschiedenen Organisationstypen sind durch die Art und Weise der Aufteilung eines Arbeitsablaufs auf ein oder mehrere Produktionssysteme charakterisiert. Abb. 15 zeigt einen Überblick über die Organisationstypen der Produktion.

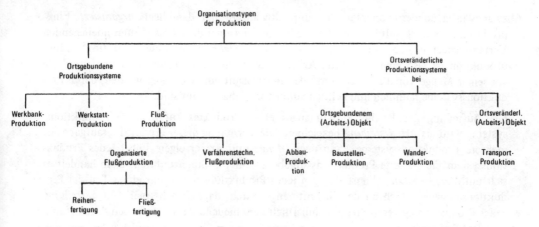

Abb. 15: Organisationstypen des Fertigungsablaufs

Für die Anordnung der Betriebsmittel, soweit an ihnen objektbezogene Arbeit geleistet wird, können verschiedene *Ablaufprinzipien* zur Anwendung gelangen:

Beim Verrichtungs- oder *Werkstattprinzip* erfolgt die Anordnung der Betriebsmittel derart, daß die meist räumlich zusammengefaßten Maschinen gleiche (Arbeits-)Verrichtungen ausführen.

Beim *Flußprinzip* werden die Produktions- bzw. Arbeitssysteme nach der Verrichtungsfolge angeordnet.

Beim *Prinzip des Bearbeitungszentrums* erfolgt die Anordnung der Betriebsmittel in der Weise, daß ein Erzeugnis vom Beginn der Bearbeitung bis zur Fertigstellung an einem Herstellort gefertigt werden kann. Welches Ablaufprinzip im konkreten Einzelfall zur Anwendung gelangt, ist stark durch das Produktprogramm geprägt.

Die *Werkbankproduktion* ist durch die handwerkliche Herstellung von Erzeugnissen in einem Produktionssystem nach dem Prinzip des Bearbeitungszentrums charakterisiert. Es besteht kein zwangsläufiger Übergang zu anderen Produktionssystemen.

Beispiele:

Handwerkliche Arbeitsplätze, Werkzeugmacher, Modellbau.

Durch räumliche Zusammenfassung gleicher Arbeitsplätze und Betriebsmittel mit gleichen Funktionen entstehen Werkstätten. *Werkstattproduktion* stellt damit eine Fertigung nach dem Verrichtungsprinzip dar. Zwischen den einzelnen Produktionssystemen einer Betriebswirtschaft bestehen i. d. R. Transportwege und Zwischenläger. Rückläufe von Zwischenprodukten sind möglich.

Beispiele:

Fräserei, Dreherei, Schreinerei, Kontrolle.

Flußproduktion liegt dann vor, wenn die Arbeitsplätze und Betriebsmittel nach dem Fertigungsablauf von Erzeugnissen angeordnet sind. Ist die Flußproduktion nicht technisch zwangsläufig, sondern vom Menschen dispositiv angeordnet, dann liegt „*organisierte* Fluß-produktion" vor. Resultiert die Flußproduktion aus einer dem Ablauf zugrundeliegenden Verfahrenstechnik, so spricht man von „*verfahrenstechnischer* Flußproduktion". Fluß-produktion ist also eine Folge von Arbeitsgängen, die ein Erzeugnis durchläuft und die von einer Menge von Personen und/oder Betriebsmitteln ausgeführt werden, deren Pro-duktionssysteme räumlich und zeitlich aufeinander abgestimmt sind.

Die Aufteilung des Produktionsvorganges eines Produktes auf mehrere Produktions-systeme wird als *Arbeitsteilung* bezeichnet. Die Verteilung dieser Produktionsaufgabe auf mehrere Produktionssysteme kann nach *Menge* und *Art* erfolgen. Führt jedes Produk-tionssystem die gesamte Produktionsaufgabe an einer Teilmenge durch, dann handelt es sich um *Mengenteilung*. Führt dagegen jedes Produktionssystem nur einen Teil der Pro-duktionsaufgabe jedoch an der Gesamtmenge durch, dann spricht man von *Artteilung*. Jedes Produktionssystem führt also inhaltlich verschiedene Arbeitsaufgaben durch (funk-tionale Arbeitsteilung).

Für die *räumliche Strukturierung* der Flußproduktion findet man in der Praxis sehr unter-schiedliche Gliederungen. Die Anordnung der Arbeitsplätze und Betriebsmittel erfolgt entlang von Haupt- und/oder Nebenlinien. Mehrere parallele Hauptlinien und mehrere parallele Nebenlinien sind möglich.

Große Probleme wirft die *zeitliche Strukturierung* der Fließproduktion auf. Ziel ist die zeitliche Bindung des Produktionsablaufs.

Im Fall der *Reihenfertigung* besteht eine strenge zeitliche Bindung jedoch noch nicht. Die Weitergabe der Arbeitsobjekte erfolgt nicht in einem bestimmten zeitlichen Rhythmus. Daraus folgt die Notwendigkeit von Zwischenlägern (Puffern) zwischen den Produktions-systemen, die es gestatten, eine gewisse Menge an Arbeitsobjekten zu lagern. Eine Ab-hängigkeit ist jedoch bei Reihenfertigung insofern gegeben, indem in größeren Zeitein-heiten (z. B. wöchentlich) annähernd der gleiche Output erbracht werden muß.

Die *Fließfertigung* ist durch einen zeitlich gebundenen Arbeitsablauf gekennzeichnet. Der Durchlauf der einzelnen Arbeitsobjekte durch die Produktionssysteme wird so orga-nisiert, daß die ablaufbedingten Liege- oder Unterbrechungszeiten minimiert werden. Prak-tisch bedeutet dies jedoch, daß auch für die Fließfertigung – sofern es sich um komplexe Systeme handelt – Puffer erforderlich sind. Die zeitliche Abstimmung bei Fließfertigung – Taktabstimmung genannt – besteht in der Ermittlung der sog. *Taktzeit*, als der Zeit, in der eine Output-Einheit produziert wird, damit ein vorgegebener Output in der Produk-tionsperiode erstellt werden kann.

Bei der *verfahrenstechnischen Flußproduktion* ist der zeitliche Ablauf ebenfalls gebun-den, jedoch resultiert diese Bindung aus der zugrundeliegenden Verfahrenstechnik (Zwangslauffertigung). In der Regel handelt es sich um automatische Fertigungsanlagen.

Bei ortsgebundenen Produkten und ortsgebundenen und/oder ortsveränderlichen Produk-tionssystemen spricht man von *Abbauproduktion*. Hier geht es um die Gewinnung von Rohstoffen (z. B. *Braunkohle, Erz, Natursteine*). Typisch ist, daß die Lagerstätten den Standort von Arbeitskräften und Betriebsmitteln bedingen, diese sich jedoch entspre-chend dem Arbeitsfortschritt mit dem Arbeitsobjekt fortbewegen.

Bei *Baustellenfertigung* müssen Arbeitskräfte, Werkstoffe und Betriebsmittel zum Platz des ortsgebundenen Arbeitsobjektes gebracht werden.

Beispiele:

Hochbau, Tiefbau, Großmontage, Reparaturarbeiten.

Die *Wanderproduktion* ist ähnlich der Abbauproduktion dadurch gekennzeichnet, daß sich Arbeitskräfte und Betriebsmittel entsprechend dem Arbeitsfortschritt am ortsgebundenen Arbeitsobjekt entlang bewegen.

Beispiele:

Herstellen von Straßen, Kanälen, Kabelverlegungen, Pipelines.

Bei ortsveränderlichem Arbeitsobjekt und ortsveränderlichen Produktionssystemen spricht man von Förderarbeiten oder *Transport*(-Produktion).

Beispiele:

gleislose und gleisgebundene Fördermittel wie Pkw, Lkw, Kräne, Aufzüge, Bahnen jeder Art.

4 Produktionsmodelle

4.1 Produktionsmodelle für einstufige Fertigung

4.1.1 Das Grundmodell und seine Spezifikationen

Die folgenden Betrachtungen beziehen sich
- auf *ein* Produktionssystem (vgl. Def. S. 38) *(einstufige Produktion)*
- auf *eine* Produktionsperiode *(statische Betrachtung)*.

4. Fundamentalsatz: Mit jeder Betriebswirtschaft ist eine Menge T (Technologie) von möglichen Produktionsalternativen verbunden, über die die Unternehmensleitung vollkommene Information besitzt. [Technologie, Vollkommene Information]

Die Menge der Produktionsalternativen T − auch *Technologiemenge* genannt − stellt das technische Wissen der Unternehmensleitung dar. Für die zu untersuchenden Technologien werden − sofern nichts anderes vereinbart − folgende Annahmen getroffen:

a) Die Technologie enthält ihren Rand, d. h. die Menge aller Randpunkte gehört zur Technologie. Man sagt auch: die Technologie ist abgeschlossen.

b) Es gibt Produktionen mit positiven Produktmengen.

c) Faktorinput ohne Produktoutput ist möglich. Diese Annahme läßt Faktorvernichtung und Stillstand (Nullproduktion) zu.

d) Produktionen sind irreversibel, d. h. Produktionsvorgänge sind nicht umkehrbar. Eine Rückgewinnung von Faktoren aus Produkten ist − wenn überhaupt − nur mit weiterem Faktoreinsatz und Zeitaufwand möglich.

Die Produktionsalternativen sind durch die Produktionsverfahren gekennzeichnet (vgl. Abb. 7). Die Annahme der vollkommenen Information über die Elemente des Produktionssystems impliziert, daß die abbildende Beschreibung des Systems ein *deterministisches Produktionsmodell* liefert.

Jede Produktion wird durch einen Gütervektor $g' = (g_1 \; g_2 \ldots g_l \ldots g_{N+H})$ repräsentiert, dessen Elemente Gütermengen darstellen. Falls nichts anderes vereinbart, bezeichnen negative Elemente Faktormengen, positive Elemente Produktmengen.

Entsprechend läßt sich eine Produktion beschreiben durch

(1) einen *Vektor* $x' = (x_1\ x_2\ \ldots\ x_N)$ und seine Elemente x_j ($j = 1, \ldots, N$) und durch

(2) einen *Vektor* $r' = (r_1\ r_2\ \ldots\ r_H)$ und seine Elemente r_h ($h = 1, \ldots, H$).

Die x_j stellen Produktmengen dar. x heißt *Outputvektor*.

Die r_h stellen Faktormengen dar. r heißt *Inputvektor*.

Die Elemente der Vektoren sind nicht negativ.

Der $N + H$ dimensionale Raum R^{N+H} heißt *Güterraum*. Da der Gütervektor g eine Produktion repräsentiert, wird jede Produktion durch einen (Produktions-)Punkt im Güterraum dargestellt. Es ist anzunehmen, daß die *Technologie* eine Teilmenge des Güterraums ist, also

$$T \subset R^{N+H}$$

Damit gilt:

$$g \in T$$

bzw. $\begin{pmatrix} x \\ r \end{pmatrix} \in T$

Im Einzelfall müssen Technologien näher spezifiziert und durch ihre technologischen Merkmale gekennzeichnet werden.

Wir betrachten nun Abbildungen aus der Technologie T, d. h. formale Modelle, deren Kurzzeichen und Regeln reelle Zahlen bedeuten bzw. verknüpfen (reelle Funktionen).

Die Abbildung

(1) $\left.\begin{array}{l} f_m\,(g,\, a_m) = 0 \\ f_m\,((x,\, r)\, a_m) = 0 \end{array}\right\} m = 1, \ldots, M$

heißt (deterministisches, statisches) *Produktionsmodell* zur Technologie T.[6]

In diesem Modell bezeichnen

- die Gütermengen g_l ($l = 1, \ldots, N + H$) bzw. x_j ($j = 1, \ldots, N$) und r_h ($h = 1, \ldots, H$) die *Variablen*

- die Formen f_m ($m = 1, \ldots, M$) die *Spezifikation* der Funktionen und

- die Vektoren a_m ($m = 1, \ldots, M$) die *technologischen Parameter*.

Die Funktionen des Systems (1) werden im allgemeinen (a priori) spezifiziert

– „... implizit durch das Postulieren einer Reihe von Eigenschaften wie Monotonie, Stetigkeit und Differenzierbarkeit, Eindeutigkeit, Homogenität, Positivität von Ableitungen usw.

– „... durch die explizite Angabe der Verknüpfung (Polynom, Exponentialausdruck, trigonometrischer Ausdruck usw.)

– sowie der Anzahl und der Variationsbereiche der Variablen und Parameter." (ZSCHOCKE [Betriebsökonometrie 1974, S. 39]).

[6] ZSCHOCKE [Betriebsökonometrie 1974, S. 38 und die in Anm. 21 angegebene Literatur], KRELLE [Produktionstheorie 1969, S. 8 ff.].

5. Fundamentalsatz: Die Umwandlung von Faktoren in Produkte erfolgt durch Auswahl einer möglichen Produktion im Rahmen der technologisch möglichen Produktionen. [Produktionsentscheidung]

6. Fundamentalsatz: Im Rahmen der gegebenen Produktionsverfahren ist ein solches zu wählen, das die Zielfunktion

$$z = c'x$$

maximiert. [Zielsetzung]

Mit dem Satz 6 wird ein *normatives* Element eingeführt. Der Vektor c' beinhaltet die Auswahlkriterien, nach denen Produktionen vollzogen werden. Sind z. B. die Elemente des Vektors c' Preise, dann ist eine Produktion zu wählen, die den Umsatz maximiert.

Der Satz 6 heißt *Effizienzpostulat,* wenn die Elemente des Vektors c' den Wert 1 aufweisen.[7] Das Postulat besagt, daß innerhalb eines Produktionssystems *mit einer gegebenen Input-Kombination ein maximaler Output* erreicht werden soll. Eine andere Formulierung des Effizienzpostulates bezieht sich auf den Faktoreinsatz und fordert die Minimierung von $v = d'r$ mit $d' = (1, 1, \ldots, 1)$: Ein *vorgegebener Output ist stets mit geringstem Faktoreinsatz* zu erzeugen. Das Effizienzpostulat wird auch als „technische Minimierungsbedingung" bezeichnet.

Durch den Satz 6 wird die *Eindeutigkeit* der Faktormengen-, Produktmengen-Zuordnung erzeugt. In Vektorschreibweise kann das wie folgt ausgedrückt werden:

Eine Produktion $y \in T$ heißt *effizient,* wenn es kein $z \in T$ gibt, so daß $y \leqslant z$.

Beispiel:

$$y = \begin{pmatrix} -3 \\ -2 \\ 8 \end{pmatrix} \qquad z = \begin{pmatrix} -3 \\ -4 \\ 8 \end{pmatrix} \qquad y > z$$

y ist eine effiziente Produktion.

Vom System (1) wird also angenommen, daß nur effiziente Produktionen abgebildet werden. Die Menge aller effizienten Produktionen aus T heißt *effiziente Technologie* T_E. Die Elemente der Vektoren c' bzw. d' bezeichnen wir als *Bewertungssätze.*

In der Literatur wird häufig folgender Spezialfall behandelt:

(2) $$f(x, r) = 0$$

bzw. $f(x_1, x_2 \ldots x_N, r_1, r_2 \ldots r_H) = 0$

Da alle Variablen auf einer Seite der Gleichung vorkommen, handelt es sich um die *implizite Form* eines Produktionsmodells. Die Funktion (2) heißt auch *Produktionsgleichung* oder (implizite) *Produktionsfunktion.*

---

[7] Wegen der Heterogenität der Güter muß dann entweder für >1< eine geeignete Dimension eingeführt werden, oder N − 1 Produkte sind mengenmäßig vorzugeben.

Die *explizite Form* lautet entweder

(3) $x_j = f_j (x_1 \ldots x_{j-1}, x_{j+1} \ldots x_N, r_1 \ldots r_H)$

oder

(4) $r_h = f_h (x_1 \ldots x_N, r_1 \ldots r_{h-1}, r_{h+1} \ldots r_H)$

(3) heißt auch *Produkt(ions)funktion;* (4) heißt *Faktor(einsatz)funktion*.

Wird nur *ein* Produkt erzeugt, so lautet (3)

(5) $x = f_x (r_1 \ldots r_H)$

Bei vorgegebenem Faktoreinsatz $(\bar{r}_1 \ldots \bar{r}_H)$ hat die Funktion (3) *N − 1 Freiheitsgrade der Produktwahl*. Aufgrund des Effizienzpostulates sind im Bereich der Produktionsmöglichkeiten nämlich N − 1 Produktmengen, und zwar alle mit Ausnahme des Produktes x_j, vorzugeben. Die Produktart x_j ist mit ihrer maximal möglichen Menge zu produzieren. Entsprechendes gilt für die Funktion (4) bei vorgegebenen Produktmengen $(\bar{x}_1 \ldots \bar{x}_N)$. Es bestehen dann *H − 1 Freiheitsgrade der Faktorwahl*.

4.1.1.1 Limitationalität, Substitutionalität

Zur Erläuterung einiger Grundbegriffe betrachten wir zwei einfache Fälle[8] der Produktionsmodelle (3) bzw. (4), nämlich

(6) $x = f_x (r_1, r_2)$ Ein Produkt, zwei Faktoren

und

(7) $r = f_r (x_1, x_2)$ Ein Faktor, zwei Produkte

Bei Betrachtung der *Faktorseite* unterscheidet man:

1. Verbundener Faktoreinsatz

    1.1 Limitationalität
    − Lineare Limitationalität
    − Nichtlineare Limitationalität

    1.2 Partielle Substitutionalität

2. Unverbundener Faktoreinsatz (Totale Substitutionalität)

Bei Betrachtung der *Produktseite* unterscheidet man:

1. Verbundene Produktion (Kuppelproduktion)

    1.1 Starre Kuppelproduktion
    1.2 Elastische Kuppelproduktion

2. Unverbundene Produktion

Verbundener Faktoreinsatz liegt dann vor, wenn der Verbrauch eines Faktors vom Einsatz anderer Faktoren abhängig ist.

---

[8] Dies nur deshalb, damit zum besseren Verständnis graphische Abbildungen im dreidimensionalen Raum möglich sind.

Man spricht von *Limitationalität* des Faktoreinsatzes, wenn jeder Produktmenge x ein und nur ein bestimmter Faktorvektor (r_1, r_2) zugeordnet ist, d. h. die Faktormengen r_1 und r_2 sind eindeutige Funktionen von x, also

(8)
$$r_1 = f_{r1}(x)$$
$$r_2 = f_{r2}(x)$$

Umgekehrt gilt, da für jede effiziente Produktion die Menge eines Faktors gleichzeitig die Menge aller übrigen Faktoren und des Produktes festlegt

(9)
$$x = f_{x1}(r_1) \quad \text{bzw.} \quad x = f_{r1}^{-1}(r_1)$$
$$x = f_{x2}(r_2) \quad \text{bzw.} \quad x = f_{r2}^{-1}(r_2)$$

Im einfachsten Fall liegt ein linearer Verbund vor *(Lineare Limitationalität)*. Die Faktorfunktionen lauten:

(10)
$$r_1 = a_1 x$$
$$r_2 = a_2 x$$

mit $\quad a_1 : a_2 = \text{const.}$

Die Größen a_1 und a_2 geben den Faktorverbrauch pro Outputeinheit an und heißen *Produktionskoeffizienten*. Für einen bestimmten Output gilt also auch $r_1 : r_2 = \text{const.}$

Eine Menge von Produktionen, an denen die gleichen Güter beteiligt sind und bei denen jeweils die Verhältnisse der Güterquantitäten je zweier beliebiger Produktionen identisch sind, heißt *Produktionsprozeß*. [9]

Sind dagegen die Verhältnisse der Güterquantitäten verschieden, so sprechen wir im Bereich der Theorie von *Produktionsverfahren*.

Nichtlineare Limitationalität liegt dann vor, wenn die Produktionskoeffizienten nicht konstant sind. Das ist dann der Fall, wenn

— bei Variation des Outputs das Faktoreinsatzverhältnis variiert: $r_1 : r_2 \neq \text{const.}$ (vgl. Abb. 16)

— bei konstantem Faktoreinsatzverhältnis das Verhältnis des Faktoreinsatzes zum Output variiert: $r_h : x \neq \text{const.}$ (h = 1, 2) (vgl. Abb. 17).

Verbundener Faktoreinsatz liegt auch dann vor, wenn der Verbrauch eines Faktors zwar an andere Faktoreinsätze gekoppelt ist, jedoch Faktormengenvariationen bei fest vorgegebenem Output innerhalb vorgegebener Grenzen möglich sind. Mit anderen Worten: Es gibt zwei effiziente Produktionen mit *gleichen* Produktmengen, jedoch kann die *Verminderung* der Menge eines Faktors durch *Vermehrung* der Quantität des anderen Faktors *innerhalb gegebener Grenzen* ausgeglichen werden. Dies wird auch als *partielle Substitutionalität* bezeichnet und kann wie in Abb. 18 dargestellt werden.

---

9 Vgl. ZSCHOCKE [Betriebsökonometrie 1974, S. 36] und die dort angegebene Literatur.

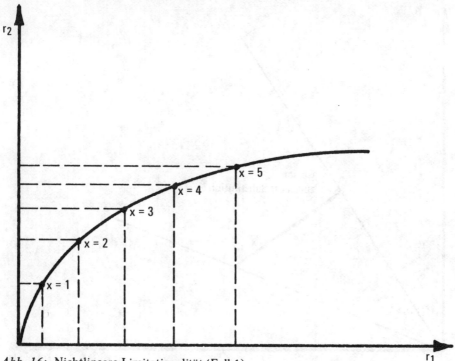
Abb. 16: Nichtlineare Limitationalität (Fall 1)

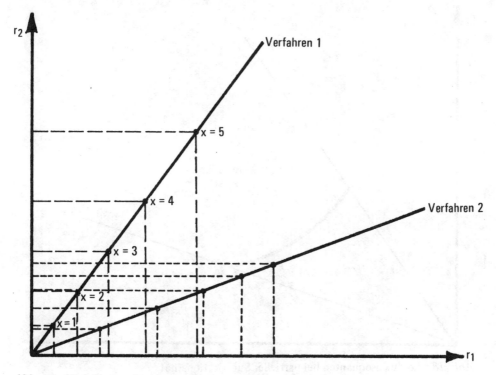
Abb. 17: Nichtlineare Limitationalität (Fall 2)

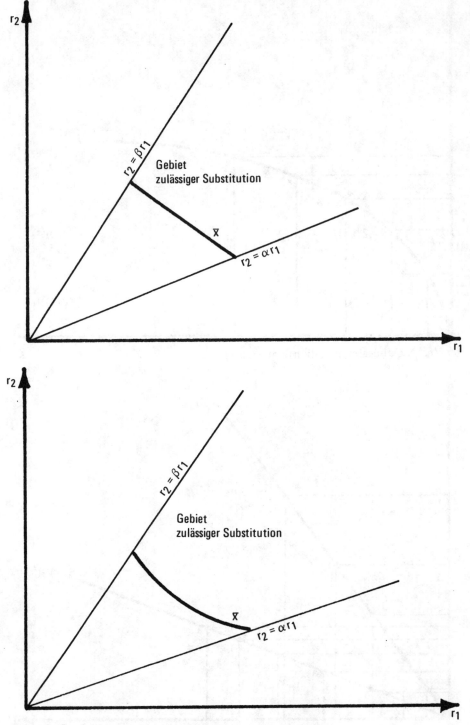

Abb. 18: Produktisoquanten bei partieller Substitutionalität

Der Graph aller Produktionen $(r, \bar{x}) \in T_E$, die zur gleichen Produktquantität $\bar{x}$ führen, heißt *Produktisoquante*. Aufgrund des Effizienzpostulats verlaufen Isoquanten konvex zum Ursprung eines r_1, r_2-Koordinatensystems.

Unverbundener Faktoreinsatz oder *totale Substitutionalität* liegt dann vor, wenn die Faktoren vollständig gegeneinander austauschbar sind. Die Produktisoquanten tangieren die r_1, r_2-Achsen des Koordinatensystems.

Die partielle oder totale Substitutionalität wird bei der Produktionsfunktion

(5) $x = f_x (r_1 \ldots r_H)$

durch die *Grenzrate der Faktorsubstitution* gemessen:

(11) $GDF_{gh} = -\dfrac{\delta r_g}{\delta r_h} \geqslant 0;$ $x = \text{const.}$

Die Grenzrate der Faktorsubstitution GDF_{gh} von Faktor g durch Faktor h gibt jene Menge des Faktors g an, deren Verminderung – bei konstantem Output – gerade durch die Vermehrung des Faktors h um eine infinitesimale Mengeneinheit ausgeglichen wird. Die Grenzrate der Faktorsubstitution ist analytisch gleich der mit -1 multiplizierten ersten Ableitung der Faktoreinsatzfunktion bei konstantem Output

$r_g = f_g (\bar{x}, r_1 \ldots r_{g-1}, r_{g+1} \ldots r_H)$

und entspricht der Steigung der Produktisoquante in einem bestimmten Punkt. Um einen positiven Wert zu erhalten, wird die Grenzrate der Faktorsubstitution negativ definiert.

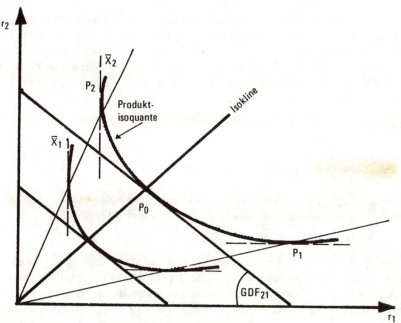

Abb. 19: Grenzrate der Faktorsubstitution, Isokline

Gemäß dem Effizienzkriterium liegt die *Grenze der Substitution* dort, wo die Grenzrate der Faktorsubstitution gleich Null ist. Eine negative Grenzrate würde bedeuten, daß man von beiden Faktoren mehr einsetzen müßte. In Abb. 19 gibt die Steigung der Geraden durch P_0 die Grenzrate der Faktorsubstitution in P_0 an. Die Punkte P_1 und P_2 markieren auf der Produktisoquante den Bereich einer ökonomisch sinnvollen Substitution.

Die Verbindungslinie der Punkte gleicher Grenzraten der Faktorsubstitution auf verschiedenen Produktisoquanten heißt *Isokline*.

Resultieren aus einem Produktionsvorgang naturgesetzlich oder technisch zwangsläufig zwei oder mehrere Produkte, so handelt es sich um *verbundene Produktion (Kuppelproduktion)*.

Bei *starrer Kuppelproduktion* gilt im Rahmen des Produktionsmodells (7) $x_1 : x_2$ = const.

Beispiel:

Bei der Elektrolyse von Wasser wird Wasserstoff und Sauerstoff im Verhältnis 2 : 1 erzeugt.

Bei *elastischer Kuppelproduktion* kann das Verhältnis der Outputquantitäten der Kuppelprodukte in Grenzen beeinflußt werden. Dies geschieht beispielsweise durch Variation der technischen Verfahrensbedingungen wie Druck, Temperatur u. ä.

Beispiel:

In Schlachtereien kann beim Zerlegen von Schlachttieren durch entsprechende Schnittführung der mengenmäßige Anteil der Fleischsorten beeinflußt werden.

Werden in einem Produktionsvorgang in einer Produktionsperiode zwei oder mehrere Produkte erzeugt, deren Mengenrelationen unabhängig voneinander variiert werden können, dann liegt *unverbundene Produktion* vor. Die Obergrenze möglicher Outputquantitäten wird durch die vorgegebenen Faktormengen determiniert. Der Graph aller Produktionen $(\bar{r}, x) \in T_E$, die auf dem gleichen Faktoreinsatz $\bar{r}$ beruhen, heißt *Faktorisoquante (Produktionskapazitätskurve, Transformationskurve)*.

Die *Grenzrate der Produktsubstitution* ist ein Maß für die Substituierbarkeit der Produkte auf der Faktorisoquante:

(12) $\quad GDP_{ij} = -\dfrac{\delta x_i}{\delta x_j} \geqslant 0; \qquad\qquad r$ = const.

Die Grenzrate der Produktsubstitution ist analytisch gleich der mit -1 multiplizierten ersten Ableitung der Produktionsfunktion bei konstantem Faktoreinsatz

$$x_i = f_i(\bar{r}, x_1 \ldots x_{i-1}, x_{i+1} \ldots x_N)$$

und entspricht der Steigung der Faktorisoquante in einem bestimmten Punkt (Abb. 20). Um einen positiven Wert zu erhalten, wird die Grenzrate der Produktsubstitution negativ definiert. Sie gibt an, auf wieviel Mengeneinheiten von Produkt x_i verzichtet werden muß, wenn man bei gleichem Faktoreinsatz die Menge von x_j um eine (infinitesimale) Einheit erhöht.

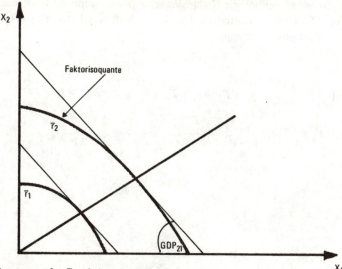

Abb. 20: Grenzrate der Produktsubstitution

4.1.1.2 Größe der Produktion, Homogenität

Multipliziert man eine Produktion $g \in T$ mit einer reellen Zahl $\lambda \geq 0$, so erhält man eine Produktion auf einem anderen Produktionsniveau. Die Zahl λ heißt deshalb *Größe* oder *Niveau* der Produktion.

Gilt $g \in T$ und auch $\lambda g \in T$, $\lambda \geq 0$, so liegt *Größenproportionalität* für eine Technologie vor.

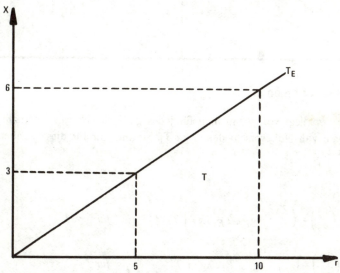

Abb. 21: Größenproportionalität

Dagegen liegt für eine Technologie *Größendegression* vor, wenn man für jedes $g \in T$ das Niveau innerhalb T beliebig vermindern, für die von Null verschiedenen $g \in T_E$ – und nur für diese – aber nicht erhöhen kann.

Beispiel:

$$g_1 = \binom{r_1}{x_1} = \binom{6}{6}; \quad g_1 \in T_E; \; \lambda g_1 \notin T_E \notin T \qquad \text{für } \lambda > 1$$

$$g_2 = \binom{r_2}{x_2} = \binom{6}{3}; \quad g_2 \in T \; ; \; \lambda g_2 \in T \qquad \text{für } 0 \leq \lambda \leq 1$$

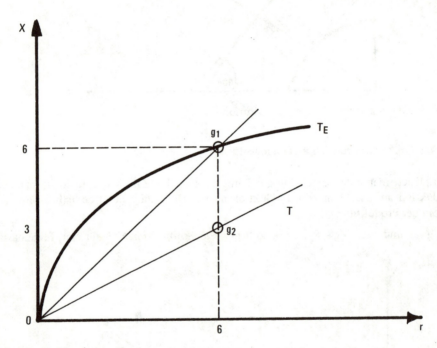

Abb. 22: Größendegression

Größenprogression liegt vor, wenn man für jedes $g \in T$ das Niveau innerhalb T beliebig erhöhen, für die von Null verschiedenen $g \in T_E$ – und nur für diese – aber nicht vermindern kann.

Beispiel:

$$g_1 = \binom{r_1}{x_1} = \binom{7}{5}; \quad g_1 \in T_E, \; \lambda g_1 \notin T_E \notin T \qquad \text{für } \lambda < 1$$

$$g_2 = \binom{r_2}{x_2} = \binom{7}{3}; \quad g_2 \in T \; ; \; \lambda g_2 \in T \qquad \text{für } 1 \leq \lambda < \infty$$

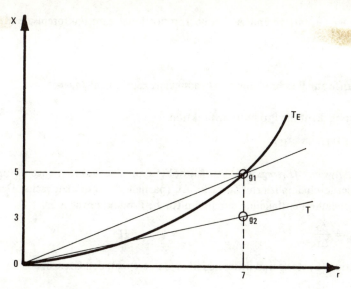

Abb. 23: Größenprogression

Infolgedessen gilt:

— Größenproportionalität: $g \in T$ und $0 \leq \lambda < \infty \to \lambda g \in T$
— Größendegression: $g \in T$ und $0 \leq \lambda \leq 1 \to \lambda g \in T$
— Größenprogression: $g \in T$ und $1 \leq \lambda < \infty \to \lambda g \in T$

Dieser Sachverhalt läßt sich auch anhand des Produktionsmodells (5), das nur effiziente Produktionen abbildet, darstellen.

Eine Produktionsfunktion mit H unabhängigen Variablen nennt man *homogen vom Grade e*, wenn bei Multiplikation jeder einzelnen unabhängigen Variablen mit einer reellen Zahl λ der Funktionswert mit λ^e multipliziert erscheint, wenn also

(13) $\quad f_x(\lambda r_1, \lambda r_2, \ldots, \lambda r_H) = \lambda^e \cdot f_x(r_1, r_2, \ldots, r_H)$

oder $\qquad \lambda^e \cdot x = f_x(\lambda r_1, \lambda r_2, \ldots, \lambda r_H)$

ist. Ist $e = 1$, dann spricht man von *Linear-Homogenität*.

Beispiel:

Die Produktionsfunktion $x = 0{,}8 \cdot r_1^{3/2} \cdot r_2^{1/2}$ *ist homogen vom Grade 2.*

Infolgedessen gilt:

— $e = 1$: Der Output verändert sich proportional zum Faktoreinsatz (Größenproportionalität)
— $e < 1$: Der Output verändert sich unterproportional zum Faktoreinsatz (Größendegression)

— $e > 1$: Der Output verändert sich überproportional zum Faktoreinsatz (Größenprogression).

4.1.1.3 Begriffe zur Beschreibung von Produktionszusammenhängen

Zur Erläuterung dient die Produktionsfunktion

(5) $\quad x = f_x(r_1, \ldots, r_H)$

(a) *Produktzuwachs (Ertragszuwachs):* Erhöht man eine Faktormenge r_h um Δr_h, so heißt der hierdurch implizierte Zuwachs Δx (partieller) Produktzuwachs. Der auf eine Faktormengeneinheit entfallende durchschnittliche Produktzuwachs ist

(14) $\quad PZ_h = \dfrac{\Delta x}{\Delta r_h} \qquad\qquad h = 1, \ldots, H$

Ist die Funktion (5) stetig und differenzierbar, so darf man den Grenzübergang

$$\lim_{\Delta r_h \to 0} \frac{\Delta x}{\Delta r_h} = \frac{\delta x}{\delta r_h} = \frac{\delta f_x(r_1, \ldots, r_H)}{\delta r_h}$$

vollziehen und erhält die erste partielle Ableitung der Produktionsfunktion nach dem Element r_h.

(b) *Grenzprodukt:* Der Wert des partiellen Differentialquotienten $\delta x/\delta r_h$ heißt (partielles) Grenzprodukt des Faktors h:

(15) $\quad GP_h = \dfrac{\delta x}{\delta r_h} \; ; \qquad\qquad h = 1, \ldots, H$

Das Grenzprodukt stellt diejenige Veränderung des Output dar, die durch eine infinitesimal kleine Faktormengeneinheit erzielt wird.

(c) *Grenzproduktionskoeffizient:* Der reziproke Wert des Grenzprodukts.

(d) *Totales Grenzprodukt:* Die Summe der partiellen Differentiale $(\delta x/\delta r_h)\, dr_h$ für alle $h = 1, \ldots, H$ heißt totales Grenzprodukt

(16) $\quad dx = \sum\limits_{h=1}^{H} (\delta x/\delta r_h)\, dr_h$

(e) *Durchschnittsprodukt:* Der Wert des Quotienten

(17) $\quad DP_h = \dfrac{x}{r_h} \; ; \qquad\qquad h = 1, \ldots, H$

heißt Durchschnittsprodukt des Faktors h.

Der reziproke Wert des Durchschnittsprodukts heißt

(f) *Produktionskoeffizient:*

(18) $\quad PK_h = \dfrac{r_h}{x}$; $\qquad h = 1, \ldots, H$

(g) *Produktionselastizität:* Der Grenzwert des Quotienten der relativen Änderung der Produktquantität und der relativen Änderung der Faktorquantität h heißt Produktionselastizität e_h der Produktionsfunktion (5) in einem bestimmten Punkt:

$$e_h = \lim_{r_h \to 0} \dfrac{\dfrac{\Delta x}{x}}{\dfrac{\Delta r_h}{r_h}} = \dfrac{\dfrac{\delta x}{x}}{\dfrac{\delta r_h}{r_h}} = \dfrac{\delta x}{\delta r_h} : \dfrac{x}{r_h}$$

$$e_h = GP_h : DP_h = GP_h \cdot PK_h; \qquad h = 1, \ldots, H$$

Die Produktionselastizität gibt an, um wieviel Prozent sich der Output erhöht, wenn man den Faktoreinsatz der Art h um 1 % vergrößert. Abb. 24 zeigt den Zusammenhang zwischen Produktionselastizität und Verlauf des Grenz- und Durchschnittsprodukts.

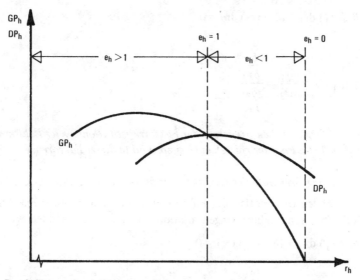

Abb. 24: Produktionselastizität

Zur Erläuterung der folgenden Begriffe dient die Faktoreinsatzfunktion

(19) $\quad r = f_r (x_1, \ldots, x_N)$

(h) *Grenzfaktoreinsatz:* Ist die Faktoreinsatzfunktion (19) stetig und differenzierbar, so heißt der Wert des partiellen Differentialquotienten

(20) $\quad GF_j = \dfrac{\delta r}{\delta x_j} = \dfrac{\delta f_r(x_1, \ldots, x_N)}{\delta x_j} \quad j = 1, \ldots, N$

Grenzfaktoreinsatz des Produktes j.

Der Grenzfaktoreinsatz stellt diejenige Veränderung des Inputs dar, die durch eine infinitesimal kleine Veränderung der Outputart j impliziert wird.

(i) *Totaler Grenzfaktoreinsatz:* Die Summe der partiellen Differentiale $(\delta r/\delta x_j)$ dx_j, $j = 1, \ldots, N$, heißt totaler Grenzfaktoreinsatz

(21) $\quad dr = \sum\limits_{j=1}^{N} (\delta r/\delta x_j)\, dx_j$

4.1.1.4 Allgemeine produktionstheoretische Zusammenhänge

(1) Zusammenhang Grenzrate der Faktorsubstitution – Grenzprodukt

Der Wert des *totalen Grenzprodukts* auf einer *Produktisoquanten* ist gleich Null, da durch Faktormengenveränderungen der Output nicht verändert wird:

$$(\delta x/\delta r_1)\, dr_1 + (\delta x/\delta r_2)\, dr_2 = 0$$

bzw.

(22) $\quad GDF_{12} = -\dfrac{dr_1}{dr_2} = \dfrac{\dfrac{\delta x}{\delta r_2}}{\dfrac{\delta x}{\delta r_1}}$

Die Relation (22) besagt: *Die Grenzrate der Faktorsubstitution zweier Faktoren ist gleich dem reziproken Verhältnis der partiellen Grenzprodukte dieser Faktoren.*

(2) Zusammenhang Grenzrate der Produktsubstitution – Grenzfaktoreinsatz

Der Wert des totalen Differentials der Faktoreinsatzfunktion auf einer Faktorisoquanten ist gleich Null, da durch Produktmengenvariation der Input nicht geändert wird:

$$(\delta r/\delta x_1)\, dx_1 + (\delta r/\delta x_2)\, dx_2 = 0$$

bzw.

(23) $\quad GDP_{12} = -\dfrac{dx_1}{dx_2} = \dfrac{\dfrac{\delta r}{\delta x_2}}{\dfrac{\delta r}{\delta x_1}}$

Die Relation (23) besagt: *Die Grenzrate der Produktsubstitution ist gleich dem reziproken Verhältnis der partiellen Grenzfaktoreinsätze dieser Produkte.*

(3) Zusammenhang Produktionselastizität – Skalenelastizität – Homogenität

Sei r_h^1 ($h = 1, \ldots, H$) diejenige Faktormenge, die zu einem Output von *einer* Mengeneinheit führt. Sei

$$r_h = \lambda \, r_h^1$$

und $\quad r_h + dr_h = (\lambda + d\lambda) \, r_h^1,\qquad$ so gilt

(24) $\qquad \dfrac{dr_h}{r_h} = \dfrac{d\lambda}{\lambda} \quad$ bzw. $\quad dr_h = \dfrac{d\lambda}{\lambda} \, r_h$

Ersetzt man in (16) (Totales Grenzprodukt) dr_h durch (24), so erhält man

$$dx = \sum_{h=1}^{H} (\delta x / \delta r_h)(d\lambda/\lambda) \, r_h$$

Multipliziert man beide Seiten mit $\lambda/(d\lambda \cdot x)$, so erhält man

(25) $\qquad \dfrac{dx}{x} \cdot \dfrac{\lambda}{d\lambda} = \sum_{h=1}^{H} (\delta x / \delta r_h)(r_h/x) = s$

Die rechte Seite von (25) entspricht der Summe der Produktionselastizitäten. Die linke Seite von (25) heißt *Skalenelastizität*. Somit gilt: *Die Skalenelastizität ist gleich der Summe der Produktionselastizitäten aller Faktoren.*

Multipliziert man beide Seiten mit x, so wird aus (25)

(26) $\qquad x \dfrac{dx}{x} \cdot \dfrac{\lambda}{d\lambda} = s \cdot x = \sum_{h=1}^{H} \dfrac{\delta x}{\delta r_h} \cdot r_h$

(26) bedeutet: *Die Summe aller mit ihren Grenzprodukten multiplizierten Faktormengen ist gleich dem Output multipliziert mit der Skalenelastizität s.*[10]

Für homogene Produktionsfunktionen gilt die Beziehung

$$\lambda^e = f_x(\lambda r_1^1, \ldots, \lambda r_H^1)$$

und $\quad (\lambda + d\lambda)^e = f_x((\lambda + d\lambda) \, r_1^1, \ldots, (\lambda + d\lambda) \, r_H^1)$

Die relative Änderung des Outputs ist damit

$$\frac{(\lambda + d\lambda)^e - \lambda^e}{\lambda^e} = \frac{dx}{x}$$

Für $e = 1$ gilt dann

(27) $\qquad 1 = \dfrac{dx}{x} \cdot \dfrac{\lambda}{d\lambda} = s = e$

Damit ist gezeigt: *Bei linear-homogenen Produktionsfunktionen stimmen Skalenelastizität und Grad der Produktionsfunktion überein.*

---

10 Dieser Satz wird auch Theorem von Wicksell-Johnson genannt. (26) heißt auch Passus-Gleichung. Vgl. hierzu KRELLE [Produktionstheorie 1969, S. 93].

4.1.2 Das Leontief-Produktionsmodell

Eine erste Klasse betriebswirtschaftlicher Produktionsmodelle geht von folgenden Annahmen aus:

(a) *Lineare Technologie* (Größenproportionalität)
(b) *Limitationalität* (Verbundener Faktoreinsatz)
(c) *Qualitative Konstanz* der Faktoren
(d) *Vollständige Teilbarkeit* der Faktoren.

Die Annahme (d) ist nicht zwingend.

4.2.1.2 Ein Produkt – Zwei Faktoren – Ein Prozeß

Im Drei-Güter-Fall (Ein Produkt, Zwei Faktoren) gilt

(28) $\quad r_h \geq a_h x \qquad\qquad h = 1, 2$

oder

(29) $\quad x \leq \dfrac{1}{a_h} r_h \qquad\qquad h = 1, 2$

Die Größe a_h ist der konstante *Produktionskoeffizient*.

Für effiziente Produktionen gilt das Gleichheitszeichen und damit bei vorgegebenem r_h

(30) $\quad x = \min\left\{\dfrac{1}{a_1}\bar{r}_1, \dfrac{1}{a_2}\bar{r}_2\right\}$.

d. h. wegen Annahme (b) limitiert der kleinste Quotient aus gegebenen Faktorquantitäten und gegebenem Produktionskoeffizient die Outputquantität.

In der r_1, r_2-Ebene bilden die effizienten Produktionsprodukte eine Gerade durch den Nullpunkt. Diese Gerade heißt *Prozeßstrahl (Produktionsprozeß, Prozeß, Aktivität)* und ist das Bild der *Leontief-Produktionsfunktion bei totaler Faktorvariation*. Bei *totaler Faktorvariation* können alle Faktoren beliebig variiert werden (Abb. 25).

Die (Quasi-)Produktisoquanten sind rechtwinklig geknickte Geraden; sie liegen bei gleichen Produktionserhöhungen gleich weit voneinander entfernt. Variiert man bei gegebener Faktormenge des zweiten Faktors $\bar{r}_2$ nur die Einsatzmenge des ersten Faktors, so erhält man die in Abb. 26 dargestellte *Leontief-Produktionsfunktion bei partieller Faktorvariation*. Im Bereich $0 \leq r_1 < r_1^*$ werden Faktormengen des zweiten Faktors verschwendet; im Bereich $r_1 > r_1^*$ werden Mengen des ersten Faktors vergeudet. Nur im Punkt A ist die Produktion effizient.

Für die Leontief-Produktionsfunktion halten wir folgende *Eigenschaften* fest:

— Das Verhältnis
  – der Faktoreinsatzmengen untereinander
  – der Faktoreinsatzmengen zur Produktmenge
  – der Produktionskoeffizienten

  ist konstant.

— Die Faktoreinsatzfunktion ist eine lineare Funktion des Outputs.

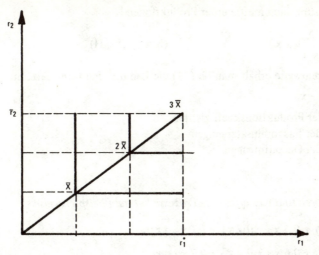

Abb. 25: Leontief-Produktionsfunktion im Drei-Güter-Fall (totale Faktorvariation)

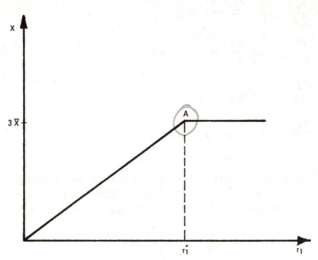

Abb. 26: Leontief-Produktionsfunktion im Drei-Güter-Fall (partielle Faktorvariation)

4.1.2.2 Ein Produkt – H Faktoren – S effiziente Prozesse

Sei

x_s der Output des Produktes beim Prozeß s und

a_{hs} der Produktionskoeffizient des Faktors h beim Prozeß s,

dann gilt für die Faktoreinsatzfunktion

$$(31) \quad r_h = \sum_{s=1}^{S} a_{hs} x_s \qquad (h = 1, \ldots, H)$$

bzw. bei Zulassung auch ineffizienter Produktionen

(32) $\quad r_h \geq \sum_{s=1}^{S} a_{hs} x_s \qquad (h = 1, \ldots, H)$

In Matrix-Schreibweise erhält man für (31) die Leontief-Faktoreinsatzfunktion

(33) $\quad r = A \cdot x$

A = Matrix der Produktionskoeffizienten
r = Vektor der Faktoreinsatzmengen
x = Vektor der Outputmengen

Beispiel:
Für zwei Faktoren und vier effiziente Prozesse hat man beispielsweise:

$$0{,}4\,x_1 + 0{,}5\,x_2 + 0{,}7\,x_3 + 1{,}1\,x_4 = r_1$$
$$1\,x_1 + 0{,}6\,x_2 + 0{,}4\,x_3 + 0{,}3\,x_4 = r_2$$

Prozeß 1: $\quad x_1 = \dfrac{r_1}{0{,}4} \;;\; x_1 = \dfrac{r_2}{1} \;\Rightarrow\; r_2 = 2{,}5\,r_1$

Prozeß 2: $\quad x_2 = \dfrac{r_1}{0{,}5} \;;\; x_2 = \dfrac{r_2}{0{,}6} \;\Rightarrow\; r_2 = 1{,}2\,r_1$

Prozeß 3: $\quad x_3 = \dfrac{r_1}{0{,}7} \;;\; x_3 = \dfrac{r_2}{0{,}4} \;\Rightarrow\; r_2 = 0{,}57\,r_1$

Prozeß 4: $\quad x_4 = \dfrac{r_1}{1{,}1} \;;\; x_4 = \dfrac{r_2}{0{,}3} \;\Rightarrow\; r_2 = 0{,}27\,r_1$

Die gegebenen effizienten Prozesse heißen auch *reine Prozesse*. Durch Prozeßkombinationen erhält man *gemischte Prozesse*, die als Linearkombinationen *zweier benachbarter effizienter* Prozesse definiert sind. Für Prozeß 1 und Prozeß 2 erhält man z. B.

$$\lambda \begin{pmatrix} 0{,}4 \\ 1 \end{pmatrix} x_1 + (1 - \lambda) \begin{pmatrix} 0{,}5 \\ 0{,}6 \end{pmatrix} x_2 = \begin{pmatrix} r_1 \\ r_2 \end{pmatrix} \text{ mit } 0 < \lambda < 1$$

Die Verbindungslinie effizienter Prozeßpunkte (bei gegebenem Output) in der r_1, r_2-Ebene ergibt die Produktisoquante (Abb. 27). Die *Isoquante* ist also der Streckenzug zwischen den Punkten gleichen Ausbringungsniveaus *benachbarter* Prozesse s, s + 1 (s = 1, ..., S – 1). Die Abbildung 27 macht deutlich, daß eine Linearkombination nichtbenachbarter effizienter Prozesse zu ineffizienten „gemischten" Prozessen führen würde. Ineffiziente Produktionspunkte liegen auf den gestrichelten Geraden. Sie scheiden damit in produktionstheoretischen Betrachtungen aus.

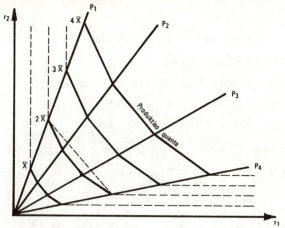

Abb. 27: Mehrere effiziente Prozesse

Damit gilt für die *Effizienz von Produktionsprozessen* folgendes *(Dominanz-)Kriterium:*

$$P_s \succ P_u{}^{11} \qquad \text{wenn } a_s \leq a_u$$

Der Spaltenvektor a_s (s = 1, ..., S) der Produktionskoeffizientenmatrix A heißt *Prozeßvektor* (Aktivität). Die *Grenzrate der Faktorsubstitution* ist nur für gemischte Prozesse benachbarter reiner Prozesse eindeutig definiert. Abb. 27 zeigt die Produktionsmöglichkeiten bei *totaler Faktorvariation*. Legt man einen Schnitt parallel zur r_1- oder r_2-Achse, so erhält man die Produktionsfunktion bei *partieller Faktorvariation*. Ihr Bild ist in Abb. 28 dargestellt. Werden nur reine Prozesse zugelassen, so ist die Produktionsfunktion nur in einzelnen Punkten definiert.

Bei Zulassung auch gemischter Prozesse ergibt sich der dargestellte Streckenzug.

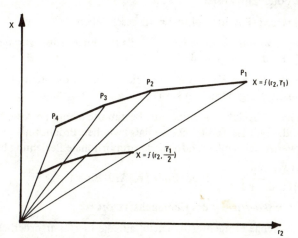

Abb. 28: Leontief-Produktionsfunktion bei mehreren effizienten Prozessen

11 Lies: Prozeß P_s dominiert Prozeß P_u.

Beispiel:

$\bar{r}_1 = 6 = const.$ *Für das Beispiel auf S. 72 ergibt sich dann*

$$1,1\, x_4 + 0,7\, x_3 + 0,5\, x_2 + 0,4\, x_1 = 6$$

Die maximalen Outputs bei Durchführung der reinen Prozesse lauten:

$x_4 = 6/1,1 = 5,455$	$r_2 = 1,636$
$x_3 = 6/0,7 = 8,571$	$r_2 = 3,429$
$x_2 = 6/0,5 = 12$	$r_2 = 7,2$
$x_1 = 6/0,4 = 15$	$r_2 = 15$

4.1.3 Das Gutenberg-Produktionsmodell

4.1.3.1 Allgemeine Kennzeichnung des Gutenberg-Produktionsmodells

Im Mittelpunkt des von GUTENBERG [Produktion 1975] (1. Aufl., 1951, S. 221 ff.) beschriebenen Produktionsmodells steht das Bemühen, die technologischen Merkmale von Produktionssystemen detaillierter zu beschreiben und explizit in Produktionsmodelle zu integrieren.

Das Gutenberg-Produktionsmodell geht von folgenden Annahmen und Definitionen aus:

(a) Zur Erstellung einer Produkteinheit sind *Verbrauchsfaktoren* und *Gebrauchsfaktoren* erforderlich. Die Gebrauchsfaktoren werden als ein Potential von Arbeitseinheiten angesehen; ein Teil von ihnen wird in der Produktionsperiode verbraucht. Gutenberg nennt sie daher Potentialfaktoren.

(b) Ein *Gebrauchsfaktor* i (Potentialfaktor) wird beschrieben
   - durch seine *quantitative Kapazität* b_i^{max} als Maximalmenge erbringbarer Arbeitseinheiten je Produktionsperiode
   - durch seine *qualitative Kapazität*, beschrieben durch die Menge seiner konstruktiven technischen Eigenschaften s = 1, . . . , v : $z_i' = (z_{i1}\ z_{i2} \ldots z_{iv})$.

(c) Zur Erstellung *einer* Produkteinheit ist eine bestimmte Menge an Arbeitseinheiten a_i^G (Arb. Einh./Prod. Einh.) erforderlich, so daß zwischen Produktmenge und Gesamtzahl erforderlicher Arbeitseinheiten folgende proportionale Beziehung besteht:

(34) $\quad b_i = a_i^G \times \dfrac{[\text{Arb. Einh.}]}{[\text{Prod. Einh.}]} \cdot [\text{Prod. Einh.}] = [\text{Arb. Einh.}]$

a_i^G *Produktionskoeffizient* des Gebrauchsfaktors i

(d) Bezieht man die Menge erbrachter Arbeit b_i auf die hierfür erforderliche Zeit t_i und dividiert durch die Anzahl der benutzten Gebrauchsfaktoren M_i^G, so erhält man die *Leistungsgeschwindigkeit* oder *Intensität* l_i pro Gebrauchsfaktor i:

(35) $\quad l_i = \dfrac{b_i}{M_i^G \cdot t_i} \quad \dfrac{[\text{Arb. Einh.}]}{[\text{Zeit. Einh.}]}$

(e) Die *Faktorverbrauchsmengen* hängen neben dem Output x von der Intensität l_i der Gebrauchsfaktoren $i = 1, \ldots, m$ ab. Die Intensität ist innerhalb technisch vorgegebener Grenzen variierbar:

(36) $\quad l_i^{\min} \leqslant l_i \leqslant l_i^{\max}$

(f) Die *Qualität* der Faktoren ist konstant und unabhängig von der Intensität. Insbesondere gilt also

$\quad\quad z_i' = \text{const.} \quad\quad\quad\quad (i = 1, \ldots, m)$

(g) Die Faktorverbrauchsmenge der *Gebrauchsfaktoren* r_i^G ist das Produkt von Einsatzmenge M_i^G und Einsatzzeit t_i und ist somit wegen (35)

(37) $\quad r_i^G = M_i^G \cdot t_i = \dfrac{b_i}{l_i}$

(h) Verbrauch von *Verbrauchsfaktoren* entsteht durch die Nutzung von Gebrauchsfaktoren. Es wird angenommen, daß die Menge des Verbrauchsfaktors $h = 1, \ldots, H - m$, die bei Erstellung einer Arbeitseinheit beim Gebrauchsfaktor $i = 1, \ldots, m$ verbraucht wird, eine Funktion der Intensität l_i ist. Diese Annahme wird durch die *Verbrauchsfunktion* formuliert:

(38) $\quad \alpha_{ih}^V = \dfrac{r_{ih}^V}{b_i} = f_{ih}(l_i) \quad \dfrac{[\text{Fakt. Einh.}]}{[\text{Arb. Einh.}]}$

In einem Produktionssystem gibt es also $m \cdot (H - m)$ Verbrauchsfunktionen.

Aufgrund der getroffenen Vereinbarungen gelten für die *Gebrauchsfaktoren (Potentialfaktoren)* folgende Beziehungen: Unter Verwendung von (34) folgt aus (37) die *Faktoreinsatzfunktion*

(39) $\quad r_i^G = \dfrac{a_i^G}{l_i} x \quad\quad\quad\quad (i = 1, \ldots, m)$

und die *Produktionsfunktion*

(40) $\quad x = \dfrac{1}{a_i^G} l_i r_i^G \quad\quad\quad\quad (i = 1, \ldots, m)$

oder

(41) $\quad x = \dfrac{1}{a_i^G} l_i t_i M_i^G \quad\quad\quad\quad (i = 1, \ldots, m)$

(41) macht deutlich, daß der Output x – neben a_i^G – abhängt
– von der Intensität l_i
– von der Einsatzzeit t_i
– von der Anzahl der Gebrauchsfaktoren M_i^G.

Eine Änderung der Produktmenge kann damit sowohl durch eine Variation der Intensität als auch durch eine Veränderung der Einsatzzeit als auch durch Änderung der Anzahl der Gebrauchsfaktoren der Art i erreicht werden. Intensität, Einsatzzeit und Gebrauchsfaktorenanzahl sind daher spezifische *Aktionsparameter* im Rahmen des Gutenberg-Produktionsmodells. Eine Veränderung dieser Größen wird als

- *intensitätsmäßige Anpassung*
- *zeitliche Anpassung*
- *quantitative Anpassung*

bezeichnet.

Unter Benutzung von (34) und (38) erhält man für die *Verbrauchsfaktoren* folgende *Faktoreinsatzfunktionen:*

$$(42) \quad r_{ih}^V = f_{ih}(l_i) \, b_i = f_{ih}(l_i) \, a_i^G \, x := a_{ih}^V(l_i) \cdot x \quad \begin{cases} i = 1, \ldots, m \\ h = 1, \ldots, H - m \end{cases}$$

In (42) bezeichnet $a_{ih}^V(l_i)$ den *Produktionskoeffizienten* für die Verbrauchsfaktoren. Er ist eine Funktion der Intensität und damit variabel.

Die *Produktionsfunktionen* lauten entsprechend

$$(43) \quad x = \frac{1}{f_{ih}(l_i) \, a_i^G} \, r_{ih}^V = \frac{1}{a_{ih}^V(l_i)} \, r_{ih}^V \quad \begin{cases} i = 1, \ldots, m \\ h = 1, \ldots, H - m \end{cases}$$

Zusammenfassend lautet das Gutenberg-Produktionsmodell (ZSCHOCKE, D. [Betriebsökonometrie 1974, S. 62 f.]):

(a) *Gebrauchsfaktoren (Potentialfaktoren)* $i = 1, \ldots, m$

$$(40, 41) \quad x = \begin{cases} \dfrac{1}{a_i^G} \, l_i \, t_i \, M_i^G = \dfrac{1}{a_i^G} \, l_i \, r_i^G & a_i^G > 0 \\ 0 & a_i^G = 0 \end{cases}$$

(b) *Verbrauchsfaktoren* $h = 1, \ldots, H - m$

$$(43) \quad x = \begin{cases} \dfrac{1}{a_{ih}^V(l_i)} \, r_{ih}^V \quad (i = 1, \ldots, m) & a_{ih}^V(l_i) > 0 \\ 0 & a_{ih}^V(l_i) = 0 \end{cases}$$

Das Gutenberg-Produktionsmodell weist folgende *Charakteristika* auf:

(1) Getrennte Darstellungen von Produktionsbeziehungen für Gebrauchs-(Potential-) und Verbrauchsfaktoren.

(2) Der Output ist eine explizite Funktion der Intensität, der Einsatzzeit eines Gebrauchsfaktors und der Anzahl der Gebrauchsfaktoren.

(3) Die Produktionskoeffizienten der Verbrauchsfaktoren werden in einem abgeschlossenen Intervall der möglichen Intensität durch Verbrauchsfunktionen definiert. Die Produktionskoeffizienten sind intensitätsabhängig.

4.1.3.2 Nähere Charakterisierung des Gutenberg-Produktionsmodells

Die Funktionen (41) beschreiben die produktiven Beziehungen beim Einsatz von *Gebrauchsfaktoren*. Für ein bestimmtes i und $a_i^G, M_i^G > 0$ und $a_i^G, M_i^G = $ const. gilt:

(44) $x = c \cdot l_i \cdot t_i$

Unter Beachtung von $l_i^{min} \leq l_i \leq l_i^{max}$ und $0 \leq t_i \leq t_i^{max}$ ist das Bild der Funktion in Abb. 29 dargestellt. Die Isoquanten sind Hyperbeln:

(45) $l_i = \dfrac{\overline{x}}{ct_i}$

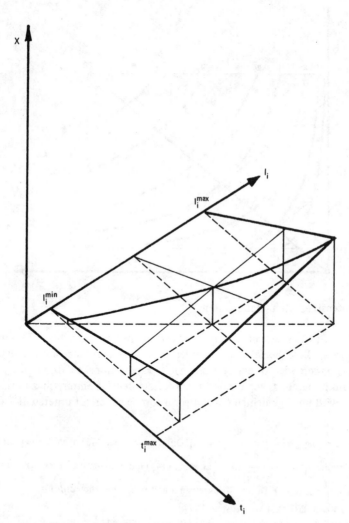

Abb. 29: Bild der Gutenberg-Produktionsfunktion

Ein Schnitt parallel zur t_i-Achse beschreibt dann die Abhängigkeit des Outputs bei *rein zeitlicher Anpassung*. (44) zeigt, daß der Output in diesem Fall (l_i = const.) eine *lineare* Funktion der Zeit ist. Ein Schnitt parallel zur l_i-Achse zeigt den Fall der *rein intensitätsmäßigen Anpassung*. Die Produktmenge ist auch für diesen Fall (t_i = const., $t_i > 0$) eine *lineare* Funktion der Intensität, beginnt wegen (36) jedoch nicht im Nullpunkt. Variiert man dagegen Intensität und Einsatzzeit gleichzeitig in konstantem Verhältnis, was einem Schnitt durch den Ursprung des Koordinatensystems in der l_i, t_i-Ebene entspricht, so gilt für den Output eine Elastizität von e = 2.

In den Schnittpunkten der Ursprungsgeraden mit den Isoquanten gilt dl_i/dt_i = const.[12] (vgl. Abb. 30).

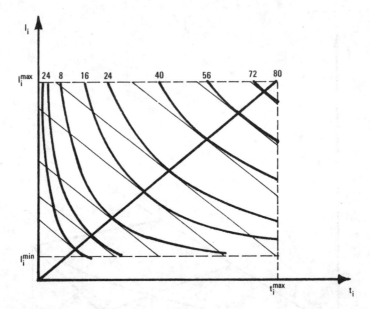

Abb. 30: Intensität—Zeit—Isoquanten

Die Funktionen (43) beschreiben die produktiven Beziehungen beim Einsatz von *Verbrauchsfaktoren*. Diese Beziehungen werden durch die Verbrauchsfunktionen (38) bzw. die auf ihnen basierenden intensitätsabhängigen Produktionskoeffizienten a_{ih}^V (l_i) festgelegt. Das Funktionsgesetz der Produktionskoeffzienten ist empirisch zu ermitteln.[13] In der Literatur wird im allgemeinen ein stetiger u-förmiger Verlauf unterstellt[14] (Abb. 31).

---

12 Für die Ursprungsgerade gilt (a): $l_i = g \cdot t_i$. Differenziert man (45) nach t_i, so erhält man $dl_i/dt_i = -(\bar{x}/ct_i^2)$ oder $t_i^2 = -\dfrac{\bar{x}}{c}\dfrac{dt_i}{dl_i}$. Ersetzt man in (44) l_i durch den Ausdruck (a) und setzt $x = \bar{x}$, so ergibt sich $t_i^2 = \bar{x}/(g \cdot c)$. Durch Gleichsetzen erhält man schließlich $dl_i/dt_i = -g$ = const.

13 Vgl. hierzu z. B. PRESSMAR [Kosten- 1971].

14 Vgl. ZSCHOCKE [Betriebsökonometrie 1974, S. 63 Anm. 116].

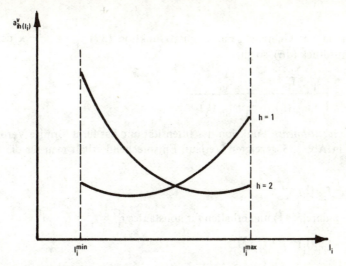

Abb. 31: Verbrauchsfunktionen

Ist der Input eines Verbrauchsfaktors vorgegeben, so ist der Output eine Funktion der Intensität

(46) $\quad x = \dfrac{\bar{r}^v_{ih}}{a^v_{ih}(l_i)}$

„... also im wesentlichen eine reziproke Funktion einer Verbrauchsfunktion" (ZSCHOCKE [Betriebsökonometrie 1974, S. 66]) (Abb. 32).

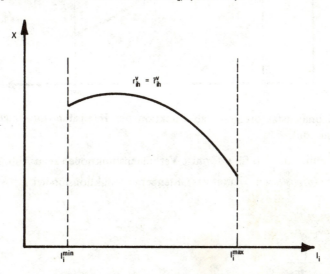

Abb. 32: Output als Funktion der Intensität (Verbrauchsfaktoren)

Ersetzt man in der Gebrauchs-Faktoreinsatzfunktion (39) $r_i^G = \dfrac{a_i^G}{l_i} x$ den Output x durch den Ausdruck (46), so gilt

(47) $\quad r_i^G = \dfrac{a_i^G \cdot \bar{r}_{ih}^V}{l_i \cdot a_{ih}^V (l_i)} = \dfrac{\bar{r}_{ih}^V}{l_i \cdot f_{ih} (l_i)}$

(47) ist eine *nicht-lineare* Funktion der Intensität und hat für u-förmige Verbrauchsfunktionen den in Abb. 33 gezeigten Verlauf. Entsprechend erhält man für die Verbrauchsfaktoren:

(48) $\quad r_{ih}^V = f_{ih} (l_i) a_i^G x$

Wir ersetzen x durch (41) und erhalten für konstantes $r_i^G = \bar{r}_i^G = \bar{t}_i \cdot \overline{M}_i^G$

(49) $\quad r_{ih}^V = f_{ih} (l_i) \cdot l_i \cdot \bar{t}_i \cdot \overline{M}_i^G$

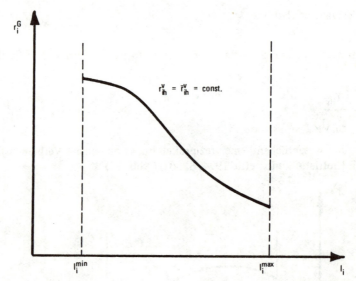

Abb. 33: Gebrauchsfaktoreinsatz als Funktion der Intensität (u-förmige Verbrauchsfunktion)

Das Bild der Funktion (49) für u-förmige Verbrauchsfunktionen zeigt Abb. 34.

Für *konstante Intensitäten* $\bar{l}_i$ lautet das Gutenberg-Produktionsmodell

(50) $\quad x = \dfrac{\bar{l}_i}{a_i^G} r_i^G$

(51) $\quad x = \dfrac{1}{a_{ih}^V (\bar{l}_i)} r_{ih}^V$

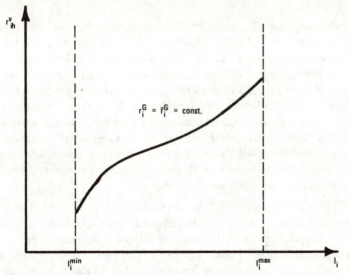

Abb. 34: Verbrauchsfaktoreinsatz als Funktion der Intensität (u-förmige Verbrauchsfunktion) (bei konstanter Einsatzzeit)

In beiden Fällen ist der Output x eine *lineare* Funktion der Faktormengen. Die Produktionskoeffizienten $a_{ih}^V (l_i)$ sind *konstant*. Daraus folgt, daß auch das Faktoreinsatzmengenverhältnis konstant ist *(Limitationalität)*.

Dies macht deutlich, daß das Gutenberg-Produktionsmodell als eine *Verallgemeinerung* des Leontief-Produktionsmodells angesehen werden kann: Die Verbrauchsfunktion gibt die Gesamtheit aller Produktionsprozesse eines Gebrauchsfaktors wieder, die durch Variation der Intensität erzielt werden. Jeder Punkt einer Verbrauchsfunktion entspricht einem Produktionsprozeß, der durch konstante Produktionskoeffizienten gekennzeichnet ist.

4.1.3.3 Weiterentwicklungen des Gutenberg-Produktionsmodells

Das Gutenberg-Produktionsmodell ist auf den *Mehrproduktfall* $(x_1 \ldots x_j \ldots x_N)$ anwendbar. Statt (34) gilt jetzt

(52) $\quad b_i = \sum_{j=1}^{N} a_{ij}^G x_j$

Damit lauten die *Faktoreinsatzfunktionen*

— für die Gebrauchsfaktoren $i = 1, \ldots, m$

(53) $\quad r_i^G = M_i^G t_i = \dfrac{1}{l_i} \sum_{j=1}^{N} a_{ij}^G x_j$

— für die Verbrauchsfaktoren $h = 1, \ldots, H - m$

(54) $\quad r_{ih}^V = f_{ih} (l_i) \sum_{j=1}^{N} a_{ij}^G x_j = \sum_{j=1}^{N} a_{ihj}^V \cdot (l_i) \cdot x_j \qquad (i = 1, \ldots, m)$

Als Weiterentwicklung des Gutenberg-Produktionsmodells können die produktionstheoretischen Arbeiten von HEINEN [Kostenlehre 1970] und PRESSMAR [Kosten-1971] angesehen werden. In beiden Arbeiten wird versucht, der Realität näher zu kommen, indem das Produktionsmodell noch mehr technologisch fundiert wird, als dies GUTENBERG im Rahmen des z'_i Vektors intendierte. Im Vektor z'_i des Gutenberg-Produktionsmodells werden nur die konstruktiv festgelegten technischen Eigenschaften erfaßt. HEINEN ergänzt diese kurzfristig unveränderlichen Daten durch zwei weitere technische Datengruppen. Jene technischen Daten, die nur für eine begrenzte Zeitdauer konstant gehalten werden, faßt er in der sog. „u-Situation" zusammen (z. B. Umrüsten eines Aggregates). Laufend schwankende technische Daten, wie Druck, Temperatur, Feuchtigkeitsgrade, werden im Rahmen der „l-Situation" erfaßt.

In ähnlicher Weise quantifiziert PRESSMAR [Kosten- 1971, S. 120 ff.] den „betrieblichen Kombinationsprozeß". Auch er unterscheidet drei Datengruppen – die Z-, V- und Q-Situation. Die *Z-Situation* bezeichnet ebenfalls die unveränderlichen technisch-konstruktiven Eigenschaften der Potentialfaktoren. Die Variablen der *V-Situation* dagegen kennzeichnen „ . . . im wesentlichen jene technischen Zustandsgrößen, die den Ablauf und die Geschwindigkeit des Produktionsprozesses betreffen" (S. 121).

Beispiele:

Umdrehungszahl, Schnittgeschwindigkeit, Strömungsgeschwindigkeit, Hubzahl je Zeiteinheit, Durchlaufgeschwindigkeit, Druck, Temperatur, Drehmoment, Druck- oder Zugkraft.

„Die Daten der V-Situation quantifizieren somit die Beanspruchung einer Produktionseinrichtung, sie sind ein Maß für die intensitätsmäßige Anpassung des Aggregates"(S. 121). Die *Q-Situation* schließlich umfaßt Daten, die „ . . . Qualitätseinflüsse des Faktoreinsatzes und des Faktorertrages . . ." (S. 122) quantifizieren.

Realitätsnähere Beschreibungen von Produktionssystemen sollen ferner dadurch erreicht werden, daß der „Gesamtprozeß der betrieblichen Leistungserstellung in sog. *Elementarkombinationen"* (HEINEN [Kostenlehre 1970, S. 221], HEINEN [Produktions- 1969, S. 239]) zerlegt wird bzw. dadurch, daß eine „Untergliederung des betrieblichen Produktionsprozesses" in *„Segmente"* (PRESSMAR [Kosten- 1971, S. 118 ff.]) erfolgt.

Der Zusammenhang zwischen Input und Output ergibt sich bei HEINEN aus *„technischen Verbrauchsfunktionen"* und *„Belastungsfunktionen"* (HEINEN [Produktions- 1969, S. 241, 242]); PRESSMAR unterscheidet zwischen *„Faktorverbrauchsfunktionen"* (PRESSMAR [Kosten- 1971, S. 131 ff.]) und *„Leistungsfunktionen"* (PRESSMAR [Kosten- 1971, S. 135 ff.]), die durch *„Ausschußfunktionen"* ergänzt werden.

Das Ergebnis der Bemühungen HEINENs ist die *„Produktionsfunktion vom Typ C"*, die er durch folgende Hauptmerkmale kennzeichnet (HEINEN [Produktions- 1969, S. 256]):

„1. Die Produktionsfunktion ist explizit *technologisch* fundiert.

2. Sie ist von vornherein auf den Fall eines *Mehrproduktbetriebes* mit mehrstufiger Fertigung ausgerichtet.

3. Sie umfaßt sowohl substitutionale wie auch limitationale Produktionsprozesse.
4. Die Produktionsfunktion vom Typ C umfaßt ein *differenziertes System von Entscheidungs(tat)beständen* einer Betriebswirtschaft, die einen Einfluß auf die Höhe des Faktorverbrauchs ausüben.
5. Die Produktionsfunktionen vom Typ C berücksichtigen den *Zeitaspekt* einmal in Form kinetisch formulierter Belastungsfunktionen und zum anderen durch den Tatbestand der Wiederholungsfunktion."[15]

PRESSMARs Analyse gipfelt in der Formulierung eines *verallgemeinerten Modells der betrieblichen Produktionsfunktion"* (PRESSMAR [Kosten- 1971, S. 146 f.]) Es besteht aus einer Menge von „Leistungsfunktionen" (m Outputfunktionen), aus einer entsprechenden Menge von „Ausschußfunktionen"[16] und aus einer Menge von „Faktorverbrauchsfunktionen".

Die beiden aufgezeichneten Modelle stehen in dem Bemühen, Produktionssysteme detaillierter und technisch fundierter zu beschreiben. Sie knüpfen damit an eine Reihe von Arbeiten an, die mit dem Namen „Engineering Production Functions" belegt werden. Stellvertretend für diese technischen Produktionsmodelle wird im nächsten Kapitel das CHENERY-Produktionsmodell dargestellt.

4.1.4 Das Chenery-Produktionsmodell

Technologisch begründete Produktions- und Kostenmodelle nicht landwirtschaftlicher Produktionssysteme wurden erstmals aus der Flugzeugindustrie bekannt.[17] Unter Einbeziehung naturwissenschaftlicher Gesetzmäßigkeiten und Berücksichtigung technologischer Merkmale wurde versucht, Kostenentstehung bzw. Faktorverbräuche systematisch zu analysieren. Modellmäßige Abbildungen, die neben den an einer Produktion beteiligten Güter*mengen* auch deren *technologische Eigenschaften* explizit einbeziehen, werden *technische Produktionsmodelle* genannt (ZSCHOCKE [Betriebsökonometrie 1974, S. 45]).

Das technische Produktionsmodell von H. B. CHENERY [Process 1953] geht von folgenden Annahmen aus[18]:

(a) Die an einer Produktion beteiligten Güter (Faktoren, Produkte) werden charakterisiert

- durch ihre jeweilige *Quantität* (Menge)
- durch ihre jeweiligen *technischen Gütereigenschaften.*

---

15 „Eine Funktion, die angibt, von welchen Einflußgrößen die Zahl der Durchführungen einer Elementarkombination abhängt, wird als *Wiederholungsfunktion* bezeichnet." (HEINEN [Produktions- 1969, S. 249]).
16 Die Ausschußfunktion zeigt den prozentualen Anteil des Ausschusses am Bruttoprodukt in Abhängigkeit der angegebenen Einflußvariablen.
17 Vgl. hierzu ZSCHOCKE [Betriebsökonometrie 1974, S. 46 ff.] und die dort angegebene Literatur.
18 Das Modell wird in Anlehnung an ZSCHOCKE [Betriebsökonometrie 1974, S. 52 ff.] beschrieben.

Die Faktoren werden nach Gebrauchs- und Verbrauchsfaktoren unterschieden. Die Beschreibung erfolgt durch Angabe folgender Bezeichnungen:

Güterart	Quantitäts-Variable	Technische Variable
Verbrauchs-faktoren	r_h^V $(h = 1, \ldots, H - m)$	$\mathbf{Z}^V = ((z_{hl}^V)) \begin{cases} h = 1, \ldots, H - m \\ l = 1, \ldots, L \end{cases}$
Gebrauchs-faktoren	r_i^G $(i = 1, \ldots, m)$	$\mathbf{Z}^G = ((z_{is}^G)) \begin{cases} i = 1, \ldots, m \\ s = 1, \ldots, S \end{cases}$
Produkt	x	$z' = (z_1, \ldots, z_q, \ldots, z_Q)$

(b) Zur Produktion einer bestimmten Produktmenge ist eine gewisse Menge an Energie E_r [ME] erforderlich.

(c) Die Zusammenhänge zwischen Output x, den technischen Variablen z' und $\mathbf{Z}^V$ und der zur Produktion erforderlichen Energie E_r wird mit Hilfe einer oder mehrerer *Transformationsfunktionen* (material transformation function) beschrieben:

(55) $\quad R_1(x, z', \mathbf{Z}^V, E_r) = 0$

(d) Die Produktion erfolgt mittels der Gebrauchsfaktoren. Damit eine Produktion durchgeführt werden kann, muß ihnen Energie E_s zugeführt werden. Die *Energiezufuhr-Funktion* (energy supply function) lautet:

(56) $\quad E_s = R_2(E_r, \mathbf{Z}^G)$

Damit ist die zuzuführende Energie abhängig von der zur Produktion erforderlichen Energie E_r und den technischen Eigenschaften der Gebrauchsfaktoren, wie z. B. Geschwindigkeit, Drehzahl, Kesseltemperatur.

(e) Die *Faktoreinsatzfunktionen* (Inputfunktionen) für Verbrauchs- und Gebrauchsfaktoren lauten:

(57) $\quad r_h^V = R_h(\mathbf{Z}^V, \mathbf{Z}^G, z') \qquad h = 1, \ldots, H - m$

(58) $\quad r_i^G = R_i(\mathbf{Z}^V, \mathbf{Z}^G, z') \qquad i = 1, \ldots, m$

Die Transformations-, Energiezufuhr- und Faktoreinsatzfunktionen beschreiben das technische Produktionsmodell. Löst man (56) nach E_r auf, also

(59) $\quad E_r = R_3(E_s, \mathbf{Z}^G)$

und setzt man diesen Ausdruck in (55) ein, so erhält man die sog. *engineering production function*

(60) $\quad R_1(x, z', \mathbf{Z}^V, \mathbf{Z}^G, E_s) = 0$

Sie beschreibt die funktionalen Zusammenhänge der technischen Variablen mit dem Output und der den Gebrauchsfaktoren zuzuführenden Energie.

Beispiel:

CHENERY erläutert sein Modell anhand der Dimensionierung und des Betriebs einer Gasleitung (CHENERY, H. B. [Production 1949, S. 514 ff.], CHENERY, H. B. [Process 1953, S. 311 ff.]). Weitere Literatur und eine ausführlich kommentierte Darstellung bei ZSCHOCKE [Betriebsökonometrie 1974, S. 54 ff.].

4.1.5 Das Pichler-Produktionsmodell

Für Zwecke der industriellen Produktionsplanung versuchte PICHLER[19] Anfang der 50er Jahre, Betriebsabläufe durch Produktionsmodelle zu beschreiben. Als kleinste Untersuchungseinheiten einer Betriebswirtschaft werden „Fertigungsstellen" (Kostenstellen) angesehen, die hier allgemein als „Produktionssystem" bezeichnet werden. Als besondere Merkmale eines Produktionssystems gelten sog. *Leitgrößen,* die näher charakterisiert werden als

– *Durchsätze* l_s (s = 1, . . . , S): Unter *Durchsatz* wird die auf eine Zeiteinheit bezogene Quantität g eines Gutes bezeichnet, also

$$l = \frac{g}{t} \text{ [ME/ZE]}$$

Man unterscheidet Input-Durchsätze und Output-Durchsätze.

Beispiele für Durchsätze:
m^3 *Dampf/h, hl Bier/h,* m^3 *Kies/Tag*

Art und Anzahl der zur Abbildung erforderlichen Durchsätze hängen von der Abbildungsgenauigkeit ab, die mit dem Produktionsmodell erzielt werden soll. Diese Genauigkeit mißt PICHLER durch einen Soll-Ist-Vergleich. Die Sollwerte stellen die mit Hilfe des Modells errechneten Werte dar; die Istwerte sind empirisch beobachtete Größen. Sind die Abweichungen zu groß, muß auf andere und/oder mehrere Durchsätze zurückgegriffen werden. Die Abweichungen können jedoch auch auf den im folgenden zu beschreibenden betrieblichen Nebenbedingungen beruhen.

– *Betriebliche Nebenbedingungen* n_w (w = S + 1, . . . , W) sind alle meßbaren, d. h. numerisch erfaßbaren Merkmale eines Produktionssystems, die nicht Güterquantitäten sind (wie z. B. die im Rahmen der l-Situation von HEINEN genannten Daten Druck, Temperatur, Feuchtigkeitsgrade) und den Verbrauch oder die Erzeugung von Gütern beeinflussen.

Welche Leitgrößen in einem Produktionssystem relevant sind, hängt von den technischen Kenntnissen und von den Möglichkeiten der numerischen Erfassung ab.

---

19 PICHLER [Anwendung 1953]; PICHLER [Matrizenrechnung 1953]; PICHLER [Probleme 1954]; PICHLER [Soll-Ist-Vergleich 1955]; PICHLER [Matrizenrechnung 1956]; PICHLER [Produktionsgestaltung 1956].

Das PICHLER-Produktionsmodell geht von der Annahme aus, daß ein Input oder Output g eines Produktionssystems eine lineare Funktion additiv verknüpfter Leitgrößen ist, also

(61) $\quad g = \sum_{s=1}^{S} a_s l_s + \sum_{w=S+1}^{W} b_w n_w$

Der Ausdruck (61) heißt *Durchsatzfunktion*. Hierin bezeichnet

g   einen Input oder Output

$l_1 \ldots l_s \ldots l_S$ voneinander unabhängige Durchsätze (Inputs oder Outputs)

$n_{S+1} \ldots n_w \ldots n_W$ voneinander unabhängige Nebenbedingungen

a_s, b_w technologisch bedingte Konstante, die *Verflechtungskoeffizienten* heißen.

Ein Produktionssystem wird damit allgemein durch ein *System von Durchsatzfunktionen* beschrieben,

(62)
$$g_1 = \sum_{s=1}^{S} a_{1s} l_s + \sum_{w=S+1}^{W} b_{1w} n_w$$
$$\vdots$$
$$g_m = \sum_{s=1}^{S} a_{ms} l_s \quad \sum_{w=S+1}^{W} b_{mw} n_w$$

das PICHLER-Produktionsmodell (Verflechungsmodell) heißt.

Die Matrix **V** der Verflechtungskoeffizienten heißt *Verflechtungsmatrix*.

$$V = ((a_{is}, b_{iw})) \quad \begin{cases} i = 1, \ldots, m \\ s = 1, \ldots, S \\ w = S+1, \ldots, W \end{cases}$$

Es wird vereinbart, daß

$$a_{is}, b_{iw} \quad \begin{cases} > 0 \text{ Erzeugung eines Gutes (Output)} \\ < 0 \text{ Verbrauch eines Gutes (Input)} \\ = 0 \text{ kein Einfluß} \end{cases}$$

bedeutet.

Durch die Funktionen (62) werden auf sehr einfache Weise verschiedene produktionstheoretische Möglichkeiten dargestellt. Bezeichnen im Gütervektor

$\quad g' = (g_1 \ldots g_m)$

die Elemente.

$(g_1 \ldots g_h \ldots g_H) :=$ Faktorenmengen (Input) $H < m$, die wir dann mit $(r_1 \ldots r_h \ldots r_H)$ bezeichnen, und

$(g_{H+1} \ldots g_j \ldots g_m) :=$ Produktmengen (Output), die wir dann mit $(x_{H+1} \ldots x_j \ldots x_m)$ bezeichnen, so ergeben sich folgende vier Möglichkeiten des Verbundes mit Gütern:[20]

Durchsatz \ Gut	Input	Output
Input	Verbundener Faktoreinsatz $r_h^* = \sum_{h=1}^{H} a_{h^*h} r_h$ $h^* \neq h$	Produktionsfunktion $x_j = \sum_{h=1}^{H} a_{jh} r_h$
Output	Faktoreinsatzfunktion $r_h = \sum_{j=H+1}^{m} a_{hj} x_j$	Kuppelproduktion $x_{j^*} = \sum_{j=H+1}^{m} a_{j^*j} x_j$ $j^* \neq j$

In allgemeiner Form gilt

(63) $\quad -r_h = \sum_{s=1}^{S} a_{hs} l_s + \sum_{w=S+1}^{W} b_{hw} n_w \qquad (h = 1, \ldots, G)$

(63) heißt *Faktorfunktion*. Die Matrix der Verflechtungskoeffizienten heißt *Faktormatrix*; die Elemente werden in diesem Zusammenhang *Faktorkoeffizienten* genannt:

$F = ((a_{hs}, b_{hw}))$

Entsprechend heißt

(64) $\quad x_j = \sum_{s=1}^{S} a_{js} l_s + \sum_{w=S+1}^{W} b_{jw} n_w \qquad (j = H+1, \ldots, m)$

Produktfunktion.
Die Matrix

$P = ((a_{js}, b_{jw}))$

heißt *Produktmatrix* und ihre Elemente *Produktkoeffizienten*.
Gilt für ein Produktionssystem

(65) $\quad -r_h = \alpha x_j \qquad (h = G+1, \ldots, H; j = H+1, \ldots, m)$

mit $-1 \leq \alpha \leq 0$

---

[20] Der Summand der betrieblichen Nebenbedingungen wurde der Anschaulichkeit halber weggelassen.

dann ist x_j ein sekundärer Faktor (innerbetriebliche Leistung, Zwischenprodukt). Im Produktionssystem tritt ein *Rückfluß* auf, der als *interne Rückkopplung* bezeichnet wird.

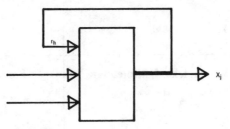

Abb. 35: Interne Rückkopplung

Für den *(Brutto-)Output* des Produktionssystems gilt (64). $\alpha \cdot 100\,\%$ dieses Outputs werden als sekundäre Faktorart wieder zu Input, also mit (65)

$-1 \leq \alpha \leq 0$

$$- r_h = \sum_{s=1}^{S} \alpha \cdot a_{js} l_s + \sum_{w=S+1}^{W} \alpha \cdot b_{jw} n_w \qquad (h = G+1, \ldots, H)$$

Infolgedessen gilt für den *Netto-Output:*

(66) $\qquad x_j = \sum_{s=1}^{S} (1+\alpha) a_{js} l_s + \sum_{w=S+1}^{W} (1+\alpha) b_{jw} n_w$ \quad (z. B. 0,5)

Die Funktionen (63) und (64) beschreiben das *PICHLER-Produktionsmodell;* es lautet zusammengefaßt in Matrix-Schreibweise

(67) $\qquad g := \begin{pmatrix} -r \\ x \end{pmatrix} = \begin{pmatrix} F \\ P \end{pmatrix} \begin{pmatrix} l \\ n \end{pmatrix} := V \begin{pmatrix} l \\ n \end{pmatrix}$

r Vektor der Faktormengen (Inputvektor)

x Vektor der Produktmengen (Outputvektor)

F Faktormatrix

P Produktmatrix

l Durchsatzvektor

n Vektor der betrieblichen Nebenbedingungen

g „Leistungsvektor"

$\begin{pmatrix} F \\ P \end{pmatrix} := V$ Verflechtungsmatrix

Zu vorgegebenen Werten des Leitgrößenvektors $(l, n)'$ lassen sich die Elemente des Gütervektors g' errechnen. Jedem numerisch fixierten Leitgrößenvektor ist daher genau ein numerisch fixierter Gütervektor zuzuordnen. Die negativen Elemente dieses Vektors sind Faktoren, die positiven Elemente sind Produkte. Jeder numerisch fixierte Leitgrößenvektor zeigt daher einen *Zustand* des Produktionssystems an. Jeder numerisch fixierter Gütervektor kennzeichnet einen *Produktionspunkt.* Die Einteilung der Güter in Faktoren und Produkte ist daher *zustandsabhängig.*

Beispiel:

Ein Produktionssystem sei durch folgendes PICHLER-Produktionssystem beschrieben:

$$\begin{pmatrix} g_1 \\ g_2 \\ g_3 \\ g_4 \\ g_5 \\ g_6 \end{pmatrix} = \begin{pmatrix} 1 & 0 & 0.005 \\ 0.5 & -0.2 & 0 \\ -0.2 & 0.4 & 0 \\ -3 & 0 & 0 \\ 0 & -1 & 0 \\ -0.4 & -0.5 & -0.01 \end{pmatrix} \cdot \begin{pmatrix} l_1 \\ l_2 \\ n_3 \end{pmatrix}$$

← Produkt (x_1)
← Zwischenprodukt
← Faktor

Gemäß der Vereinbarung bedeuten:

– *Positive Elemente in der Verflechtungsmatrix: Quantität eines Gutes, die je Einheit des Durchsatzes (bzw. je Einheit der Nebenbedingung) ausgestoßen wird (Output).*

– *Negative Elemente in der Verflechtungsmatrix: Quantität eines Gutes, die je Einheit des Durchsatzes (bzw. je Einheit der Nebenbedingung) verbraucht wird (Input).*

Daraus folgt:

(a) *Eine Zeile i weist nur + Elemente auf: Gut g_i ist ein Produkt*
(b) *Eine Zeile i weist nur – Elemente auf: Gut g_i ist ein Faktor*
(c) *Eine Zeile i weist sowohl + als auch – Elemente auf: Gut g_i ist ein Zwischenprodukt.*

Für die obige Verflechtungsmatrix heißt dies

Gut g_1 ist ein Produkt $:= x_1$
Gut g_2 ist ein Zwischenprodukt $:= x_2$
Gut g_3 ist ein Zwischenprodukt $:= x_3$
Gut g_4 ist ein Faktor $:= r_1$
Gut g_5 ist ein Faktor $:= r_2$
Gut g_6 ist ein Faktor $:= r_3$

Es gelte $-r_4 = -0.3 \, x_2$
$-r_5 = -0.25 \, x_3$

Bezeichnen x_2^B und x_3^B den Brutto-Output, dann gilt

$$\begin{pmatrix} x_1 \\ x_2^B \\ x_3^B \\ -r_1 \\ -r_2 \\ -r_3 \\ -r_4 \\ -r_5 \end{pmatrix} = \begin{pmatrix} 1 & 0 & 0.005 \\ 0.5 & -0.2 & 0 \\ -0.2 & 0.4 & 0 \\ -3 & 0 & 0 \\ 0 & -1 & 0 \\ -0.4 & -0.5 & -0.01 \\ -0.15 & 0.06 & 0 \\ 0.05 & -0.1 & 0 \end{pmatrix} \cdot \begin{pmatrix} l_1 \\ l_2 \\ n_3 \end{pmatrix}$$

$$\begin{pmatrix} x_1 \\ x_2^N \\ x_3^N \\ -r_1 \\ -r_2 \\ -r_3 \end{pmatrix} = \begin{pmatrix} 1 & 0 & 0.005 \\ 0.35 & -0.14 & 0 \\ -0.15 & 0.3 & 0 \\ -3 & 0 & 0 \\ 0 & -1 & 0 \\ -0.4 & -0.5 & -0.01 \end{pmatrix} \cdot \begin{pmatrix} l_1 \\ l_2 \\ n_3 \end{pmatrix} \begin{matrix} 100 \\ 200 \\ 500 \end{matrix}$$

Für eine vorgegebene Fahrweise Nr. 1: $(l_1\ l_2\ n_3)' = (100\ 200\ 500)'$ erhält man

$$\begin{aligned}
x_1 &= 100 + 0 + 2.5 = 102.5 \\
x_2^N &= 35 - 28 + 0 = 7 & x_2^B &= 50 - 40 = 10 \\
x_3^N &= -15 + 60 + 0 = 45 & x_3^B &= -20 + 80 = 60 \\
-r_1 &= -300 + 0 + 0 = -300 \\
-r_2 &= 0 - 200 + 0 = -200 \\
-r_3 &= -40 - 100 - 5 = -145 \\
-r_4 &= -15 + 12 = -3 \\
-r_5 &= 5 - 20 = -15
\end{aligned}$$

$$\underbrace{x_2^N + r_4 = x_2^B}_{7 + 3 = 10} \qquad \underbrace{x_3^N + r_5 = x_3^B}_{45 + 15 = 60}$$

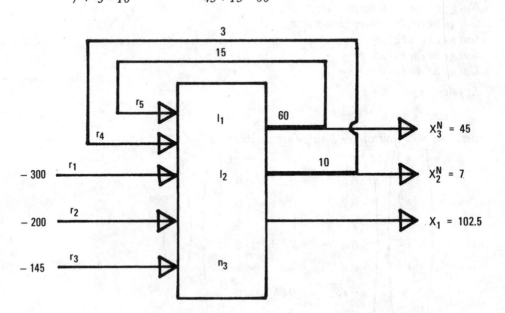

Abb. 36: Beispiel zum einstufigen PICHLER-Modell

Für eine vorgegebene Fahrweise Nr. 2: $(l_1\ l_2\ n_3)' = (200\ 100\ 500)'$ erhält man

$$
\begin{aligned}
x_1 &= 200 + 2.5 &&= 202.5 \\
x_2^N &= 70 - 14 &&= 56 \\
x_3^N &= -30 + 30 &&= 0 \\
-r_1 &= -600 &&= -600 \\
-r_2 &= -100 &&= -100 \\
-r_3 &= -80 - 50 - 5 &&= -135
\end{aligned}
$$

4.2 Produktionstheoretische Problemstellungen bei mehrstufiger Fertigung

Vollzieht sich der Gesamtprozeß der Produktion in einer Menge von Produktionssystemen (Fertigungsstellen), deren Anzahl m ≥ 2 ist, so liegt *mehrstufige Produktion* vor. Die Produktionssysteme bilden mit ihren Zustandsmerkmalen und ihrem Gefüge von gegenseitigen Beziehungen eine *Betriebswirtschaft*. Sie ist gekennzeichnet

(1) durch eine Umgebung (Umwelt), der Primärfaktoren entnommen und an die Produkte abgegeben werden
und

(2) durch *Faktoren* der gleichen Art, die in m ≥ 2 Fertigungsstellen eingesetzt werden
und/oder
durch *Produkte* der gleichen Art, die in m ≥ 2 Fertigungsstellen erzeugt werden
und

(3) durch einfach zusammenhängende oder komplexe Strukturen
und/oder
durch Nebenbedingungen, die m ≥ 2 Fertigungsstellen betreffen.

Zwischen den Fertigungsstellen einer derart charakterisierten Betriebswirtschaft besteht *Kopplung* (vgl. ZSCHOCKE [Betriebsökonometrie 1974, S. 77]). Die aus der Kopplung resultierenden *Interdependenzen* bestimmen die Problemstellungen bei mehrstufiger Fertigung. Geht man von einem nach Art und Menge festliegenden Produktprogramm für eine Produktionsperiode aus, so sind folgende *Probleme* zu lösen:

(1) *Festlegung der von den Beschaffungsmärkten zu beziehenden Primärfaktoren nach Art und Menge*

Zu diesem Problemkomplex zählt die Gesamtheit aller Entscheidungen, die auf die Bereitstellung aller erforderlichen Faktoren

- in der richtigen Menge
- in der notwendigen Qualität
- zur rechten Zeit
- am rechten Ort

im Sinne der Zielsetzung gerichtet sind. Verbrauchsfaktoren sind die Objekte der kurzfristigen Beschaffungsplanung. Hier gehört die Bestimmung kostenminimaler Bestellmengen mit zu den ältesten Problemen der Betriebswirtschaftslehre. Längerfristig dagegen wird über die Gebrauchsfaktoren, insbesondere Betriebsmittel und Personal disponiert. Mit der Beschaffung der Primärfaktoren befassen sich i. d. R. verschiedene betriebliche Organisationseinheiten.

Die *Materialwirtschaft* umfaßt den Einkauf aller Werkstoffe und die Erfüllung aller damit verbundenen Funktionen, wie z. B. Beschaffungsmarktforschung, Bedarfsermittlung, Preis- und Wertanalyse, Einkauf, Anlieferung, Lagerung, Materialverwaltung, innerbetrieblicher Transport.

Die Beschaffung der Betriebsmittel und des langfristigen Kapitals obliegt der *Investitions- und Finanzwirtschaft,* die Beschaffung des Personals der *Personalwirtschaft.* Da Veränderungen der Betriebsmittel- und Personalkapazitäten das Betriebsgeschehen i. d. R. für mehrere Perioden festlegen, die Produktions- und Kostentheorie traditionsgemäß jedoch reale Erscheinungen in der kurzen Periode untersucht, sind im Rahmen der Beschaffung und des Einsatzes von Gebrauchsgütern Grenzen und Erweiterungen der Produktions- und Kostentheorie gegeben.

(2) *Festlegung der in den Fertigungsstellen zu erstellenden Sekundärfaktoren (innerbetriebliche Leistungen, Zwischenprodukte)*

Innerbetriebliche Leistungen sind alle Güter, die ausschließlich zum innerbetrieblichen Verbrauch und Gebrauch bestimmt sind. Ihre Erstellung erfolgt mittels primärer und sekundärer Faktoren.

Beispiele:
Energie, Dampf, Pkw-Dienste, Reparaturen.

Zwischenprodukte sind i. d. R. unfertige Erzeugnisse, die in nachgelagerten Fertigungsstellen zu vermarktbaren Endprodukten weiterbearbeitet werden. Insbesondere in Montagebetrieben können Zwischenprodukte, wie z. B. Einbau- und Ersatzteile, auch marktfähige Produkte sein. Sehr oft stellt sich das Problem, ob solche Produkte selbst erstellt oder von Fremdlieferanten bezogen werden sollen. Im ersten Fall ist die Bereitstellung entsprechender Betriebsmittel- und Personalkapazitäten erforderlich.

(3) *Festlegung der in den Fertigungsstellen anzuwendenden Produktionsverfahren*

Zwar werden kurzfristig die Produktionsverfahren weitgehend durch die vorhandene Betriebsmittelausstattung bestimmt, doch bestehen hinsichtlich einer zieloptimalen

Gestaltung Freiheitsgrade im Rahmen der Festlegung der Fertigungs-, Verfahrens- und Arbeitsbedingungen. Die so verstandene *Verfahrensplanung* umfaßt i. d. R. folgende Aufgabenbereiche:

a) Stehen zur Durchführung einer Arbeitsaufgabe mehrere funktionsgleiche Träger (Menschen, Betriebsmittel) zur Verfügung, die sich bezüglich ihrer Produktionskoeffizienten, Leistungen, qualitativen Kapazität, Kosten u. ä. unterscheiden, so sind zunächst die Arbeitsobjekte diesen Trägern zieloptimal zuzuweisen. Diese Zuordnung von Arbeitskräften zu den funktionsgleichen (oder auch ggf. unterschiedlichen) Arbeitsplätzen wird als *Personalanweisungsproblem* bezeichnet. Die Zuweisung bestimmter Arbeitsgänge zu bestimmten funktionsgleichen, aber meist kostenunterschiedlichen Maschinen ist als *Maschinenbelegung* bekannt.

b) Bestehen zwischen quantitativem Produktprogramm und betrieblichen Teilkapazitäten Disharmonien, so sind Entscheidungen über *Anpassungsprozesse* zeitlicher, intensitätsmäßiger oder gar quantitativer Art zu treffen. Zeitliche und intensitätsmäßige Anpassungsprozesse können im Gegensatz zu quantitativen Veränderungen der Personal- und Betriebsmittelkapazitäten kurzfristig realisiert werden.

c) In Betrieben mit automatisierter Fertigung ist die Bedienung mehrerer Arbeitsstellen (Maschinen) durch eine Arbeitskraft oder eine Gruppe von Arbeitskräften ein reales Phänomen. Dieses als *Mehrstellenarbeit* bezeichnete Arbeitsverfahren wirft die Frage auf, wieviele Arbeiter eine gegebene Zahl von Betriebsmitteln bedienen sollen, damit einerseits die möglichen Stillstandszeiten der Maschinen, andererseits die Wartezeiten der Bedienungsarbeiter nicht zu hoch werden. Die *Bestimmung optimaler Bedienungssysteme* bei Mehrstellenarbeit (vgl. DELLMANN [Bestimmung 1971]), ist damit ein weiteres, im Rahmen der Verfahrensplanung zu lösendes Problem.

d) Sind zur Durchführung von Produktionen Rüstvorgänge erforderlich, so gehört die *Seriengrößenplanung* mit zu den kurzfristigen Entscheidungsproblemen der Verfahrensplanung. Hier geht es darum, eine gegebene Produktmenge so in Serien aufzuspalten, daß eine festgelegte Zielfunktion optimiert wird. Durch die Entscheidung über die zu realisierenden Seriengrößen werden die Anzahl der Rüstprozesse, die Bestände an Halb- und Fertigerzeugnissen und die Fertigungstermine in den einzelnen Fertigungsstellen beeinflußt (DELLMANN [Entscheidungsmodelle 1975]).

e) Insbesondere von PICHLER wurde darauf hingewiesen, daß die *Verfahrensbedingungen* wie Druck, Temperatur u. ä. Einflüsse auf den Güterverbrauch und die Produktion ausüben können (vgl. Kap. 4.1.5). Sind diese Einflüsse bekannt und numerisch erfaßbar, so gehört auch die Festlegung dieser Verfahrensbedingungen in den angesprochenen Problemkreis.

(4) *Festlegung der örtlichen Strukturierung der Produktion*

Hier geht es weniger um die langfristige örtliche Strukturierung der Produktion, also die Anordnung der Fertigungsstellen, Teilbereiche und Betriebe einer Unternehmung an einem Ort oder in einer Region, sondern vielmehr um die *räumliche Verteilung* der Arbeitsobjekte. Entscheidungen über Arbeitsplatz des Personals und Bearbeitungsplatz eines

Produktes an einer Maschine sind zugleich Entscheidungen über die räumliche Zuordnung und involvieren Transport- und Terminplanungsprobleme.

(5) *Festlegung der zeitlichen Strukturierung der Produktion*

Eines der schwierigsten Planungsprobleme ist die als *Terminplanung* bezeichnete zeitliche Strukturierung der Produktion. Hier geht es darum, für die einzelnen Produkte und/oder Serien die Zeitpunkte des Produktionsbeginns und des Produktionsendes in der Weise festzulegen, daß eine Zielfunktion optimiert wird. Die oben erwähnte Maschinenbelegung, die Produktreihenfolgeplanung und die Terminplanung von Aufträgen sind stark interdependente Entscheidungsprobleme, die unter dem Begriff „*Kapazitätsterminierung*" zusammengefaßt werden. Die zeitlichen *Ablauf-* oder *Sequenzprobleme* machen i. d. R. dynamische Entscheidungsmodelle erforderlich.

4.3 Das mehrstufige Pichler-Produktionsmodell

4.3.1 Die Aufstellung des Modells

Ausgangspunkt der folgenden Darlegungen ist das im Kapitel 4.1.5 vorgestellte (einstufige) PICHLER-Produktionsmodell.

Die Aufstellung eines mehrstufigen Produktionsmodells kann nach PICHLER auf mehrfache Weise erfolgen:

(a) Das Produktionsmodell wird für sämtliche Produktionssysteme *simultan* gebildet.

(b) Jede Fertigungsstelle erstellt für sich unabhängig von anderen Fertigungsstellen ihre *Verflechtungsmatrix*. Anschließend werden die Einzelmodelle zu einem Gesamtmodell konsolidiert.

(c) Jede Fertigungsstelle erstellt für sich ihre Verflechtungsmatrix, jedoch werden von vornherein entsprechende Zeilen der Matrix für das gleiche Gut reserviert. Anschließend erfolgt eine Konsolidierung.

Die Vorgehensweise (a) bietet sich immer dann an, wenn die Betriebswirtschaft nur aus einer geringen Anzahl von Produktionssystemen (Fertigungsstellen, Abteilungen) besteht. Ein Beispiel hierzu findet man bei FRÖHLICH-BERGER [Möglichkeit 1961, S. 242].

Die Vorgehensweise (b) wird im folgenden formal und an Hand eines Beispiels demonstriert.

Die dritte Art der Aufstellung eines Gesamtmodells ist die Standardmethode PICHLERs. Voraussetzung hierfür sind Vereinbarungen der einzelnen Abteilungen bezüglich der Kennzeichnung der Faktoren und Produkte, über Maßeinheiten, Abbildungsmethodik und dgl. mehr. So ist es beispielsweise zweckmäßig, für sämtliche Verflechtungsmatrizen die gleiche Zeilenzahl zu fordern (PICHLER [Betriebskostenüberwachung 1959, S. 88]).

Die zweite Vorgehensweise läuft in folgenden Schritten ab:

(1) *Aufstellen eines PICHLER-Produktionsmodells (67) für jede Fertigungsstelle $i = 1, \ldots, m$:*

(68) $\begin{pmatrix} -r^i \\ x^i \end{pmatrix} = \begin{pmatrix} F^i \\ P^i \end{pmatrix} \begin{pmatrix} l^i \\ n^i \end{pmatrix} = \begin{pmatrix} F^i_{11} & F^i_{12} \\ P^i_{11} & P^i_{12} \end{pmatrix} \begin{pmatrix} l^i \\ n^i \end{pmatrix}$

$-r^i$ Faktormengenvektor der Stelle i

x^i Produktmengenvektor der Stelle i

F^i_{11} Matrix der Faktorkoeffizienten der Stelle i, die Durchsätzen zugeordnet sind

F^i_{12} Matrix der Faktorkoeffizienten der Stelle i, die Nebenbedingungen zugeordnet sind

P^i_{11} Matrix der Produktkoeffizienten der Stelle i, die Durchsätzen zugeordnet sind

P^i_{12} Matrix der Produktkoeffizienten der Stelle i, die Nebenbedingungen zugeordnet sind

l^i Durchsatzvektor der Stelle i

n^i Vektor der Nebenbedingungen der Stelle i

(2) *Formale Nebeneinander-Anordnung der m PICHLER-Modelle der einzelnen Fertigungsstellen*

Matrizen und Vektoren haben nicht notwendigerweise die gleiche Dimension.

(69) $\begin{pmatrix} -r^1 \\ x^1 \\ -r^2 \\ x^2 \\ \vdots \\ -r^m \\ x^m \end{pmatrix} = \begin{pmatrix} F^1_{11} & F^1_{12} & 0 & 0 & \cdots & 0 & 0 \\ P^1_{11} & P^1_{12} & 0 & 0 & \cdots & 0 & 0 \\ 0 & 0 & F^2_{11} & F^2_{12} & \cdots & 0 & 0 \\ 0 & 0 & P^2_{11} & P^2_{12} & \cdots & 0 & 0 \\ \vdots & \vdots & \vdots & \vdots & \ddots & \vdots & \vdots \\ 0 & 0 & 0 & 0 & \cdots & F^m_{11} & F^m_{12} \\ 0 & 0 & 0 & 0 & \cdots & P^m_{11} & P^m_{12} \end{pmatrix} \begin{pmatrix} l^1 \\ n^1 \\ l^2 \\ n^2 \\ \vdots \\ l^m \\ n^m \end{pmatrix}$

(3) *Umordnen des in Schritt (2) aufgestellten Modells nach Durchsätzen, Nebenbedingungen, Faktoren und Produkten*

(70) $\begin{pmatrix} -r^1 \\ -r^2 \\ \vdots \\ -r^m \\ x^1 \\ x^2 \\ \vdots \\ x^m \end{pmatrix} = \begin{pmatrix} F_{11}^1 & 0 & \cdots & 0 & F_{12}^1 & 0 & \cdots & 0 \\ 0 & F_{11}^2 & \cdots & 0 & 0 & F_{12}^2 & \cdots & 0 \\ \vdots & \vdots & \vdots\vdots\vdots & \vdots & \vdots & \vdots & \vdots\vdots\vdots & \vdots \\ 0 & 0 & \cdots & F_{11}^m & 0 & 0 & \cdots & F_{12}^m \\ P_{11}^1 & 0 & \cdots & 0 & P_{12}^1 & 0 & \cdots & 0 \\ 0 & P_{11}^2 & \cdots & 0 & 0 & P_{12}^2 & \cdots & 0 \\ \vdots & \vdots & \vdots\vdots\vdots & \vdots & \vdots & \vdots & \vdots\vdots\vdots & \vdots \\ 0 & 0 & \cdots & P_{11}^m & 0 & 0 & \cdots & P_{12}^m \end{pmatrix} \begin{pmatrix} l^1 \\ l^2 \\ \vdots \\ l^m \\ n^1 \\ n^2 \\ \vdots \\ n^m \end{pmatrix}$

(4) *Neue Numerierung der Durchsätze, Nebenbedingungen, Faktoren und Produkte*

(5) *Feststellen der zwischen den Fertigungsstellen bestehenden Kopplungen*

Grundsätzlich können folgende Arten von Kopplungen auftreten:

(a) *Additionskopplungen*
1. Zwei Güter ($\rho, \sigma = 1, \ldots, K, \rho \neq \sigma$) innerhalb des Faktorvektors $(r^1 \ r^2 \ldots r^m)'$ sind gleichartig und damit addierbar:

(71) $\quad -(r_\rho + r_\sigma) = \sum_{s=1}^{S} (a_{\rho s} + a_{\sigma s}) l_s + \sum_{w=S+1}^{W} (b_{\rho w} + b_{\sigma w}) n_w$

2. Zwei Güter ($\alpha, \beta = 1, \ldots, L, \alpha \neq \beta$) innerhalb des Produktvektors $(x^1 \ x^2 \ldots x^m)'$ sind gleichartig und damit addierbar:

(72) $\quad x_\alpha + x_\beta = \sum_{s=1}^{S} (a_{\alpha s} + a_{\beta s}) l_s + \sum_{w=S+1}^{W} (b_{\alpha w} + b_{\beta w}) n_w$

(b) *Subtraktionskopplungen*

Ein Gut innerhalb des Faktorvektors entspricht einem Gut innerhalb des Produktvektors. Das bedeutet jedoch, daß ein Produkt einer Fertigungsstelle zugleich Faktor der gleichen oder einer anderen Fertigungsstelle ist. Im ersten Fall sprechen wir von *interner Rückkopplung*, im zweiten Fall von *externer Rückkopplung*. Solche Güter sind *Zwischenprodukte* (sekundäre Faktoren). Die beiden im Faktor- und Produktvektor gekennzeichneten Güter können gegeneinander aufgerechnet werden:

(73) $\quad z_\alpha := x_\alpha + r_\sigma = \sum_{s=1}^{S} (a_{\alpha s} + a_{\sigma s}) l_s + \sum_{w=S+1}^{W} (b_{\alpha w} + b_{\sigma w}) n_w$

$\alpha = 1, \ldots, L; \qquad \sigma = 1, \ldots, K$

Ist $z_\alpha = 0$ dann heißt x_α *totales Zwischenprodukt*, *partielles Zwischenprodukt* sonst.

(c) *Durchsatzkopplungen*
   Zwei Fertigungsstellen verwenden als Leitgrößen den gleichen Durchsatz.

(d) *Kopplung der Nebenbedingungen*
   Zwei Fertigungsstellen verwenden als Leitgröße die gleiche Nebenbedingung.

Additions- und Subtraktionskopplungen verkürzen die Zeilenzahl des unter Schritt (4) aufgestellten Schemas; die Kopplungen (c) und (d) vermindern die Anzahl der Spalten. Im letzteren Fall braucht man nur die entsprechenden Spaltenvektoren zu addieren.

Beispiel:

Eine Betriebswirtschaft besteht aus drei Fertigungsstellen, deren Input und Output, Durchsätze und Nebenbedingungen in Abb. 37 schematisch dargestellt sind.

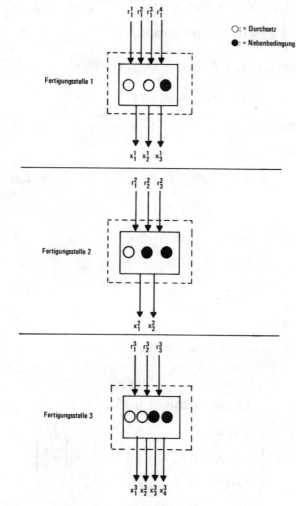

Abb. 37: Beispiel zum mehrstufigen PICHLER-Modell

(1) *Aufstellen eines PICHLER-Modells für jede Fertigungsstelle*

1. *Fertigungsstelle*

$$\begin{pmatrix} -r_1^1 \\ -r_2^1 \\ -r_3^1 \\ -r_4^1 \\ x_1^1 \\ x_2^1 \\ x_3^1 \end{pmatrix} = \begin{pmatrix} 0.3032 & 0.5100 & 0.0300 \\ 0 & 0.3950 & 0.0100 \\ 0.4410 & 0 & 0 \\ 0.3558 & 0.1250 & 0.0100 \\ 0.5263 & 0 & 0 \\ 0 & 1.2500 & 0 \\ 0.0800 & 0.0200 & 0.0400 \end{pmatrix} \begin{pmatrix} l_1^1 \\ l_2^1 \\ n_3^1 \end{pmatrix}$$

Leitgrößen: l_1^1 Durchsatzgewicht Produkt x_1^1 [kg] : $l_1^1 = 1{,}9\, x_1^1$

l_2^1 Durchsatzgewicht Produkt x_2^1 [kg] : $l_2^1 = 0{,}8\, x_2^1$

n_3^1 Temperatur [°C]

Produktionskoeffizienten [kg/St]

Materialart	Produkt x_1^1	Produkt x_2^1
r_1^1	0,5	0,4
r_2^1	0	0,3
r_3^1	0,8	0
r_4^1	0,6	0,1
Durchsatzgewicht [kg/St]	1,9	0,8

x_3^1 ist ein Kuppelprodukt (Abfall, Ausschuß) [kg]

2. *Fertigungsstelle*

$$\begin{pmatrix} -r_1^2 \\ -r_2^2 \\ -r_3^2 \\ x_1^2 \\ x_2^2 \end{pmatrix} = \begin{pmatrix} 1.0500 & 0.0400 & 0.0200 \\ 4.0100 & 0 & 0.0100 \\ 2.1000 & 0 & 0 \\ 2.0000 & 0 & 0 \\ 1.0000 & 0 & 0.0200 \end{pmatrix} \cdot \begin{pmatrix} l_1^2 \\ n_2^2 \\ n_3^2 \end{pmatrix}$$

Leitgrößen: l_1^2 Durchsatzgewicht Inputart r_1^2
des Produkts x_1^2 [kg] : $l_1^2 = 0{,}5\ x_1^2$
n_2^2 Temperatur [°C]
n_3^2 Druck [at]

Produktionskoeffizienten [ME/ST]

Inputart	*Produkt* x_1^2	*Produkt* x_2^2
r_1^2	0,5	0
r_2^2	2	0
r_3^2	0,8	0,5

x_2^2 ist ein Kuppelprodukt, dessen Output abhängt

— vom Output $x_1^2 \rightarrow$ Durchsatzgewicht
— vom Einsatz der Inputart r_3^2
— vom Druck

$$x_2^2 = 0{,}5\ x_1^2 + 0{,}02\ n_3^2$$
$$+\ r_3^2 = 0{,}8\ x_1^2 + 0{,}5\ x_2^2$$

3. *Fertigungsstelle*

$$\begin{pmatrix} -r_1^3 \\ -r_2^3 \\ -r_3^3 \\ x_1^3 \\ x_2^3 \\ x_3^3 \\ x_4^3 \end{pmatrix} = \begin{pmatrix} 1.0500 & 1.0200 & 0.0800 & 0.0100 \\ 1.5625 & 0.4286 & 0 & 0 \\ 0.1563 & 0.4286 & 0 & 0.0300 \\ 1.2500 & 0 & 0 & 0 \\ 0 & 1.4286 & 0 & 0 \\ 0.5000 & 0 & 0 & 0.0600 \\ 0.0200 & 0.0400 & 0.0300 & 0 \end{pmatrix} \begin{pmatrix} l_1^3 \\ l_2^3 \\ n_3^3 \\ n_4^3 \end{pmatrix}$$

Leitgrößen: l_1^3 Durchsatzgewicht Inputart r_1^3 des Produkts x_1^3 [kg] : $l_1^3 = 0{,}8\ x_1^3$
l_2^3 Durchsatzgewicht Inputart r_1^3 des Produkts x_2^3 [kg] : $l_2^3 = 0{,}7\ x_2^3$

n_3^3 Temperatur [°C]

n_4^3 Druck [at]

Produktionskoeffizienten [ME/ST]

Inputart	Produkt x_1^3	Produkt x_2^3
r_1^3	0,8	0,7
r_2^3	1,25	0,3
r_3^3	0,125	0,3

x_3^3 ist ein Kuppelprodukt, dessen Output abhängt
— vom Output x_1^3 und dem Druck

$$x_3^3 = 0{,}4\, x_1^3 + 0{,}06\, n_4^3$$

x_4^3 ist ein Kuppelprodukt (Abfall, Ausschuß) [kg]

(2) *Formale Nebeneinander-Anordnung der drei PICHLER-Modelle*

	l_1^1	l_2^1	n_3^1	l_1^2	n_2^2	n_3^2	l_1^3	l_2^3	n_3^3	n_4^3
$-r_1^1$	-0.3032	-0.5100	-0.0300	0	0	0	0	0	0	0
$-r_2^1$	0	-0.3950	-0.0100	0	0	0	0	0	0	0
$-r_3^1$	-0.4410	0	0	0	0	0	0	0	0	0
$-r_4^1$	-0.3558	-0.1250	-0.0100	0	0	0	0	0	0	0
x_1^1	0.5263	0	0	0	0	0	0	0	0	0
x_2^1	0	1.2500	0	0	0	0	0	0	0	0
x_3^1	0.0800	0.0200	0.0400	0	0	0	0	0	0	0
$-r_1^2$	0	0	0	-1.0500	-0.0400	-0.0200	0	0	0	0
$-r_2^2$	0	0	0	-4.0100	0	-0.0100	0	0	0	0
$-r_3^2$	0	0	0	-2.1000	0	0	0	0	0	0
x_1^2	0	0	0	2.0000	0	0	0	0	0	0
x_2^2	0	0	0	1.0000	0	0.0200	0	0	0	0
$-r_1^3$	0	0	0	0	0	0	-1.0500	-1.0200	-0.0800	-0.0100
$-r_2^3$	0	0	0	0	0	0	-1.5625	-0.4286	0	0
$-r_3^3$	0	0	0	0	0	0	-0.1563	-0.4286	0	-0.0300
x_1^3	0	0	0	0	0	0	1.2500	0	0	0
x_2^3	0	0	0	0	0	0	0	1.4286	0	0
x_3^3	0	0	0	0	0	0	0.5000	0	0	0.0600
x_4^3	0	0	0	0	0	0	0.0200	0.0400	0.0300	0

(3) *Umordnen, neue Numerierung*

	l_1	l_2	l_3	l_4	l_5	n_1	n_2	n_3	n_4	n_5
$-r_1$	−0.3032	−0.5100	0	0	0	−0.0300	0	0	0	0
$-r_2$	0	−0.3950	0	0	0	−0.0100	0	0	0	0
$-r_3$	−0.4410	0	0	0	0	0	0	0	0	0
$-r_4$	−0.3558	−0.1250	0	0	0	−0.0100	0	0	0	0
$-r_5$	0	0	−1.0500	0	0	0	−0.0400	−0.0200	0	0
$-r_6$	0	0	−4.0100	0	0	0	0	−0.0100	0	0
$-r_7$	0	0	−2.1000	0	0	0	0	0	0	0
$-r_8$	0	0	0	−1.0500	−1.0200	0	0	0	−0.0800	−0.0100
$-r_9$	0	0	0	−1.5625	−0.4286	0	0	0	0	0
$-r_{10}$	0	0	0	−0.1563	−0.4286	0	0	0	0	−0.0300
x_1	0.5263	0	0	0	0	0	0	0	0	0
x_2	0	1.2500	0	0	0	0	0	0	0	0
x_3	0.0800	0.0200	0	0	0	0.0400	0	0	0	0
x_4	0	0	2.000	0	0	0	0	0	0	0
x_5	0	0	1.000	0	0	0	0	0	0	0
x_6	0	0	0	1.2500	0	0	0	0.0200	0	0
x_7	0	0	0	0	1.4286	0	0	0	0	0
x_8	0	0	0	0.5000	0	0	0	0	0.0300	0.0600
x_9	0	0	0	0.0200	0.0400	0	0	0	0	0

(4) Kopplungen

Additionskopplungen:

$$r_1^* = r_1 + r_5 + r_8 \quad \text{gleichartige Faktoren}$$
$$x_3^* = x_3 + x_9 \quad \text{gleichartige Produkte}$$

Subtraktionskopplungen

$$z_1 = x_1 + r_6$$
$$z_2 = x_2 + x_5 + r_7 + r_{10} \quad \text{Zwischenprodukte}$$
$$z_3 = x_4 + r_9$$

	l_1	l_2	l_3	l_4	l_5	n_1	n_2	n_3	n_4	n_5
$-r_1$	−0.3032	−0.5100	−1.0500	−1.0500	−1.0200	−0.0300	−0.0400	−0.0200	−0.0800	−0.0100
$-r_2$	0	−0.3950	0	0	0	−0.0100	0	0	0	0
$-r_3$	−0.4410	0	0	0	0	0	0	0	0	0
$-r_4$	−0.3558	−0.1250	0	0	0	−0.0100	0	0	0	0
z_1	0.5263	0	−4.0100	0	0	0	0	−0.01	0	0
z_2	0	1.2500	−1.1000	−0.1563	−0.4286	0	0	0.0200	0	−0.0300
z_3	0	0	2.000	−1.5625	−0.4286	0.0400	0	0	0	0
x_3	0.0800	0.0200	0	0.0200	0.0400	0	0	0	0.0300	0
x_6	0	0	0	1.2500	0	0	0	0	0	0
x_7	0	0	0	0	1.4286	0	0	0	0	0
x_8	0	0	0	0.5000	0	0	0	0	0	0.0600

Kopplung der Nebenbedingungen

$n_1 = n_2 = n_4$, d. h. die Fertigungsstellen 1, 2 und 3 verwenden als Leitgröße die gleiche Nebenbedingung „Temperatur".

$$
\begin{pmatrix} r_1 \\ r_2 \\ r_3 \\ r_4 \\ z_1 \\ z_2 \\ z_3 \\ x_3 \\ x_6 \\ x_7 \\ x_8 \end{pmatrix}
=
\begin{pmatrix}
-0.3032 & -0.5100 & -1.0500 & -1.0500 & -1.0200 & -0.1500 & -0.0200 & -0.0100 \\
0   & -0.3950 & 0   & 0   & 0   & -0.0100 & 0   & 0 \\
-0.4410 & 0   & 0   & 0   & 0   & 0   & 0   & 0 \\
-0.3558 & -0.1250 & 0   & 0   & 0   & -0.0100 & 0   & 0 \\
0.5263 & 0   & -4.0100 & 0   & 0   & 0   & -0.0100 & 0 \\
0   & 1.2500 & -1.1000 & -0.1563 & -0.4286 & 0   & 0.0200 & -0.0300 \\
0   & 0   & 2.000   & -1.5625 & -0.4286 & 0   & 0   & 0 \\
0.0800 & 0.0200 & 0   & 0.0200 & 0.0400 & 0.0700 & 0   & 0 \\
0   & 0   & 0   & 1.2500 & 0   & 0   & 0   & 0 \\
0   & 0   & 0   & 0   & 1.4286 & 0   & 0   & 0 \\
0   & 0   & 0   & 0.5000 & 0   & 0   & 0   & 0.0600
\end{pmatrix}
\begin{pmatrix} l_1 \\ l_2 \\ l_3 \\ l_4 \\ l_5 \\ n_{1,2,4} \\ n_3 \\ n_5 \end{pmatrix}
$$

Für gegebene Werte der Leitgrößen oder, wie man auch sagt, für eine vorgegebene *Fahrweise*

$l_1 = 35\,716$ [kg] $\qquad n_1 = 800$ [°C]
$l_2 = 9\,000$ [kg] $\qquad n_3 = 120$ [at]
$l_3 = 3\,750$ [kg] $\qquad n_5 = 100$ [at]
$l_4 = 2\,400$ [kg]
$l_5 = 3\,500$ [kg]

erhält man die — auch im Flußdiagramm der Abb. 38 angegebenen — Mengen:

$\left.\begin{array}{l} r_1^* = -\,25\,570 \\ r_2 = -\,3\,563 \\ r_3 = -\,15\,751 \\ r_4 = -\,13\,841 \end{array}\right\}$ Primärfaktoren

$\left.\begin{array}{l} z_1 = 3\,759 \\ z_2 = 5\,249 \\ z_3 = 2\,250 \end{array}\right\}$ Zwischenprodukte, die an Absatzmärkte geliefert werden

$\left.\begin{array}{l} x_3 = 3\,281 \\ x_6 = 3\,000 \\ x_7 = 5\,000 \\ x_8 = 1\,206 \end{array}\right\}$ Endprodukte, die an Absatzmärkte geliefert werden

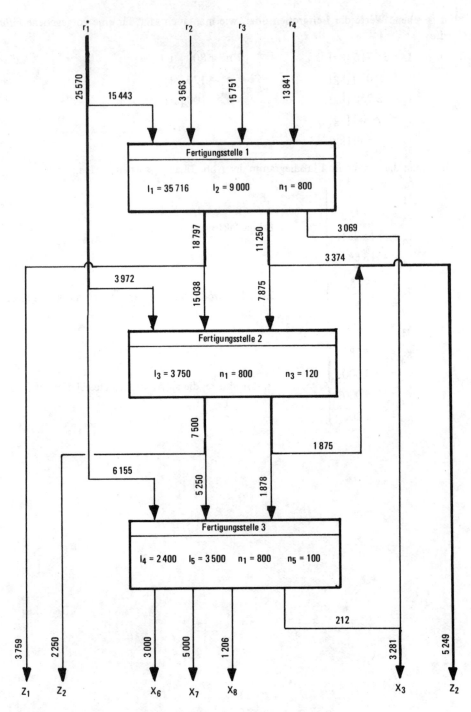

Abb. 38: Flußdiagramm zum PICHLER-Produktionsmodell

Das Ergebnis der Konsolidierung einstufiger PICHLER-Modelle einzelner Fertigungsstellen zu einem PICHLER-*Modell einer mehrstufigen Betriebswirtschaft* ist ein Matrizen-Modell folgender Struktur:

(74) $\begin{pmatrix} r \\ z \\ x \end{pmatrix} = \begin{pmatrix} F \\ Z \\ P \end{pmatrix} \begin{pmatrix} l \\ n \end{pmatrix}$

Dabei ist

r Vektor der Primärfaktoren

z Vektor der Sekundärfaktoren (Zwischenprodukte)

x Vektor der Fertigprodukte

F Matrix der Primärfaktorkoeffizienten (Faktormatrix)

Z Matrix der Sekundärfaktorkoeffizienten (Zwischenproduktmatrix)

P Matrix der (Fertig-)Produktkoeffizienten (Produktmatrix)

l Vektor der Durchsätze

n Vektor der Nebenbedingungen

Die Matrix $\begin{pmatrix} F \\ Z \\ P \end{pmatrix}$ heißt *Kopplungsmatrix*.

Ist für gegebene Werte des Leitgrößenvektors (bei gegebener „Fahrweise") ein Element des Zwischenproduktvektors

— *positiv*, dann bedeutet dies, daß dieses Zwischenprodukt an die Umwelt der Betriebswirtschaft abgegeben wird (Output).

— *negativ*, dann wird dieses Zwischenprodukt aus der Umwelt bezogen (Input).

Die Fahrweise entscheidet damit über *Eigenerstellung* oder *Fremdbezug* von Zwischenprodukten.

Das PICHLER-Modell kann als *Grundmodell* eines Produktionssystems angesehen werden. Seine Vorzüge bestehen in folgenden Punkten:

(1) Es gestattet die Beschreibung ein- und mehrstufiger Produktion.

(2) Eine Gutquantität (Primärfaktor, Zwischenprodukt, Fertigprodukt) kann durch Leitgrößen einer oder mehrerer Fertigungsstellen determiniert werden. Das bedeutet, daß

— das gleiche Gut in mehreren Fertigungsstellen verbraucht oder

— das gleiche Gut in mehreren Fertigungsstellen erzeugt wird.

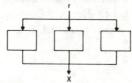

Abb. 39: Gütereinsatz und -entstehung im mehrstufigen PICHLER-Modell

(3) Mehrere Güterquantitäten werden durch dieselbe Leitgröße beeinflußt. Das bedeutet, daß

- mehrere Güter in einer Fertigungsstelle verbraucht werden können oder
- mehrere Güter in einer Fertigungsstelle erzeugt werden können.

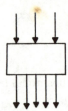

Abb. 40: Gütereinsatz und -entstehung im mehrstufigen PICHLER-Modell

(4) Eine Outputquantität wird durch einen oder mehrere Durchsätze beschrieben, die ihrerseits Outputquantitäten sind. In diesem Fall liegt *Kuppelproduktion* vor.

(5) Eine Inputquantität wird durch einen oder mehrere Durchsätze beschrieben, die ihrerseits Inputquantitäten sind. In diesem Fall liegt *verbundener Faktoreinsatz* vor.

(6) Güterverbrauch und Güterentstehung sind das Ergebnis beliebig vieler Leitgrößen.

Wie ZSCHOCKE [Betriebsökonometrie 1974, S. 95 ff.] gezeigt hat, stellt das PICHLER-Betriebsmodell eine Verallgemeinerung der Produktionsmodelle von KOOPMANS und LEONTIEF dar.

4.3.2 Anwendungsmöglichkeiten des PICHLER-Modells

Da das PICHLER-Modell den Zusammenhang zwischen Leitgrößen (Durchsätzen und Nebenbedingungen) auf der einen Seite und Primärfaktormengen, Zwischenproduktquantitäten und Produktmengen auf der anderen Seite beschreibt, kann das Modell unmittelbar der Errechnung dieser Güterquantitäten dienen.

Wählt man für (74) die ausführlichere Schreibweise

(75.1) $\quad r = F_{11}\, l + F_{12}\, n$

(75.2) $\quad z = Z_{11}\, l + Z_{12}\, n$

(75.3) $\quad x = P_{11}\, l + P_{12}\, n$

wobei F_{1k}, Z_{1k}, P_{1k} ($k = 1, 2$) die entsprechenden Teilmatrizen von F, Z und P sind, so läßt sich der Zusammenhang zwischen Produktmengen und primären Faktoren sowie Zwischenprodukten und betrieblichen Nebenbedingungen wie folgt ableiten: Unter der Voraussetzung, daß P_{11} in (75.3) nichtsingulär ist, folgt

(76) $\quad l = P_{11}^{-1}\, x - P_{11}^{-1}\, P_{12}\, n$

und

(77.1) $r = (F_{11} P_{11}^{-1} x + F_{12} - F_{11} P_{11}^{-1} P_{12}) n$

(77.2) $z = (Z_{11} P_{11}^{-1} x + Z_{12} - Z_{11} P_{11}^{-1} P_{12}) n$

Die Beziehungen (77) stellen den Zusammenhang zwischen Primärfaktormengen und benötigten Zwischenprodukten auf der einen Seite mit den Fertigproduktquantitäten und den betrieblichen Nebenbedingungen auf der anderen Seite dar. Sind die Elemente des Vektors z für eine gegebene Fahrweise positiv, so werden Zwischenprodukte für den Absatzmarkt erstellt. In diesem Fall soll gelten

$$p := \begin{pmatrix} z \\ x \end{pmatrix} \qquad Q_{11} := \begin{pmatrix} Z_{11} \\ P_{11} \end{pmatrix} \quad \text{und} \quad Q_{12} := \begin{pmatrix} Z_{12} \\ P_{12} \end{pmatrix}$$

und damit

$$p = Q_{11} l + Q_{12} n$$

Für den Fall der Invertierbarkeit von Q_{11} gilt dann

(78) $l = Q_{11}^{-1} p - Q_{11}^{-1} Q_{12} n$

und damit

(79) $r = (F_{12} Q_{11}^{-1} p + F_{12} - F_{11} Q_{11}^{-1} Q_{12}) n$

(79) verknüpft die Primärfaktoren r mit den Erzeugnissen, die für den Absatz bestimmt sind, sowie den betrieblichen Nebenbedingungen.

Für das vorstehende Beispiel zum PICHLER-Produktionsmodell ermittelt man unter der Voraussetzung n = 0 folgende Abhängigkeit der Durchsätze von Zwischen- und Endprodukten:

$$l = Q_{11}^{-1} \cdot p$$

$$\begin{pmatrix} l_1 \\ l_2 \\ l_3 \\ l_4 \\ l_5 \end{pmatrix} = \begin{pmatrix} 1.9 & 0 & 3.8095 & 4.762 & 1.1429 \\ 0 & 0.8 & 0.4400 & 0.650 & 0.3720 \\ 0 & 0 & 0.5000 & 0.625 & 0.1500 \\ 0 & 0 & 0 & 0.800 & 0 \\ 0 & 0 & 0 & 0 & 0.7000 \end{pmatrix} \begin{pmatrix} z_1 \\ z_2 \\ z_3 \\ x_6 \\ x_7 \end{pmatrix}$$

x_3 und x_8 brauchen nicht berücksichtigt zu werden, da sie Kuppelprodukte darstellen. Zusammen mit

$$F_{11} = \begin{pmatrix} -0.3032 & -0.5100 & -1.05 & -1.05 & -1.02 \\ 0 & -0.3950 & 0 & 0 & 0 \\ -0.4410 & 0 & 0 & 0 & 0 \\ -0.3558 & -0.1250 & 0 & 0 & 0 \end{pmatrix}$$

erhält man: $r = F_{11} Q_{11}^{-1} p$

$$\begin{pmatrix} r_1^* \\ r_2 \\ r_3 \\ r_4 \end{pmatrix} = \begin{pmatrix} -0.5761 & -0.408 & -1.9044 & -3.2716 & -1.4077 \\ 0 & -0.316 & -0.1738 & -0.2568 & -0.1469 \\ -0.8379 & 0 & -1.6800 & -2.1000 & -0.5040 \\ -0.6760 & 0.100 & -1.4104 & -1.7756 & -0.4531 \end{pmatrix} \begin{pmatrix} z_1 \\ z_2 \\ z_3 \\ x_6 \\ x_7 \end{pmatrix}$$

Für $\begin{pmatrix} z_1 \\ z_2 \\ z_3 \\ x_6 \\ x_7 \end{pmatrix} = \begin{pmatrix} 3759 \\ 5249 \\ 2250 \\ 3000 \\ 5000 \end{pmatrix}$ errechnet man $\begin{pmatrix} r_1^* \\ r_2 \\ r_3 \\ r_4 \end{pmatrix} = \begin{pmatrix} -25446 \\ -3555 \\ -15750 \\ -13831 \end{pmatrix}$

Die Differenzen bei den Primärfaktormengen zu obenstehendem PICHLER-Produktionsmodell sind auf den Einfluß der betrieblichen Nebenbedingungen zurückzuführen.

Damit gestattet das PICHLER-Modell die Festlegung der von den Beschaffungsmärkten zu beziehenden Primärfaktoren nach Art und Menge.

In Erweiterung der vorstehenden Überlegungen ist es sehr oft wünschenswert, aus einem gegebenen *Primärbedarf*[21] an End- und Zwischenprodukten die Bedarfsmengen an Halbfabrikaten und Rohstoffen – den *Sekundärbedarf*[22] – abzuleiten, und zwar getrennt *für jede Fertigungsstufe*. Die zur Berechnung dieses Bedarfs geeignetste Methode hängt von der Erzeugnisstruktur ab.

Eine *lineare Erzeugnisstruktur*[23] liegt vor, wenn die Rohstoffe und Zwischenprodukte nacheinander mehrere Bearbeitungsstufen durchlaufen. Hier läßt sich der Bedarf durch retrograde Mengenrechnung leicht bestimmen.

Eine *vernetzte Erzeugnisstruktur* ist dann gegeben, wenn ein End- oder Zwischenprodukt aus mehreren Teilen oder Baugruppen zusammengesetzt wird, die aus verschiedenen Fertigungsstellen kommen. Um in diesen Fällen die *Auflösung der Stücklisten* in Einzelteilmengen zu erleichtern und die Transparenz der Teilebedarfsrechnung zu erhöhen, kann man die vernetzte Erzeugnisstruktur in einem sog. *Gozinto-Graphen* darstellen. Er besteht aus einer Menge von Knoten, die Güter darstellen, und gerichteten Kanten, wobei über die Bezeichnung folgende Vereinbarung besteht:

Unbekannte der Bedarfsrechnung ist der Gesamtbedarf (Primärbedarf + Sekundärbedarf) der Güterart i : y_i. Es gelten die Beziehungen:

(80.1) $y_i = a_{ij} y_j + p_i$

---

21 Statt Primärbedarf findet man auch die Bezeichnung direkter Bedarf.
22 Statt Sekundärbedarf findet man auch die Bezeichnung indirekter Bedarf.
23 KEMENY u. a. [Mathematik 1966, S. 272] sprechen dann von „technologischer Reihenfolge".

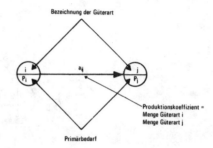

Abb. 41: Gozinto-Graph für zwei Güter

(80.2) $y_j = p_j$

Bei einer Knotenzahl > 2 ist ein entsprechendes Gleichungssystem aufzustellen. Es lautet in Matrixschreibweise

(81) $p = A \cdot y$

A Matrix der Produktionskoeffizienten *(Direktbedarfsmatrix)*

p Vektor des Primärbedarfs an Gütern

y Vektor des Gesamtbedarfs an Gütern

Für den Fall, daß **A** nichtsingulär ist, lautet die Lösung

(82) $y = A^{-1} p$

Die Inverse der Direktbedarfsmatrix **A** heißt *Gesamtbedarfsmatrix* oder auch *Verflechtungsmatrix* $V := A^{-1}$. Die Koeffizienten der Gesamtbedarfsmatrix v_{ij} geben an, welche Mengen des Gutes i bereitgestellt werden müssen, um eine Einheit des Gutes j zu erstellen.

Für das obenstehende *Beispiel* zum PICHLER-Modell würde man den in Abb. 42 gezeigten Gozinto-Graphen und das untenstehende Gleichungssystem erhalten. Die Lösungswerte sind unter den Variablen-Nr. angegeben.

Die Formulierung der Bedarfsrechnung als Gleichungssystem ist zwingend, wenn der Gozinto-Graph – wie im Beispiel – Schleifen aufweist. Das bedeutet jedoch, daß Rückflüsse von Gütern in der mehrstufigen Betriebswirtschaft auftreten.

Sehr oft bestehen auf einer Fertigungsstufe Wahlmöglichkeiten zwischen mehreren funktionsgleichen, aber kostenunterschiedlichen Betriebsmitteln. Diese Kostenunterschiede rühren oft aus unterschiedlichen Ausschußquotienten – als dem Verhältnis von Gesamtoutput zu verwertbarem Output – her. Ist dies der Fall, so werden durch die Wahl des einzusetzenden Betriebsmittels einerseits die Kosten, andererseits der Umfang des Rohstoff- und Zwischenproduktbedarfs bestimmt. Diese gleichzeitige Abhängigkeit des Bedarfs und der Kosten von der Betriebsmittelwahl zwingt zu einer simultanen Bedarfs- und Kostenplanung über alle Stufen.

Die Anwendbarkeit des PICHLER-Produktionsmodells für die Kostenplanung wird im Kapitel 6.3 behandelt.

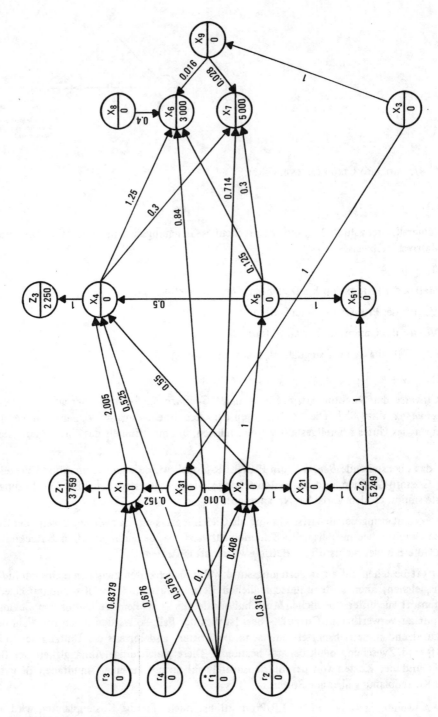

Abb. 42: Gozinto-Graph im Mehr-Güter-Fall

Variable-Nr. →	1	2	3	4	5	6	7	8	9	10	11	12	13	14	15	16	17	18	19
Lösungswerte →	25 446	3 555	15 750	13 831	18 797	11 249	3 374	3 037	3 759	5 249	7 500	3 750	1 875	2 250	3 000	5 000	1 200	188	3 225
Gesamtbedarf	Primärfaktoren				Sekundäre Faktoren				Marktgängige Zwischenprodukte		Sekundäre Faktoren			Marktgäng. ZwPr.	Marktgängige Endprodukte				
Primärbedarf	Beschaffungsstelle				1. Fertigungsstelle						2. Fertigungsstelle				3. Fertigungsstelle				
	r_1^*	r_2	r_3	r_4	x_1	x_2	x_{21}	x_{31}	z_1	z_2	x_4	x_5	x_{51}	z_3	x_6	x_7	x_8	x_9	x_3
0 =	1				−0.5761	−0.408					−0.525				−0.84	−0.714			
0 =		1				−0.316													
0 =			1		−0.8379						−2.005								
0 =				1	−0.676	−0.1					−0.55								
0 =					1		−1												
0 =						1	1												
0 =								1	−1										
0 =					−0.152	−0.016				−1									
3 759 =									1										
5 249 =										1									
0 =											1	−1			−1.25	−0.3			
0 =											−0.5	1			0.125	0.3			
0 =												−1	1	−1					
2 250 =													1	1					
3 000 =															1				
5 000 =																1			
0 =															−0.4		1	−1	
0 =															−0.016	−0.028		−1	
0 =																			1

113

Drittes Kapitel

Kostentheorie

5 Grundlagen der Kostentheorie

5.1 Der Kostenbegriff im Rahmen der Kostentheorie

5.1.1 Wertgrößen und wertmäßige Abbildung von Gütern in Betriebswirtschaften

Zum Zwecke der quantitativen wertmäßigen Abbildung von Güterbeständen und Güterbewegungen benutzt man in Betriebswirtschaften verschiedene nominale Wertgrößen, die man zunächst in *Bestandsgrößen* und *Strömungsgrößen* einteilen kann. Erstere haben die Dimension „*Geldeinheiten*" (z. B. DM); Strömungsgrößen haben die Dimension „*Geldeinheiten pro Zeiteinheit*" (z. B. DM/Jahr).

Bei den Strömungsgrößen unterscheiden wir auf einer ersten Stufe die pagatorischen (d. h. auf Zahlungsvorgängen beruhenden) Wertgrößen ‚Einzahlung' und ‚Auszahlung'. Unter einer *Einzahlung (Auszahlung)* versteht man den Zustrom (Abstrom) von Zahlungsmitteln pro Periode. Als *Zahlungsmittel* betrachten wir Bargeld und sog. Buchgeld, als auf Bargeld gerichtete Nominalforderung. Die Zu- und Abströme sind beobachtbar und meßbar.

Betrachtet man die gesamte Lebenszeit einer Betriebswirtschaft, so entsprechen die während dieser *Totalperiode* geleisteten Auszahlungen dem Marktwert aller zugegangenen Güter, d. h. dem Beschaffungswert des Inputs; die empfangenen Einzahlungen dagegen entsprechen dem Marktwert aller veräußerten Güter, d. h. dem Absatzwert des Outputs.

Betrachtet man dagegen eine *Einzelperiode* — wie das für Betriebswirtschaften üblich ist —, so können Auszahlungen und Beschaffungswert bzw. Einzahlungen und Absatzwert aufgrund des Auseinanderfallens von Zahlungsterminen und Zu- und Abgangsterminen von Gütern differieren. Dieser Tatbestand führt auf einer zweiten Stufe zu den Begriffen ‚*Ausgabe*', als Marktwert aller *zugegangenen* Güter pro Periode (Beschaffungswert), und ‚*Einnahme*' als Marktwert aller *veräußerten* Güter pro Periode (Absatzwert, Umsatz, Erlös).

Um die geldmäßige Effizienz einer Produktion in der Periode beurteilen zu können, ist jedoch noch eine weitergehende Differenzierung erforderlich. Auf einer dritten Stufe unterscheidet man daher noch die Begriffe ‚*Leistung*', als Wert aller *produzierten* Güter pro Periode und ‚*Kosten*', als Wert aller *verbrauchten* Güter pro Periode.

In Abb. 43 ist die Abgrenzung zwischen Auszahlung und Ausgabe wiedergegeben. In dieser Abbildung wird der Charakter von Nominalschulden und Realforderungen als abgeleitete Güter deutlich. Diese Güterbestände entstehen durch das *zeitliche Divergieren* von Zahlungstermin und Güterbewegungstermin.

		Zahlungsmittel-Abgang in der		
		Vorperiode	Periode	Nachperiode
Güterzugang in der	Vorperiode	x	Auszahlung keine Ausgabe (1) ──── Nominalschuld erlischt	Nominalschuld besteht
	Periode	Ausgabe keine Auszahlung (2) ──── Realforderung erlischt	Auszahlung = Ausgabe	Ausgabe keine Auszahlung (2) ──── Nominalschuld entsteht
	Nachperiode	Realforderung besteht	Auszahlung keine Ausgabe (1) ──── Realforderung entsteht	x

1 : Auszahlung
2 : Ausgabe

Abb. 43: Abgrenzung zwischen Auszahlung und Ausgabe

Beispiele:

a) Auszahlung gleich Ausgabe: Zugang von Rohstoffen, die in der gleichen Periode bar bezahlt werden.

b) Auszahlung keine Ausgabe:
 b1) Zieleinkauf: In der Vorperiode angelieferte Ware wird in der Periode gezahlt. Die Verbindlichkeit aus Warenlieferung erlischt.
 b2) Darlehnstilgung: Rückzahlung eines in Vorperioden aufgenommenen Kredits. Die Darlehnsschuld erlischt.
 b3) Anzahlungseinkauf: Vorauszahlung für eine spätere Lieferung. Eine Realforderung entsteht.

c) Ausgabe keine Auszahlung
 c1) Anzahlungseinkauf: Warenlieferung, die im voraus bezahlt wurde. Eine Realforderung erlischt.

c2) *Darlehnsaufnahme:* *Zugang eines Kredits, der in späteren Perioden getilgt wird. Der Güterzugang besteht hier in Bar- oder Buchgeld und ist damit gleichzeitig eine Einzahlung. Eine Nominalschuld entsteht.*

c3) *Zieleinkauf:* *Die in der Periode gelieferten Güter werden später bezahlt. Eine Lieferverbindlichkeit entsteht.*

In analoger Weise läßt sich eine Abgrenzung zwischen Einzahlungen und Einnahmen vornehmen (Abb. 44).

Beispiele:

a) *Einzahlung gleich Einnahme: Verkauf von Produkten, die in der gleichen Periode bar bezahlt werden.*

b) *Einzahlung keine Einnahme*
    b1) *Zielverkauf:* *In der Vorperiode ausgelieferte Produkte werden in der Periode bezahlt. Die (Nominal-)Forderung aus Warenlieferung erlischt.*
    b2) *Darlehnsrückzahlung:* *Ein in früheren Perioden gewährter Kredit wird zurückgezahlt. Eine Nominalforderung erlischt.*
    b3) *Anzahlungsverkauf:* *Erhaltene Anzahlung für eine in der Nachperiode zu erbringende Leistung. Eine Realschuld entsteht.*

		Zahlungsmittel-Zugang in der		
		Vorperiode	Periode	Nachperiode
Güterabgang in der	Vorperiode	x	Einzahlung keine Einnahme (1) ——— Nominalforderung erlischt	Nominalforderung besteht
	Periode	Einnahme keine Einzahlung (2) ——— Realschuld erlischt	Einzahlung = Einnahme	Einnahme keine Einzahlung (2) ——— Nominalforderung entsteht
	Nachperiode	Realschuld besteht	Einzahlung keine Einnahme (1) ——— Realschuld entsteht	x

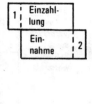

Abb. 44: Abgrenzung zwischen Einzahlung und Einnahme

c) *Einnahme keine Einzahlung*
   c1) Anzahlungsverkauf: *Lieferung von Waren, die in der Vorperiode bezahlt wurden. Eine Realschuld erlischt.*
   c2) Darlehnsgewährung: *Abgang von Zahlungsmitteln, die in späteren Perioden zurückgezahlt werden. Dieser Fall ist gleichzeitig eine Auszahlung. Der Güterabgang besteht im Verlust von Vorrätigkeit. Eine Nominalforderung entsteht.*
   c3) Zielverkauf: *Veräußerung von Waren, die in der Folgeperiode bezahlt werden. Eine Nominalforderung entsteht.*

Eine Abgrenzung zwischen Güter-Zugang (Abgang) aus der (an die) Umwelt der Betriebswirtschaft und Güter-Verbrauch (Produktion) in der Betriebswirtschaft ist nur für lagerfähige Güter möglich, da für die Klasse der nicht-lagerfähigen Güter die Lagerdauer gleich Null ist und infolgedessen eine Periodenabgrenzung nicht sinnvoll ist.

Abb. 45 zeigt die Zusammenhänge zwischen Ausgabe und Kosten, Abb. 46 zwischen Einnahme und Leistung.

		Güter-Zugang aus der Umwelt der Betriebswirtschaft in der		
		Vorperiode	Periode	Nachperiode
Güter (= Faktor) – Verbrauch in der Betriebswirtschaft in der	Vorperiode	x	x	x
	Periode	Kosten keine Ausgabe (2) — Lagerabgang	Ausgabe = Kosten	x
	Nachperiode	Lagerbestand besteht	Ausgabe keine Kosten (1) — Lagerzugang	x

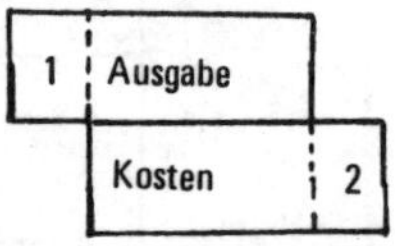

1 : Ausgabe
Kosten : 2

Abb. 45: Abgrenzung zwischen Ausgabe und Kosten

		Güter-Abgang an die Umwelt der Betriebswirtschaft in der		
		Vorperiode	Periode	Nachperiode
Güter (= Produkte) Produktion der Betriebswirtschaft in der	Vorperiode	x	Einnahme keine Leistung (1) ―――――― Lagerabgang	Lagerbestand besteht
	Periode	x	Einnahme = Leistung	Leistung keine Einnahme (2) ―――――― Lagerzugang
	Nachperiode	x	x	x

1	Einnahme
Leistung	2

Abb. 46: Abgrenzung zwischen Einnahme und Leistung

Die aufgezeigten Abgrenzungen lassen ein dreidimensionales Beziehungsgefüge zwischen Gütertransaktionen und Wertgrößen erkennen, das in Abb. 47 für Lagergüter dargestellt ist. Dabei ist zu beachten, daß die Begriffe Einnahme und Ausgabe nur zur Periodenabgrenzung benötigt werden, in deren Gefolge abgeleitete Güter entstehen, die als Bestandsgrößen anzusehen sind. Selbständige Kreditvorgänge sind als gesonderte Posten aufgeführt. In jeder Zeile erscheinen zwei Buchungen: Ein Plus (+) bedeutet wertmäßige Zunahme, ein Minus (−) steht für wertmäßige Abnahme. In einer Vorspalte ist der Ereigniszeitpunkt aufgeführt.[1]

Das in Abb. 47 dargestellte Wertsystem kann in drei Teilsysteme aufgespalten werden:

(a) Das *Finanzsystem* enthält als Elemente die Strömungsgrößen „Einzahlung" und „Auszahlung", sowie die zugehörige Bestandsgröße „Zahlungsmittelbestand". In einer Periodenbetrachtung gilt daher die Beziehung:

Einzahlungen	Finanzsystem	Auszahlungen
Zahlungsmittel-AB Einzahlungen		Auszahlungen Saldo = Zahlungsmittel-EB

(b) Das *Güterbeständesystem* umfaßt neben den *wertmäßigen* Beständen an ursprünglichen Gütern auch die abgeleiteten Güter „(Real-, Nominal-)Forderungen und (Real-, Nominal-)Verbindlichkeiten". Die Summe der wertmäßigen Bestände an Gütern, über die ein Wirtschaftssubjekt verfügt, heißt „*Vermögen*" und wird in der *Bilanz* auf der Aktivseite dargestellt. Die *Aktivseite* (Besitzseite) weist also die vorhandenen und geforderten Güter aus; die *Passivseite* zeigt dagegen den Wert des Bestandes

---

[1] Vgl. CHMIELEWICZ [Rechnungswesen 1, 1973, S. 45]; [Finanzwirtschaft 1976, S. 120]; [Integrierte 1972, S. 31]

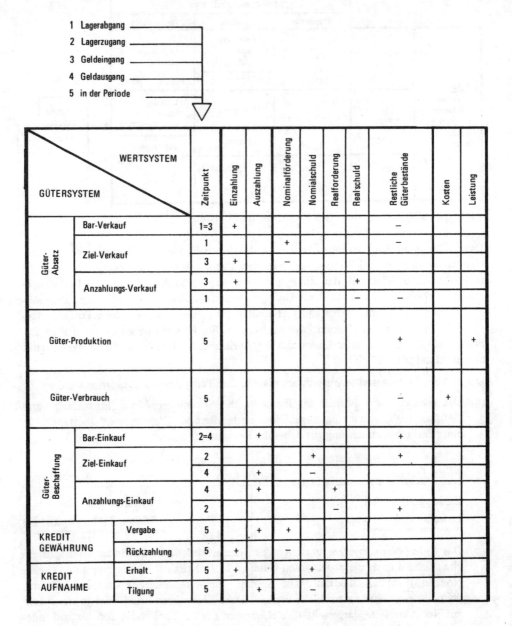

Abb. 47: Zusammenhang zwischen Güter- und Wertsystem

an Wirtschaftsgütern, zu deren Abführung ein Wirtschaftssubjekt verpflichtet ist (Verpflichtungsseite) (vgl. CHMIELEWICZ [Rechnungswesen 1, 1973, S. 145]). Die Differenz von Vermögen und Darlehnsschulden heißt *Reinvermögen* (Nettovermögen). Das Reinvermögen entspricht dem Eigenkapital und wird zweckmäßig als *Beteiligungsschuld* angesehen. Das Eigenkapital resultiert aus einer Kreditbeziehung zwischen Betriebswirtschaft und Gesellschafter.

Aktiva	Bilanz	Passiva
Realforderungen	Realschulden	} Darlehnsschulden
Nominalforderungen	Nominalschulden	
Restl. Güterbestände	Saldo = Reinvermögen = Beteiligungsschulden	
Vermögen	Schulden	

Als „*Geldvermögen*" bezeichnet man die Summe aus Zahlungsmittelbestand und Nominalforderungen abzüglich der Nominalschulden.

(c) Das *Erfolgssystem* enthält als Elemente die Strömungsgrößen „Kosten" und „Leistung", sowie die zugehörige Bestandsgröße „*Erfolg*". In einer Periodenbetrachtung gilt die Beziehung

Güter-Verbrauch	Erfolgssystem	Güter-Produktion
Kosten		Erfolg-AB
Saldo = Erfolg-EB		Leistung

Das Erfolgssystem erfaßt in erster Linie den wertmäßigen Güter-Verbrauch (Kosten) und die wertmäßige Güter-Entstehung (Leistung). Das Erfolgs-System zeigt als Saldo den *Erfolg*, der je nach Vorzeichen einen *Gewinn* oder *Verlust* darstellt.

Bei der *wertmäßigen Abbildung* von Güterbeständen und Güterbewegungen sind folgende Abbildungsformen möglich:

(1) *Pekuniäre Abbildung:* Hier erstreckt sich die Abbildung auf eine *abstrakte Wertangabe*. Geld erscheint lediglich als Recheneinheit, d. h. Zählmittel (Verrechnungsfunktion). Die Güterart bleibt unspezifiziert. In diesem Zusammenhang spricht man von einer (abstrakten) Kapitalrechnung.

Will man dagegen die hinter dem abstrakten Wert stehenden *Güterarten* erfassen, so geschieht dies mit Hilfe einer der folgenden Abbildungsformen:

(2.1) *Monetäre Abbildung:* Bei dieser Art der Abbildung wird nur die *nominale* Seite des Gütersystems betrachtet. Anknüpfungspunkt sind die Geldströme, die zwischen Wirtschaftssubjekten fließen. Die monetäre Abbildung ist daher mit den Zahlungsvorgängen verknüpft (Pagatorische Rechnung). Geld erscheint als *konkretes* Wirtschaftsgut (*konkrete* Geldfunktion, Zahl- statt Zählmittel); Geld und Zahlungsmittel sind hier gleiche Begriffe. Die Geldmenge entspricht dem Geldwert. Alle Positionen des Wertsystems werden als „jetzige, frühere oder spätere Geldvorgänge" (Zahlungsvorgänge) angesehen.

(2.2) *Reale Abbildung:* Hier tritt die nominale Seite des Gütersystems zugunsten der *Realgüterseite* in den Hintergrund. Alle Posten des Wertsystems werden als „jetzige, frühere oder spätere Realgüter" angesehen.

(2.3) *Bonitäre Abbildung:* Diese Abbildung berücksichtigt weder einseitig die Nominalgüterseite noch die Realgüterseite. Entscheidend ist die Zuordnungsrelation zwischen Wirtschaftsgut und Wirtschaftssubjekt. Es wird danach gefragt, welches Gut (Realgut oder Nominalgut) hinter dem pekuniären Geldwert steht. Je nach Zuordnungsrelation ist das Ergebnis eine monetäre oder reale Abbildung.

Beispiel:

(1) Pekuniäre Abbildung

Gut 1:   240,– GE
Gut 2:   144,– GE
Su: 384,– GE

(2.1) Monetäre Abbildung

Menge Gut 1:   240,– Geldeinheiten gemessen in DM
Menge Gut 2:   144,– Geldeinheiten gemessen in DM

(2.2) Reale Abbildung

Menge Gut 1:   240,– DM entsprechen 24 Flaschen „Pinot rouge"
Menge Gut 2:   144,– DM entsprechen 12 Flaschen „Gewürztraminer"

(2.3) Bonitäre Abbildung: Menge × Preis = Wert

24 Fl. „Pinot rouge" a 10,– DM/Fl. = 240,– DM
12 Fl. „Gewürztraminer"
    a 12,– DM/Fl. = 144,– DM

Betrachtet man die drei Teilsysteme des Wertsystems einer Betriebswirtschaft, so erscheinen als bonitäre Zuordnungsrelation im

(a) Finanzsystem: Ein- bzw. Auszahlungen
(b) Güterbeständesystem: Besitz bzw. Verpflichtung
(c) Erfolgssystem: Güter-Verbrauch bzw. Güter-Produktion

Im *Finanzsystem* werden nur Bar- und Buchgeldströme sowie die entsprechenden Bestände erfaßt. Da es sich hierbei um *Nominalgüter* handelt, besteht kein Unterschied zwischen monetärer und bonitärer Abbildung.

Im *Güterbeständesystem* erscheinen alle Güterarten. Hinter dem Vermögen erscheinen bei bonitärer Abbildung Real- und Nominalgüter, als auch ursprüngliche und abgeleitete Güter. Auf der Passivseite erscheinen nur abgeleitete Güter. Das Eigenkapital kann aus Sicht der Betriebswirtschaft als Real- oder/und Nominalschuld gegenüber den Eigenkapitalgebern angesehen werden (Beteiligungsschuld).

Im *Erfolgssystem* werden Verbrauch und Produktion absoluter Güter wertmäßig erfaßt. Im Vordergrund dieser Strömungsgrößenrechnung steht daher die reale Abbildung; sie entspricht für absolute Güter der bonitären Abbildung. Bei Verbrauch von Bar- oder Buchgeld (z. B. Steuerzahlung) ist jedoch eine monetäre Abbildung erforderlich.

5.1.2 Die Kostenwerttheorie

5.1.2.1 Allgemeiner Überblick

Definiert man *Kosten*

- als quantitative *wertmäßige Abbildung* (1. Merkmal)
- von *produktionssystembezogenen* (2. Merkmal)
- *mengenmäßigen Güterverbräuchen in einer Periode* (3. Merkmal)

so stellen sich folgende grundlegende Fragen:

1. Welche Güterarten werden erfaßt?
2. Nach welchen objektiven Meßregeln wird der mengenmäßige Verbrauch bestimmt?
3. Nach welchen intersubjektiv nachprüfbaren Kriterien wird die wertmäßige Abbildung des Güterverbrauchs durchgeführt?

Diese Fragen resultieren aus der Anschauung, daß die Kostentheorie eine Realtheorie ist. Infolgedessen gilt es, empirische Tatbestände zu analysieren. Durch den Begriff *Kosten* muß also ein empirisch beobachteter Tatbestand abgebildet werden.

Die erste Frage wird in der Literatur einhellig dahingehend beantwortet, daß nur *Wirtschaftsgüter* erfaßt werden. An dieser Stelle kann daher auf das Kapitel 3.1.1 verwiesen werden.

Die zweite Frage ist weitaus schwieriger zu beantworten, da die Messung des Verbrauchs von Gütern mit der Eigenart der Verbrauchsvorgänge in engem Zusammenhang steht. Geht man davon aus, daß Güter der Befriedigung von Wirtschaftssubjekten dadurch dienen, daß mit ihnen bestimmte Zwecke (Ziele) erreicht werden können, so liegt *Güterverbrauch* dann vor, wenn

(a) Der „Nutzungsvorrat" des Gutes zur Verwirklichung von Zielen der Betriebswirtschaft in der Produktionsperiode quantitativ oder qualitativ *untergeht;* man spricht dann von *Verbrauchsgütern* (Verbrauchsfaktoren)
und/oder

(b) der „Nutzungsvorrat" des Gutes zur Verwirklichung von Zielen quantitativ oder qualitativ *verringert* wird; man spricht dann von *Gebrauchsgütern* (Gebrauchsfaktoren).

Der übliche Güterverbrauch ist quantitativer Art. Qualitativer Verbrauch liegt dann vor, wenn sich die (Teil-)Qualität eines Gutes mindert.

Freiwilliger (willentlicher, beabsichtigter) *Güterverbrauch* ist gegeben, wenn der „Nutzungsvorrat" des Gutes bewußt durch betriebliche Dispositionen eingesetzt wird; er ist i. d. R. quantitativer Art. Der *erzwungene Güterverbrauch* ist der Disposition entzogen, sei es durch

— Zeitablauf (z. B. Zeitverschleiß wie Rost, Ablauf von Nutzungsrechten)
— Gesetze (z. B. Steuern)
— sonstige Umstände (z. B. Abfall, Ausschuß, Katastrophen, wirtschaftliche Veralterung).

Zu den *Verbrauchsgütern* zählen

— Werkstoffe: Roh-, Hilfs- und Betriebsstoffe
— Fertige und unfertige Erzeugnisse
— Zahlungsmittel
— Fremde Leistungen wie menschliche Arbeit, Dienstleistungen u. ä.

Die Messung des *quantitativen Verbrauchs* der beiden ersten Gruppen von Gütern ist meist problemlos und erfolgt bei Stückgütern durch *Zählen* oder allgemeiner durch *physikalische Maßeinheiten* (z. B. t, hl, m). Bei inländischen Zahlungsmitteln sind Menge und Wert des Verbrauchs identisch; bei ausländischen Zahlungsmitteln ist der Wechselkurs zu berücksichtigen. Bei fremden Dienstleistungen, die in homogene Teileinheiten gegliedert werden können (z. B. Gesprächseinheiten beim Telefonieren) läßt sich die verbrauchte Menge durch Zählen oder Messen ermitteln. Anderenfalls, da Erwerb und Verbrauch zeitlich zusammenfallen, gilt der Wert der erworbenen Leistung gleichzeitig als verbrauchte Menge. Die Erfassung des Verbrauchs an menschlicher Arbeit ist wegen der damit verbundenen psychophysischen Tätigkeiten schwierig und wird ausführlich im Kapitel 5.3.1 erörtert.

Zu den *Gebrauchsgütern* zählen

— materielle Gebrauchsgüter: Boden, Tiere, Pflanzen, Gebäude, Maschinen, Vorrichtungen
— immaterielle Gebrauchsgüter: Vorrätigkeit, adjunktive Güter, Informationen, Rechte.

Der quantitative Verbrauch von Nutzungsabgaben von materiellen Gebrauchsgütern ist weder zählbar noch meßbar, da die Nutzungsabgaben keinen materiellen Charakter haben und auch nicht mit physikalischen Meßeinrichtungen erfaßbar sind. Bei Gebrauchsgütern mit unbegrenzter Gebrauchsdauer (z. B. Grundstücke) erübrigt sich eine Verbrauchserfassung. Bei Gebrauchsgütern mit begrenzter Gebrauchsdauer hilft man sich durch Surrogate wie

— Erfassung des Verbrauchs durch Zeiteinheiten der Gebrauchsdauer
— Erfassung durch die jeweilige erzeugte Leistungsmenge.

Da die immateriellen Gebrauchsgüter „(Kapital-)Vorrätigkeit" und „Rechte" in der Regel für einen bestimmten Zeitraum eingeräumt werden, kann der quantitative Verbrauch in Zeiteinheiten gemessen werden. Bei adjunktiven Gütern und Informationen ergeben sich die gleichen Schwierigkeiten wie bei materiellen Gebrauchsgütern mit begrenzter Nutzungsdauer. Bei Informationen findet überdies meist nur ein qualitativer Verbrauch statt.

Mit der Erfassung und Messung von Güterverbräuchen haben sich insbesondere MENRAD [Kostenbegriff 1965], IJIRI [Foundations 1967] und HUMMEL [Kostenerfassung 1970] beschäftigt.

Ziehen wir das Fazit, so ist festzustellen, daß objektive Meßregeln zur Ermittlung des exakten mengenmäßigen Verbrauchs nur für einen Teil der Güter existieren. Für viele Güter wird der Mengenverbrauch autonom festgelegt.

Nach dem dritten Merkmal führt nur derjenige Güterverbrauch, der in der Produktionsperiode erfolgt ist, zu Kosten. Güterverbräuche für vor- und/oder nachgelagerte Perioden sind periodenfremde Kosten. Der Kostenbegriff zeichnet sich also durch eine strenge *Periodenbezogenheit* aus.

Das zweite Merkmal kennzeichnet Gutsverbräuche nur dann als Kosten, wenn sie in *Produktionssystemen* erfolgt sind. Diese Formulierung läßt offen, ob es sich um Verbrauch von Gütern handelt, die am Markt beschafft werden, oder um Verbrauch von sog. innerbetrieblichen Leistungen und Zwischenprodukten. Gutsverbräuche erfahren in Betriebswirtschaften ihren Sinn durch die Herstellung anderer Güter, also im Verfolgen des betrieblichen Sachziels. Der Verbrauch von wirtschaftlichen Gütern hat nach rationalen Kriterien zu erfolgen. Das bedeutet: Ein bestimmter Output ist mit geringstmöglichem Verbrauch an Gütern oder mit gegebenem Input ist ein höchstmöglicher Output zu erzielen. Dies ist die Forderung nach Maximierung der *Produktivität*. Bezeichnet man den geringstmöglichen bewerteten Input (Gutsverbrauch) als *Soll-Kosten* und die tatsächlich realisierten Kosten als *Ist-Kosten*, dann ist bei vorgegebenem Input die

$$\text{Wirtschaftlichkeit} = \frac{\text{Soll-Kosten}}{\text{Ist-Kosten}} \leq 1$$

Das *Prinzip der Wirtschaftlichkeit* fordert also die Maximierung des Quotienten „Soll-Kosten : Ist-Kosten".

Die Differenz aus Ist-Kosten und Soll-Kosten heißt „*Verbrauchsabweichung*". Diese Definition der Wirtschaftlichkeit ist zweckmäßig, weil sie nur auf den (bewerteten) Verbrauch von Gütern abstellt.

Die dritte von uns gestellte Frage bezieht sich auf die Ermittlung des rechnerischen Wertes der Güter.

Unter dem *Wert* eines Gutes versteht man allgemein die Bedeutung, die dieses Gut als Mittel zur Bedürfnisbefriedigung für ein Wirtschaftssubjekt hat. Die Höhe des Wertes wird bestimmt

– durch die spezifische Eignung des Gutes zur Bedürfnisbefriedigung
– durch den Grad der relativen Knappheit.

Unter *Bewertung* versteht man den formalen Vorgang der Zuordnung von Geldeinheiten zu Gütertransaktionen, wie z. B. Güterverbrauch, Güterentstehung. Die Bewertung erfolgt,

(a) um heterogene, d. h. dimensionsverschiedene Gütermengen gleichnamig und damit vergleichbar und rechenbar zu machen *(Verrechnungsfunktion)*

(b) um Güterverbrauch und Güterentstehung im Hinblick auf bestimmte Ziele zu steuern *(Lenkungsfunktion)*.

In Marktwirtschaften werden diese zwei Bewertungsfunktionen durch die Angabe eines (Markt-)*Preises* für eine Gutsquantität erfüllt.

In Betriebswirtschaften dagegen wird die erste Funktion im Grunde durch jeden beliebigen Wertansatz erfüllt. Die zweite Funktion läuft für die Produktions- und Kostentheorie auf die Beantwortung der Frage hinaus, wie die Faktoren in Betriebswirtschaften zu bewerten sind, damit eine zieloptimale Auswahl der zu erstellenden Produkte gewährleistet wird. Die Zuordnung eines Geldbetrages hängt u. a. damit von einer oder mehreren Zielvorstellungen ab. Die Kostenhöhe wird damit von betriebsindividuellen Tatbeständen bestimmt. „Ihre exakte Ermittlung ist bei diesem Kostenbegriff mit Hilfe eines Ermittlungsmodells, d. h. durch bloße Beobachtung und Messung realer Tatbestände, nicht möglich." (SCHWEITZER – KÜPPER [Produktions-, 1974, S. 161]) Vielmehr ist – wie zu zeigen sein wird – ein Entscheidungsmodell erforderlich.

Daraus folgt, daß für Betriebswirtschaften die Kostenbewertung aus empirisch beobachtbaren Tatbeständen abgeleitet werden muß. Aus diesem Grund knüpft die Kostentheorie an das beobachtbare Merkmal „*Marktpreis*" oder „Wert" (= Menge × Preis) an.[2]

„Das betriebliche Rechnen muß ... von Größen ausgehen, die objektiv, eindeutig und rechenhaft festzustellen sind." (MENRAD [Kostenbegriff 1965, S. 61]) „... im Sinne der Bewertung von Gütermengen zum Zwecke ihrer Erfassung und Verrechnung im betrieblichen Rechnungswesen gilt der Preis der Güter als ihr Wert." [ebenda, S. 63]

5.1.2.2 Der monetäre Kostenbegriff

Die *wertmäßige Abbildung* des Güterverbrauchs in Betriebswirtschaften ist eine monetäre Abbildung. Jedem Güterverbrauch wird ein *Wert* zugeordnet. Bei diesem Wert handelt es sich immer um einen *Geldbetrag*. Je nach Zuordnungsrelation zwischen Wirtschaftsgut und Wirtschaftssubjekt ist das Ergebnis

– eine reale Abbildung des Güterverbrauchs
– eine monetäre Abbildung des Güterverbrauchs.

Der monetären Abbildung des Güterverbrauchs entspricht der *monetäre* oder *pagatorische Kostenbegriff*. Danach sind Kosten der einem Mengenverbrauch von Gütern in Betriebswirtschaften in der Produktionsperiode entsprechende *Zahlungswert* als Menge × (Markt-)Preis.

Dieser Zahlungswert ergibt sich aus

– in Vorperioden geleisteten Zahlungen
– in der Produktionsperiode geleisteten Zahlungen
– in Nachperioden zu leistenden Zahlungen.

---

[2] Bei inländischen Zahlungsmitteln, Forderungen und Verbindlichkeiten gibt die Höhe des Geldbetrages unmittelbar den rechnerischen Wert an. Eine Bewertung erübrigt sich.

Marktpreise in Vorperioden sind historische *Anschaffungspreise*. Marktpreise in Produktionsperioden sind aktuelle *Tagespreise*. Marktpreise in Nachperioden sind zukünftige *Wiederbeschaffungspreise*. Der Kostenwert mißt sich an der Menge des Nominalgutes „Geld", die für verbrauchte Güter ausgegeben werden muß.

5.1.2.3 Der substantielle Kostenbegriff

Der realen Abbildung des Güterverbrauchs entspricht der *substantielle Kostenbegriff*. Danach sind *Kosten* die einem Geldbetrag entsprechenden Mengenverbräuche von Gütern in Betriebswirtschaften in der Produktionsperiode. Der Kostenwert mißt sich an der Realgütermenge, die für den entsprechenden Geldbetrag erworben werden kann.

Es ist zu beachten, daß eine real-bonitär orientierte Kostendefinition den Verbrauch des Nominalgutes „Geld" (z. B. Steuern) nicht erfaßt.

Solange in einer Volkswirtschaft keine Geldwertänderungen stattfinden, solange sind beide Kostenbegriffe – mit obiger Einschränkung – identisch, denn es gilt

$$\text{Kosten} = \left\{ \begin{array}{c} \text{Zahlungswert} \\ \text{Geldbetrag} \end{array} \right\} = \frac{\text{Verbrauchte}}{\text{Gütermenge}} \times \text{Marktpreis}$$

jeweils gemessen
in „Geldeinheiten"

Für einen bestimmten Geldbetrag kann man jeweils die gleichen Gütermengen kaufen, und umgekehrt entspricht gleichen Gütermengen ein bestimmter Geldbetrag, der an den Verkäufer gezahlt wird. Unter der Annahme, daß die Beschaffungsmöglichkeiten für Güter nicht beschränkt sind, wird eine Geldwertänderung nur in *Preisänderungen* sichtbar. Die Änderung des Geldwertes ist also der Kehrwert der Änderung des allgemeinen Preisniveaus. Verdoppelt sich das Preisniveau, dann sinkt der Geldwert auf die Hälfte. Geld als Wertmaßstab für Güter ist also nur dann sinnvoll, wenn dieser Maßstab im Zeitablauf keinen Änderungen unterworfen ist.

Aus diesem Grunde ist zu klären, nach welchen Grundsätzen eine betriebliche Kostenbewertung in Volkswirtschaften zu erfolgen hat, deren Geldwert bzw. allgemeines Preisniveau Änderungen im Zeitablauf ausgesetzt ist.

Ausgehend von der Vorstellung des Kostenwertes in den bisher vorgestellten Kostenbegriffen ist zu fragen: Wie mißt man die hinter einem bestimmten Geldbetrag stehende Menge an Realgütern?

Kostenbegriff	Kostenwert
Monetär	Menge des Nominalgutes „Geld"
Substantiell	Menge an Realgütern, die hinter einem nominalen Geldbetrag stehen

Üblicherweise geschieht dies mit Hilfe der *Indexmethode*. Dazu wird die allgemeine Preisentwicklung anhand einer ausgewählten Gütergruppe (Warenkorb) in einem *Preisindex* (I) festgehalten. Diese ausgewählte Gütergruppe wird als repräsentativ für das Denken in Realgütern des einzelnen Wirtschaftssubjektes angesehen. Auf die Problematik dieser Annahme sowie auf die Probleme unterschiedlicher Gütergruppen, Änderungen der Preisrelationen und im Zeitablauf auftretender Bedarfsänderungen sei hier nicht eingegangen.

Dividiert man den nominalen Geldbetrag durch den Preisindex, so entspricht das Ergebnis

— der in Geldeinheiten ausgedrückten Menge an Realgütern bzw.
— der *Kaufkraft* des Geldes.

Betrachten wir die Kosten zweier Perioden K_1 und K_2 und unterstellen wir *gleichen* Realgüterverbrauch, so gilt für die Gesamtkosten:

Monetäre Kosten: $\quad K_M = K_1 + K_2$

Substantielle Kosten: $\quad K_S = K_1 I_1 + K_2 I_2$

Beispiel:

In Periode 1 werden 70 ME eines Gutes zu 5,— DM/ME beschafft. Der Preisindex beträgt $I_1 = 100\,\%$. In Periode 2 steigt der Preisindex auf $I_2 = 110\,\%$.

In Periode 1 werden 30 ME, 40 ME in Periode 2 verbraucht.

In Periode 1 stimmen monetäre und substantielle Kosten mit $30 \cdot 5 = 150,- DM$ überein. In Periode 2 betragen

— *die monetären Kosten: $40 \cdot 5 = 200,- DM$*
— *die substantiellen Kosten: $40 \cdot 5 \cdot 1{,}1 = 220,- DM$*

Bei substantieller Kostenbewertung ist also der *verrechnete* Kostenbetrag höher, wenn der Preisindex steigt (und vice versa).

Wie das Beispiel zeigt, liegen die Probleme der substantiellen Kostenbewertung bei *lagerfähigen* Faktoren, die in Vorperioden bezahlt wurden, aber in der Produktionsperiode oder erst in Folgeperioden verbraucht werden.

Es wird deutlich, daß die substantielle Kostenbewertung eine fiktive Zahlung im *Zeitpunkt des Verbrauchs* an Faktoren unterstellt. Erfolgt die Ersatzbeschaffung jedoch erst später und steigen die Preise in der Zwischenzeit, so reichen die verrechneten Kosten zum Substanzerhalt nicht aus. Bei fallenden Preisen werden dagegen zuviel Kosten verrechnet. Konsequent wäre eine substantielle Kostenbewertung also zum Wiederbeschaffungspreis *im Zeitpunkt der Ersatzbeschaffung*. Eine korrekte Kostenbewertung im Sinne der Substanzerhaltung unterstellt also eine echte oder fiktive *Zahlung im Zeitpunkt der Ersatzbeschaffung*.

Die substantielle Kostenbewertung hat nur Einfluß auf die Erfolgsrechnung und die Bilanz als Periodisierungsinstrument („Kräftespeicher" der Erfolgsrechnung), nie dagegen auf die Finanzrechnung. Eine real orientierte Erfolgsrechnung jedoch ist unter dem

Aspekt ständiger Wandlungen im Gütersystem, hervorgerufen durch Bedarfsverschiebungen und technischen Fortschritt, über längere Zeiträume hinweg nicht realisierbar. Auch die *Erfolgsrechnung* einer Betriebswirtschaft wird also eine *monetäre Rechnung* sein müssen. Dies aus mehreren Gründen:

– Nach dem Prinzip der *Stromgrößenkongruenz* (CHMIELEWICZ [Finanzwirtschaft I, 1976, S. 43]) muß die Summe aller in den Einzelperioden erfaßten Ein- und Auszahlungen den Ein- und Auszahlungen während der Totalperiode entsprechen. Der *Totalgewinn* ist der Überschuß der Einzahlungen über die Auszahlungen und damit ein Geldüberschuß. Dies gilt in gleicher Weise für den *Periodengewinn,* der als verursachungsgerecht periodisierter Totalgewinn angesehen werden muß. Die Periodisierung erfolgt durch Abstellung auf die Begriffe „Leistung" und „Kosten". Der Kostenbegriff muß deshalb aus Zahlungsvorgängen abgeleitet werden.

– Die substantielle Kostenbewertung zielt auf die Erhaltung der ursprünglichen Gütermenge ab. Dies jedoch ist weniger eine Frage der Kostenrechnung als eine Frage der *Gewinnausschüttung.* Ausschüttbar ist nur der Teil des nominellen Gewinns, der nach Wiederherstellung der ursprünglichen Gütermenge verbleibt. „Faßt man Gewinnwirtschaftung und Gewinnverteilung als zwei völlig voneinander getrennte Bereiche eines Betriebes auf, so wird im Rahmen des Modells der Gewinnwirtschaftung die betriebliche Substanz als Voraussetzung der Gewinnwirtschaftung automatisch durch die Zielsetzung der Gewinnmaximierung auf lange Sicht erhalten . . . " (ADAM [Kostenbewertung 1970, S. 140]).

– Wie ADAM [Kostenbewertung, 1970, S. 129–166] gezeigt hat, geht der substantielle Kostenbegriff in der sog. *„wertmäßigen" Bewertungskonzeption* auf. „Substanzerhaltung ist nicht Ziel der Unternehmenspolitik, sondern unabdingbare Voraussetzung einer auf Dauer gerichteten Gewinnerzielung. Substanzerhaltung wird demnach durch die Wertansätze bzw. Planungsmethoden in der besten Weise garantiert, die auch zur Maximierung des nominellen Gewinnes führen." (ADAM [Kostenbewertung 1970, S. 165])

5.1.2.4 Der wertmäßige Kostenbegriff

Im Rahmen der Bewertung des Faktorverbrauchs ist eine dritte Bewertungskonzeption entwickelt worden; der ihr zugrundeliegende Kostenbegriff wird als *„wertmäßiger Kostenbegriff"* bezeichnet. Danach sind *Kosten* der einem Mengenverbrauch von Gütern in Betriebswirtschaften in der Produktionsperiode entgangene *Nutzen,* der abgeleitet wird aus

(1) einer *objektiv* gegebenen *Datenkonstellation*

(2) „einer gegebenen, nicht zu diskutierenden *subjektiven Zielsetzung"* (ADAM [Kostenbewertung 1970, S. 33]) des disponierenden Wirtschaftssubjekts.

Zur objektiv gegebenen Datenkonstellation zählen marktliche wie betriebliche Gegebenheiten, wie z. B. Beschaffungspreise, Lieferkontingente, vorhandene Läger. Die gegebene Zielsetzung des Wirtschaftssubjektes ist das Kriterium, nach dem Handlungsmöglichkeiten beurteilt werden, wie z. B. Gewinnmaximierung, Leerzeitminimierung.

Der Wert eines Gutes wird also im Hinblick auf eine gegebene Zielsetzung unter Berücksichtigung des Entscheidungsfeldes des Bewertenden abgeleitet. Die sog. wertmäßigen Kosten sind also ein *entscheidungsorientierter, subjektbezogener (kein subjektiver) Wert*. Hierfür hat ENGELS [Bewertungslehre 1962, S. 11 ff.] den Begriff *„gerundiver Wert"* geprägt.

Das Problem der „wertmäßigen" Bewertungskonzeption aus kostentheoretischer Sicht besteht in zwei Bedenken:

— Die gerundiven Kostenwerte sind von Betriebswirtschaft zu Betriebswirtschaft unterschiedlich, je nach Entscheidungsfeld und Zielvorstellung. *Eine Ermittlung durch Beobachtung und Messung realer Tatbestände ist damit nicht möglich.*

— Die gerundiven Kostenwerte in der Betriebswirtschaft lassen sich nur mit Hilfe eines Entscheidungsmodells bestimmen, das simultan über alle Verwendungsmöglichkeiten der Faktoren im Sinne der Zielsetzung entscheidet. *Die Kostenwerte sind also erst dann bekannt, wenn man sie nicht mehr benötigt.* Dieser Tatbestand ist als „Dilemma des wertmäßigen Kostenbegriffs" bekannt (HAX [Kostenbewertung 1965], ADAM [Kostenbewertung 1970]).

Hinzu kommt, daß die wertmäßigen Kosten auch *keine zusätzlichen Informationen* liefern, da sie ja im Rahmen *analytischer* Lösungsverfahren der simultanen Entscheidungsmodelle ermittelt werden. Durch bloße analytische Umformungen der Ausgangsdaten gelangt man zwar zu anderen Größen, die jedoch *denknotwendig wahr* sind, weil sie mittels *formaler logischer Regeln* hergeleitet wurden. Rein logische Transformationen bieten uns jedoch keinerlei zusätzliche Erkenntnisse. Wir erhalten nicht mehr an Information, als ohnehin in den Daten des Entscheidungsfeldes enthalten ist. Dies sei durch folgendes Beispiel gezeigt.

Beispiel:

In einem Produktionssystem mit einer Monatskapazität von 28 800 ZE werden drei Erzeugnisse A, B und C mit folgenden Daten produziert

Produkt	Stückzahl [ME/Monat]	Stückzeit [ZE/ME]	Zahlungsbezogener Faktoreinsatz		Verkaufspreis [DM/ME]
			Materialeinsatz [DM/ME]	Arbeitseinsatz [DM/ME]	
A	2 400	4	7,–	36,–	67,–
B	800	2	5,–	60,–	79,–
C	2 200	8	4,–	96,–	132,–

Soll ein Zusatzauftrag D mit folgenden Daten angenommen werden, wenn der Zahlungsüberschuß maximiert werden soll?

D	3 620	5	8,–	60,–	88,–	20,–

- Das Produktionssystem ist mit den Produkten A, B, C voll ausgelastet; der Zahlungsüberschuß beträgt

    A   2 400 (67 – 7 – 36) = 2 400 · 24 = 57 600
    B   800 (79 – 5 – 60) =   800 · 14 = 11 200
    C   2 200 (132 – 4 – 96) = 2 200 · 32 = 70 400

    Summe   139 200

- Für den Zusatzauftrag D sind 3 620 · 5 = 18 100 ZE der Kapazität erforderlich; das bisherige Produktionsprogramm muß daher so geändert werden, daß die durch den Zusatzauftrag verdrängten Zahlungseinbußen minimal sind. Man erhält folgendes Programm:

    A: 2 275 · 24,– = 54 600
    B: 800 · 14,– = 11 200
    C: 0 · 32,– =   0
    D: 3 620 · 20,– = 72 400

    Summe: 138 200

Der Zusatzauftrag ist also abzulehnen, da er zu einer Einbuße von 1 000,– DM führt.

- Auf Basis des wertmäßigen Kostenkonzepts hätte man wie folgt gerechnet:

    Zahlungsüberschuß bisheriges Programm: 139 200
    Zahlungsüberschuß neues Programm
    (ohne Zusatzauftrag)   65 800

    Einbuße   73 400

Zur Produktion des Zusatzauftrags D sind erforderlich

    a) Material: 3 620 · 8   = 28 960
    b) Arbeit: 3 620 · 60 = 217 200
    c) Zahlungsmitteleinbuße   = 73 400

    =   Entgangener Nutzen   319 560
        (wertmäßige Kosten)

Der entstehende Nutzen ist 3 620 · 88 = 318 560. Per Saldo verbleibt damit ein Nutzenentgang von 1 000,– DM.

Bezieht man die Zahlungsmitteleinbuße auf die gesamte Kapazitätsbeanspruchung des Zusatzauftrages, so erhält man die Zahlungsmitteleinbuße je ZE, also

$$\frac{73\,400}{3\,620 \cdot 5} = 4{,}05225\ [DM/ZE]$$

Kalkuliert man damit die Produkte nach der Formel

$$\begin{array}{cccc}\text{Stückkosten} & \text{Zahlungsbezogener} & + & \text{Stückzeit} \cdot 4{,}05225 \\ = & \text{Faktoreinsatz} & & \\ [DM/ME] & [DM/ME] & & [ZE/ME] \quad [DM/ZE]\end{array}$$

so erhält man

$$k_A = \ 43 + 4 \cdot 4{,}05225 = \ \ 59{,}22$$
$$k_B = \ 65 + 2 \cdot 4{,}05225 = \ \ 73{,}11$$
$$k_C = 100 + 8 \cdot 4{,}05225 = 132{,}44$$
$$k_D = \ 68 + 5 \cdot 4{,}05225 = \ \ 88{,}28$$

Die Differenz (Verkaufspreis ./. Stückkosten) läßt sofort erkennen, daß es nicht lohnend ist, den Zusatzauftrag zu erstellen. Per Saldo hätten wir einen Nutzenentgang von 3 620 (88 − 68 − 5 · 4,05225) = 1 000,− DM bzw. 0,28 DM/ME.

Das Beispiel macht deutlich, daß in die wertmäßigen Kosten neben den auszahlungsbezogenen Werten entgehende Nutzenwerte aus anderer Verwendung vorhandener Ressourcen einbezogen werden. Diese letzteren Kostenwerte werden auch als *Opportunitätskosten* bezeichnet. Sie leiten sich nicht aus Auszahlungen für die Faktoren, sondern von *nicht realisierten Einzahlungen* ab. In einer Kostenrechnung haben sie daher keinen Platz.

5.1.2.5 Der entscheidungsorientierte Kostenbegriff

Die Zuordnung von Geldeinheiten zu Güterverbräuchen wird beim wertmäßigen Kostenbegriff als zweck- oder zielbedingtes Bewertungsproblem angesehen. Sie hat damit formalen Charakter und ist bei Verwendung von simultanen Entscheidungsmodellen überflüssig. Der näherungsweise Ansatz von Opportunitätskosten − also in nicht-simultanen Kalkülen − ist abzulehnen, da

− ein solcher Ansatz intersubjektiv nicht nachprüfbar ist und
− die Kosten für andere Auswertungszwecke unbrauchbar gemacht werden.

Bisher wurde − stillschweigend − davon ausgegangen, daß jeder *Maßeinheit des Verbrauchs* von Gütern *genau ein Preis* zugeordnet werden kann. Diese Preiseindeutigkeit ist jedoch in sehr vielen Fällen nicht gegeben, so daß neben das Bewertungsproblem ein *Zurechnungsproblem* tritt. Dies ist auf zweierlei Weise lösbar:

− Die Preiseindeutigkeit wird durch autonome Festlegung willkürlich erzeugt (im vorliegenden Fall beispielsweise durch Division des Rechnungsbetrages durch die Verbrauchsmenge). Dieses Vorgehen ist damit theoretisch unbefriedigend.

− Eine Zurechnung auf die Maßeinheit des Verbrauchs erfolgt nur insoweit, als zwischen Verbrauchsentscheidung und Auszahlung eindeutige Beziehungen bestehen. Dieser Gedanke, Entscheidungen als die eigentlichen Kalkulationsobjekte (Bezugsobjekte) und Kostenquellen anzusehen, führte zum entscheidungsorientierten Kostenbegriff.

Danach sind *Kosten* die durch die Entscheidung über ein bestimmtes Kalkulationsobjekt, insbesondere über die Erstellung von Leistungen sowie über Aufbau, Aufrechterhaltung und Anpassung der Betriebsbereitschaft, ausgelöste Auszahlungen einschließlich der Auszahlungsverpflichtungen (RIEBEL [Einzelkosten- 1976, S. 389]).

Dieser Kostenbegriff zeichnet sich durch folgende Eigenschaften aus:

– Die Kosten werden aus *Auszahlungen* (Ausgaben) abgeleitet. Dies garantiert die *intersubjektive Nachprüfbarkeit*.
– Kalkulationsobjekte führen aus sachlichen und zeitlichen Abgrenzungskriterien zu *Bezugsobjektsystemen bzw. -hierarchien*, d. h. zu einer Ordnung von untergeordneten, spezielleren zu übergeordneten, allgemeineren Kalkulationsobjekten (RIEBEL [Einzelkosten- 1976, S. 386]).
– Innerhalb solcher Hierarchien sind Kosten *eindeutig zurechenbar*.
– Die Kosten werden bei denjenigen Objekten *erfaßt*, „ . . . für die sie direkt erfaßt werden können . . . " (RIEBEL [Einzelkosten- 1976, S. 183]).
– Die Kosten enthalten *keine Opportunitätskosten*, also entgehende Nutzenwerte aus der alternativen Verwendung vorhandener Ressourcen (RIEBEL [Einzelkosten- 1976, S. 77]).

5.1.2.6 Zusammenfassung

Durch den quantitativen Begriff *Kosten* muß ein empirisch beobachtbarer und meßbarer Tatbestand abgebildet werden. Dies resultiert aus dem Postulat der intersubjektiven Nachprüfbarkeit (Objektivität) einer als Realtheorie verstandenen Kostentheorie. Von den vier in der Literatur vorherrschenden Kostenbegriffen

– monetäre Kosten
– substantielle Kosten
– wertmäßige Kosten und
– entscheidungsorientierte Kosten

erfüllt nur der monetäre und entscheidungsorientierte Kostenbegriff diese Forderung. Der *substantielle Kostenbegriff* geht im wertmäßigen Kostenbegriff auf. Substanzerhaltung ist Voraussetzung einer auf Dauer gerichteten Erzielung von positiven Erfolgen. Sie wird durch Maximierung des nominellen Erfolgs gewährleistet. Der *wertmäßige Kostenbegriff* ist im Rahmen der Kostentheorie aus folgenden Gründen irrelevant:

– Der wertmäßige Kostenbegriff ist ein subjektbezogener Wert, abhängig von Entscheidungsfeld und Zielvorstellung(en) des handelnden Wirtschaftssubjekts.
– Die geforderte Lenkungsfunktion erfüllen die wertmäßigen Kosten nur dann, wenn sie mit Hilfe von Entscheidungsmodellen ermittelt werden, die das *gesamte* Entscheidungsfeld berücksichtigen (Simultanplanung). Nach Lösung dieses Entscheidungsmo-

dells sind sie jedoch überflüssig, da Lösung und wertmäßige Kosten uno actu anfallen *(Dilemma der wertmäßigen Kosten).*

— Die wertmäßigen Kosten liefern keine zusätzlichen Informationen, da sie mittels logischer Umformungen aus den ursprünglichen Daten abgeleitet werden. *("Pseudo-empirische Leerformel"* TOPITSCH [Probleme 1967, S. 271])

In einer realen betriebswirtschaftlichen Kostentheorie können nur auf empirisch feststellbaren Zahlungsvorgängen basierende Kosten Forschungsgegenstand sein. Dies folgt aus dem Objektivitätsprinzip, d. h. dem Postulat der intersubjektiven Nachprüfbarkeit der Kostenerfassung. In der betrieblichen Praxis werden Kosten — von wenigen Ausnahmen abgesehen — aus vergangenen, jetzigen oder zukünftigen Auszahlungen abgeleitet. „In der Praxis der Kostenrechnung erfolgt die Bewertung überwiegend nach dem pagatorischen Prinzip . . . " (HAX [Bewertungsprobleme 1967], S. 752). Die Kosten lassen sich also mit Hilfe eines Ermittlungsmodells erfassen und überprüfen. Eine Einschränkung muß allerdings insoweit gemacht werden, als eine eindeutige Kostenerfassung nur dann garantiert ist, wenn der jeweilige *Rechnungszweck* (z. B. die Lösung eines bestimmten Entscheidungsproblems) bekannt ist. Sieht man die betriebswirtschaftliche Theorie jedoch als Unterbau zur Bewältigung betriebswirtschaftlicher Entscheidungsprobleme an (Pragmatisch-technologisches Wissenschaftsziel), dann ist der entscheidungsorientierte Kostenbegriff ein geeigneter Ausgangspunkt.

5.2 Die Systematisierung von Kosteneinflußgrößen

5.2.1 Allgemeine Kennzeichnung

Größen, die die Höhe der Kosten von Betriebswirtschaften determinieren, heißen *Kosteneinflußgrößen* oder Kostenbestimmungsfaktoren. Bereits in der *älteren betriebswirtschaftlichen Literatur* sind Untersuchungen über Kosteneinflußgrößen zu finden (SCHMALENBACH [Kostenrechnung 1963, S. 41 ff.], WALTHER [Einführung 1959, S. 233 ff.], HENZEL [Kosten 1967], HENZEL [Unternehmer 1936, S. 139 ff.], RUMMEL [Kostenrechnung 1967, S. 93 ff.], MELLEROWICZ [Kosten 1973, S. 207 ff.]). Man erkennt, daß die Kosten Ergebnis mehrerer Einflußgrößen sein können, und auch, daß Interdependenzbeziehungen zwischen den Einflußgrößen bestehen können. Mit Ausnahme der Arbeit von RUMMEL [Kostenrechnung 1967] fehlt jedoch eine systematische Analyse der Kosteneinflußgrößen.

Systematische Darstellungen von Kosteneinflußgrößen stammen von GUTENBERG [Produktion 1975, S. 332 ff.], HEINEN [Kostenlehre 1970, S. 469 ff.], KILGER [Grundlagen 1976, S. 681], KOSIOL [Kostenrechnung 1964, S. 49 ff.] und PACK [Elastizität 1966, S. 61 ff.]. Eine zusammenfassende Darstellung der Systeme von GUTENBERG, KOSIOL und HEINEN findet man bei SCHWEITZER-KÜPPER [Produktions- 1974, S. 179 ff.].

Die insbesondere in der Stahlindustrie entwickelte *Einflußgrößenrechnung* (HALL [Einflußgrößen 1959], WARTMANN, KOPINECK, HANISCH [Kostenrechnung 1960], STEFFEN/STEINECKE [Einflußgrößenrechnung 1962], LASSMANN [Erlösrechnung 1968], CHMIELEWICZ [Integrierte 1972]) verfolgt ebenfalls das Ziel einer systematischen Analyse der Einflußgrößen des (bewerteten) Faktorverbrauchs.

Im Rahmen der Kostentheorie wird die *Kostenhöhe* von Betriebswirtschaften unter Beachtung raumzeitlich gegebener Tatbestände zu erklären versucht. Man fragt, aufgrund welcher Größen (Daten, Variablen) und gemäß welcher genereller Wenn-Dann-Aussagen das zu erklärende Phänomen vorkommt. Die Kosteneinflußgrößen gehören zur Klasse der Aussagen, die den individuellen Sachverhalt beschreiben *(Antecedensbedingungen)* und die in Verbindung mit den herangezogenen *generellen* (nomologischen) *Hypothesen* den individuellen Tatbestand „Kostenhöhe der Betriebswirtschaft A in B am ... " erklären sollen. Eine wissenschaftliche Erklärung liegt also dann vor, wenn die in den Wenn-Komponenten der Hypothesen geforderten individuellen Bedingungen erfüllt sind und der zu erklärende Sachverhalt aus der Menge dieser Aussagen deduzierbar ist. Selbstverständlich steigt die Güte der Erklärung mit der Zahl der relevanten Kosteneinflußgrößen. Die vorgenannten Darstellungen von Kosteneinflußgrößen stellen Systematisierungsversuche der wichtigsten dieser Größen dar.

Mathematisch schreibt man die Kostenhypothese in der Form

(83) $K_h = f_h (y_1, y_2, \ldots, y_n)$ $h = 1, \ldots, H$

und bezeichnet (83) als *Kostenartenfunktion* der Kostenart h. In der Kostenartenfunktion bezeichnen die Kosteneinflußgrößen die unabhängigen Variablen. Graphisch gesehen stellen die Kosten K_h eine Hyperfläche im n-dimensionalen Raum dar. Im allgemeinen wird man davon ausgehen, daß die Kosteneinflußgrößen voneinander *unabhängig* und damit unabhängig variierbar sind. Es steht jedoch nicht im Widerspruch zur empirischen Erfahrung, daß auch Interdependenzbeziehungen zwischen Kosteneinflußgrößen bestehen können. Die Kosteneinflußgrößen sind dann gegenseitig *abhängig*. Sind diese Abhängigkeiten gesetzmäßig eindeutig erfaßbar − z. B. durch mathematische Funktionen −, dann besteht die Möglichkeit der *Reduktion* der Dimensionalität der Kostenfunktion.

In Produktionssystemen werden durch Faktorverbräuche Produkte erzeugt. Da die bewerteten Faktorverbräuche Kosten darstellen, liegt es nahe, alle Größen, die den *Faktorverbrauch* beeinflussen, auch als Kosteneinflußgrößen anzusehen. Eine Teilmenge der Kosteneinflußgrößen kann daher *produktionsorientiert* begründet werden. Die für diese Faktorverbräuche anzusetzenden *Preise* bilden eine zweite Teilmenge von Kosteneinflußgrößen. Weitere Einflußgrößen resultieren aus dem Verbrauch von *Nominalgütern* (z. B. Steuern).

Für kostenpolitische Entscheidungen ist die Einteilung in beeinflußbare und nicht beeinflußbare Kosteneinflußgrößen bedeutsam. Letztere sind für die Betriebswirtschaft ein Datum. Zur Teilmenge der *nicht beeinflußbaren* Kosteneinflußgrößen zählen beispielsweise die technischen Gegebenheiten maschineller Anlagen, kostenverursachende gesetzliche Auflagen, Witterungseinflüsse. Über die Ausprägungen der *beeinflußbaren* Kosteneinflußgrößen kann das Management der Betriebswirtschaft entscheiden. Hierzu zählt jeder willentliche Faktorverzehr, der durch Entscheidungen z. B. über Produktprogramm, über Forschungsprojekte, Werbefeldzüge und dgl. hervorgerufen wird.

5.2.2 Die wichtigsten Kosteneinflußgrößen

Zu den *wichtigsten Kosteneinflußgrößen* zählen:

— Faktorpreise
— Faktorqualitäten
— Vorleistungen
— Produktprogramm
— Güterbestände
— Kombinationsbedingungen
— Einflußgrößen des Nominalgütereinsatzes
— Betriebliche Nebenbedingungen.

Die *Faktorpreise* sind Marktpreise. Die Wirkung der Faktorpreise ist — gemäß den beiden Funktionen, die Preise haben sollten: Verrechnungsfunktion und Lenkungsfunktion — eine doppelte. Durch die Bewertung werden heterogene Güter gleichnamig gemacht (direkte Wirkung); durch die Veränderung der Preisrelationen im Zeitablauf wird eine indirekte Wirkung auf die Allokation der Faktoren ausgeübt. Faktorpreise sind Forschungsobjekte der Preistheorie.

Die *Faktorqualitäten* beeinflussen die Kosten in zweifacher Weise. Zum einen beeinflußt die Faktorqualität das Preisniveau des Faktors — in der Regel positiv korreliert —, zum anderen beeinflußt die Faktorqualität den Verbrauch des Faktors selbst oder anderer Faktoren.

Beispiel:

a) Die Leistungsfähigkeit des Faktors „Arbeit" beeinflußt den Werkstoffverbrauch.

b) Die Verarbeitung schlechter Werkstoffe hat sehr oft hohen Abfall und Ausschuß zur Folge.

Unter *Vorleistungen* versteht man Nutzungspotentiale, die eine Betriebswirtschaft erwirbt oder aufbaut, um die (meist langfristigen) Voraussetzungen zur Sicherung betrieblicher Ziele zu schaffen. Hierzu zählen beispielsweise

— Forschung und Entwicklung
— Aufbau einer leistungsfähigen Organisation
— Erschließung neuer Abbaumöglichkeiten
— Schaffung eines Kundendienstnetzes.

Die hieraus resultierenden Kosten bezeichnet KILGER [Grundlagen 1976] als *Vorleistungskosten*. Sie sind outputunabhängig; sie sind nicht kalenderzeit-proportional. Im Rahmen der Kostenrechnung nehmen sie eine Sonderstellung ein.

Die Festlegung des *Produktprogramms* nach *Art* und *Menge* ist eine der wichtigsten kostenbeeinflussenden Entscheidungen (Kapitel 3.1.3). Formal geht es um die Festlegung des Vektors $x' = (x_1 \ x_2 \ldots x_n)$, der Anzahl seiner Elemente und ihrer Werte. x_j stellt den Output der Produktart j dar. Kann man Kosten einem Produkt direkt zurechnen, also z. B. das Material, aus dem das Produkt besteht, oder die Kosten der Verpackung, so werden diese Kosten als *Produkt-Einzelkosten*[3] bezeichnet. Die Höhe der *Produkt*-Einzelkosten einer Periode sind damit eine Funktion von x, also

(84) $\qquad K_h = f_h (x) \qquad\qquad h = 1, \ldots, H$

Beeinflußt dagegen der Vektor x das Niveau anderer Kostenbestimmungsfaktoren, die im Vektor y zusammengefaßt sind, also $y = f(x)$, so werden die durch den Vektor y beeinflußten Kostenarten in bezug auf x als *Gemeinkosten*[4] bezeichnet:

(85) $\qquad K_h = f_h (y) \qquad\qquad h = 1, \ldots, H$

Kostenbeeinflussend sind die *Güterbestände*, wobei folgende Gruppen unterschieden werden:

— Betriebsmittelkapazitäten
— Personalkapazitäten
— sonstige Faktorbestände
— Produktbestände.

Durch Entscheidungen über die drei ersten Gruppen von Güterbeständen wird die Kapazität der Betriebswirtschaft festgelegt. Die *Betriebsmittelkapazitäten* qualitativer und quantitativer Art bestimmen mittel- und langfristig nicht nur das potentielle Produktprogramm (alle realisierbaren Produktprogramme der gegebenen Kapazität), sondern auch die Höhe der Betriebsmittelkosten (Kapitel 5.3.1).

Der Personalbestand einer Betriebswirtschaft bestimmt die qualitativen und quantitativen *Personalkapazitäten*. Die Bemessungsgrundlagen für die Kosten des Faktors „Arbeit" werden im Kapitel 5.3 dargestellt. Werden die Arbeitskräfte nach der Kalenderzeit entlohnt — und nicht nach Leistung oder geleisteten Arbeitszeiten —, so sind die Lohnkosten (Gehaltskosten) je Produktionsperiode unveränderlich.

Weitere *Faktorbestände*, wie z. B. Roh-, Hilfs- und Betriebsstoffbestände, verursachen über die Notwendigkeit ihrer Lagerung eine Reihe von Kostenarten.

Das gleiche gilt für die *Bestände* an halbfertigen und fertigen *Produkten*. Diese Bestände resultieren zum Teil aus der zeitlichen Verteilung der Fertigstellungstermine in der Produktionsperiode.

Der Faktormengenverbrauch resultiert auch aus Entscheidungen über die *Kombinationsbedingungen*. Hierzu zählen vor allem

---

[3] Vgl. hierzu insb. Kapitel 5.3.4
[4] Vgl. hierzu insb. Kapitel 5.3.4

- die räumliche und zeitliche Zuteilung der Arbeitsobjekte auf Betriebsmittel und Arbeitskräfte (Arbeitsverteilung, Maschinenbelegung)
- die Festlegung von Rohstoffmischungen
- die Wahl zwischen Eigenerstellung oder Fremdbezug
- die Vergabe von Arbeitsgängen an fremde Betriebe (Lohnfabrikation)
- die Entscheidung über Seriengrößen und Seriensequenz (DELLMANN [Entscheidungsmodelle 1975])
- die Festlegung von Bedienungsrelationen (DELLMANN [Bestimmung 1971])
- die Festlegung der Arbeitszeit (zeitliche Anpassung)
- die Festlegung der Betriebsmittelintensität (intensitätsmäßige Anpassung)
- die Festlegung der variierbaren technischen Verfahrensbedingungen (Druck, Temperatur etc.).

Als weitere Kosteneinflußgrößen müssen eine Reihe von Tatbeständen genannt werden, die wir als *betriebliche Nebenbedingungen* bezeichnen. Hierzu zählen gesetzliche Vorschriften (wie Kündigungsschutz, Umweltschutz), institutionelle Gegebenheiten (Gewerkschaften), naturgegebene Bedingungen (Außentemperatur, Anzahl Dunkelstunden), und technische Nebenbedingungen (Mindestmaterialqualität, Betriebstemperatur, Druck, Luftreinheit). Die betrieblichen Nebenbedingungen sind exogene Merkmale der Betriebswirtschaft und nur selten beeinflußbar.

5.3 Die Systematisierung von Kosten

5.3.1 Die Gruppierung der Kosten in Kostenkategorien

Kostenkategorien sind nach bestimmten Kriterien gebildete – in sich homogene – Kostengruppen. Eine solche Gruppierung dient der Auswertung der Kosten für *Dokumentations-, Planungs-(Entscheidungs-)* und *Kontrollzwecke*. Neben den Erkenntniszielen der Erklärung und Prognose empirischer Phänomene im Bereich der Kostentheorie hat die Kostentheorie die Aufgabe, als Unterbau und Voraussetzung einer zielorientierten Steuerung und Gestaltung der Betriebswirtschaft als „Produktionssystem" zu dienen. Dazu benötigt die Betriebswirtschaft u. a. qualitativ und quantitativ ausreichende Kosteninformationen. Im Rahmen von Dokumentationsrechnungen werden vergangenheitsorientierte *Ist-Kosten* erfaßt. Sie sind das empirische Zahlenmaterial für kostentheoretische Analysen und dienen in Kontrollprozessen als Inputgrößen. Für die Steuerung und Gestaltung des betrieblichen Gütersystems und für die damit verbundenen Entscheidungen über Ziele, Maßnahmen und Ressourcen sind präskriptive (Soll-) und prognostische (Wird-) *Plan-Kosten* unerläßlich. Bei der Kontrolle werden normative und/oder prognostische Kosteninformationen mit faktischen verglichen, um mit den Ergebnissen der Abweichungsanalyse Lernprozesse in Gang zu setzen. Da der Faktoreinsatz zur Erstellung von Produkten erfolgt, sind die unmittelbare *Leistungsbezogenheit* und die *Zurechenbarkeit* auf klar definierte Kalkulationsobjekte (Bezugs-, Entscheidungsobjekte) bedeutsame Kriterien für die Bildung von Kostenkategorien. Daneben spielen die Abhängigkeit und das Verhalten von den Haupt-*Kosteneinflußgrößen* sowie die *Auszahlungswirksamkeit* der Kosten eine wichtige Rolle. Im folgenden werden wichtige Kriterien genannt, nach denen Kostenkategorien gebildet werden können:

Kriterium	*Kostenkategorie*
Verbrauchte Güterart	Kostenart h = 1, . . . , H
Unmittelbare Leistungsbezogenheit	Leistungskosten – Bereitschaftskosten
Zurechenbarkeit auf ein wohldefiniertes Bezugsobjekt (Kalkulations-, Entscheidungsobjekt)	Einzelkosten – Gemeinkosten
Verhalten gegenüber der Variation von Kosteneinflußgrößen	Fixe Kosten – Variable Kosten
Zahlungswirksamkeit in der Periode	Liquiditätswirksame Kosten – Liquiditätsunwirksame Kosten
Erfassungsgenauigkeit	Meßbare Kosten – nicht-meßbare Kosten (autonom festgelegte –, geschätzte Kosten)

Da Kostenkategorien nach verschiedenen Kriterien gebildet werden können, die unabhängig voneinander sind, kann es eine *Rangordnung* innerhalb der Kategorien nicht geben. Vielmehr wird die Aggregation von Kosten zu verschiedenen Gruppen mit Über- und Unterordnungsbeziehungen *(Hierarchien)* vom *Rechnungszweck* abhängen. Ein allgemein verbindliches Grundschema kann es daher nicht geben.[5]

Als *Beispiel* ist im folgenden ein Schema wiedergegeben, wie es in der traditionellen Kostenrechnung häufig Anwendung findet.

---

5 Beispiele für Gruppierungsmöglichkeiten findet man bei RIEBEL [Einzelkosten- 1976, S. 151, 154, 167].

Zahlungswirksamkeit	Liquiditätswirksame Kosten	Liquiditätsunwirksame Kosten
Verbrauchte Güterart	Kostenart h = 1, . . . , H	
Zurechenbarkeit: a) Produkte	Kostenträger-(Produkt-) Einzelkosten	Kostenträger-(Produkt-) Gemeinkosten
b) Kostenstellen	Kostenstellen – Einzelkosten	Kostenstellen – Gemeinkosten
Variabilität bei Bezugsgrößenvariation	Bezugsgrößenvariable Kosten	Bezugsgrößenfixe Kosten
Leistungsbezogenheit	Leistungskosten	Bereitschaftskosten

Bei der Kennzeichnung der Kosten nach der *Zahlungswirksamkeit* in der Periode ist zwischen denjenigen Kosten zu unterscheiden, die in der Periode, in der die Faktoren verbraucht werden, zu Auszahlungen führen und damit liquiditätswirksam sind und Kosten, die in nicht-verbrauchsgleichen Perioden, also in vor- bzw. nachgelagerten Perioden, zu Auszahlungen (Auszahlungsverpflichtungen) führen. Letztere Kosten belasten die Liquidität in der Periode nicht, wohl aber die Liquidität anderer Perioden. Durch die Einteilung der Kosten in perioden-liquiditätswirksame und liquiditätsunwirksame Kosten wird der erfolgsorientierte Begriff „Kosten" mit der betrieblichen Finanzrechnung verknüpft.

Beispiel:
Liquiditätswirksame Kosten sind üblicherweise Löhne und Gehälter, Energiekosten, Roh-, Hilfs- und Betriebsstoffkosten. Typische Beispiele für liquiditätsunwirksame Kosten sind Abschreibungen, Rückstellungen.

5.3.2 Die Gruppierung der Kosten nach Art der verbrauchten Faktoren

Entsprechend der im Kapitel 3.1.2 vorgestellten Gliederung der Faktorarten lassen sich auch die Kosten einer Betriebswirtschaft in *Kostenarten* einteilen *(Faktororientierte Gliederung).* Dabei wird jeder Faktorverbrauch belegmäßig erfaßt und durch eine *Kostenartennummer,* durch seine *Kostenartenbezeichnung* und durch den *Zeitpunkt* des Güterverbrauchs gekennzeichnet. Die Angabe der *verbrauchten Menge* erfolgt i. d. R. in physikalischen Maßeinheiten, wie z. B. m, kg, h, Stück, hl, wie es Fundamentalsatz 3 fordert.

Beispiel:

Kostenarten-Nr.	Bezeichnung	Datum	Verbrauchte Menge [ME]	Dimension	Einzel-Preis [DM/ME]	Kostenbetrag [DM]
4711	Portogebühren	19. 5. 1979	122	Marken	−,50	61,−

Die *Werkstoffe* (Roh-, Hilfs- und Betriebsstoffe) werden in der Praxis unter der Kostenartengruppe *Material* im Rahmen der *Material(ab)rechnung* erfaßt (vgl. hierzu KILGER [Einführung 1976, S. 78 ff.]). Zu den Materialkostenarten zählen insbesondere

— Einsatzmaterialien
— Klein- und Normteile
— Fremdbezogene Einzelteile
— Handelswaren
— Hilfsstoffe
— Betriebsstoffe incl. Brennstoffe und Energie.

Die Messung der verbrauchten Materialmengen ist meist problemlos. Manche der Materialarten sind hinsichtlich ihrer Maße genormt.

Die *Betriebsmittelkosten* werden in der Praxis im Rahmen der *Betriebsmittel(ab)rechnung* bestimmt. Da es sich im wesentlichen um Gebrauchsfaktoren handelt, die mehrere Produktionsperioden nutzbar sind, gilt es, den Faktorverbrauch in der Produktionsperiode zu bestimmen. Dies setzt voraus,

(a) daß man das Gesamtpotential an Arbeitseinheiten (Nutzungspotential) und
(b) daß man den Verbrauch an Arbeitseinheiten in der Periode *messen* kann.

Der Verbrauch an Arbeitseinheiten in der Produktionsperiode erfolgt normalerweise

— willentlich durch Gebrauch *(Gebrauchsverschleiß)*
— erzwungen durch Zeitablauf *(Zeitverschleiß)*.

Beide Verbrauchsursachen wirken meist gleichzeitig auf das Betriebsmittel ein und bestimmen dessen *Nutzungsdauer*. Dabei kann jedoch nur eine der Ursachen zum Tragen kommen.

Beispiel:

Das Gesamtpotential an Arbeitseinheiten eines Pkw sei 120 000 km. Unterstellt man einen Verbrauch von 20 000 km/Jahr, so beträgt die durch Gebrauchsverschleiß bedingte Nutzungsdauer 6 Jahre. − Unterstellt man dagegen einen (Zeit-)Verschleiß durch Korrosion und Witterungseinflüsse von 20 % pro Jahr, so ergibt sich eine maximale Nutzungsdauer von nur 5 Jahren.

Der dem Verbrauch von mehrperiodig nutzbaren Betriebsmitteln in der Produktionsperiode entsprechende Zahlungswert wird als *Abschreibung* bezeichnet. Dieser wird ermittelt, indem man den Verbrauch der Produktionsperiode entweder mit dem Quotienten aus Anschaffungsbetrag und Gesamtpotential an Arbeitseinheiten multipliziert oder den Verbrauch als Funktion der Kalenderzeit ansieht und daher einen bestimmten Anteil des Anschaffungsbetrages als Abschreibung ansetzt.

Sei

A	Anschaffungsbetrag ./. evtl. Liquidationserlös	[DM]
B	Gesamtpotential an Arbeitseinheiten	[ME]
V_t	Verbrauch der Produktionsperiode t	[ME]
t_N	Nutzungsdauer	[ZE]
K_{At}	Abschreibungsbetrag der Produktionsperiode t	[DM]

dann gilt im Fall des *Gebrauchsverschleißes*

(86) $\quad K_{At} = V_t \cdot \dfrac{A}{B} \quad$ mit $\quad \sum_{t=1}^{t_N} V_t = B$

Im Fall des *Zeitverschleißes* gilt

(87) $\quad K_{At} = f(t, A) \quad$ mit $\quad \sum_{t=1}^{t_N} K_{At} = A$

Beispiel:

Für das vorstehende Pkw-Beispiel gelte $A = 14\,400,- [DM]$ und

$V_1 = 18\,000\ km,$ $\qquad B = 120\,000\ [km]$
$V_2 = 22\,000\ km$
$V_3 = 24\,000\ km \qquad\qquad \dfrac{A}{B} = \dfrac{14\,400}{120\,000} = 0{,}12\ [DM/km]$
$V_4 = 20\,000\ km$
$V_5 = 16\,000\ km$
$V_6 = 20\,000\ km$

Für die Abschreibungsfunktion des Zeitverschleißes gelte:

$K_{At} = 0{,}0667 \cdot A\,(6 - t)$

Damit erhält man

	Abschreibungsbeträge	
t	Gebrauchsverschleiß	Zeitverschleiß
1	2 160,–	4 800,–
2	2 640,–	3 840,–
3	2 880,–	2 880,–
4	2 400,–	1 920,–
5	1 920,–	960,–
6	2 400,–	–,–
Su.:	14 400,–	14 400,–

Die Nutzungsdauer aufgrund des Zeitverschleißes beträgt $t_N = 5$ [ZE]. Relevant sind damit die Abschreibungen aufgrund des Zeitverschleißes. Das Nutzungspotential von B = 120 000 [km] müßte zweckmäßig in diesem Zeitraum aufgebraucht werden.

Bei der Ermittlung von Abschreibungsbeträgen treten im allgemeinen jedoch folgende *Probleme* auf:

(a) Nutzungspotential und/oder Verbrauch in der Produktions-Periode sind nicht meßbar. Damit entfällt eine Ermittlung des Abschreibungsbetrages nach (86).

(b) Die Abschreibungsfunktion (87), in der der Zeitverschleiß zum Ausdruck kommt, ist unbekannt. Damit entfällt eine Ermittlung nach (87).

Treten die unter (a) und (b) angesprochenen Probleme kombiniert auf, so sind Abschreibungsbeträge objektiv nicht zu ermitteln. Dies gilt auch für den Fall,

– daß zwar Nutzungspotential und Verbrauch meßbar sind, jedoch im Rahmen der zeitverschleißbedingten Nutzungsdauer das Potential nicht verzehrt wird und die Funktion (87) unbekannt ist;

– daß zwar die Funktion (87) bekannt ist, jedoch Nutzungspotential und Verbrauch nicht meßbar sind und das Potential vor Ablauf der zeitverschleißbedingten Nutzungsdauer aufgezehrt wird.

(c) Durch *Reparatur- und Instandhaltung* kann sehr oft das ursprünglich vorhandene Nutzungspotential wie auch die zeitverschleißbedingte Nutzungsdauer vergrößert bzw. verlängert werden. Reparatur- und Instandhaltungskosten sind damit eine weitere typische Betriebsmittelkostenart.

(d) Neben dem *Zeitverschleiß* durch Korrosion u. ä. werden ggfs. andere zeitverschleißbedingende Ursachen wirksam, wie z. B.

– *wegfallende Produktionsmöglichkeiten* aufgrund von Bedarfsänderungen,

– der *technische Fortschritt*, der neue in bezug auf Produktivität und Wirtschaftlichkeit effizientere Betriebsmittel hervorbringt.

(e) Plötzlicher Verzehr des Nutzungspotentials durch „Tod" („Absterben"), wie z. B. durch höhere Gewalt, plötzlichen Ausfall (Glühbirne).

Die genannten Probleme bringen es mit sich, daß Abschreibungen als periodengerecht verteilte Auszahlungen *objektiv* nicht ermittelt werden können. Die Praxis der Abschreibungsermittlung als eine reine Verteilungsrechnung aufgrund subjektiv geschätzter Parameter bestätigt diese Vermutung. Abschreibungen sind damit autonom festgelegte Kostenwerte.

Im Rahmen der Kostenartengruppe „Betriebsmittelkosten" werden schließlich noch *Zinsen* genannt. Sie werden wegen ihrer umstrittenen Stellung in der Kostentheorie weiter unten gesondert behandelt.

Zu den Betriebsmittelkostenarten zählen schließlich noch *Mieten* für die Nutzung überlassener Betriebsmittel, die an den Vermieter gezahlt werden, wie z. B. Raummieten, Mieten für Maschinen und Anlagen.

Neben Werkstoff- und Betriebsmittelkostenarten bilden die Kosten des *Faktors „Arbeit"* eine dritte Gruppe − die *Personalkostenarten.* Sie werden im Rahmen der *Lohn- und Gehalts(ab)rechnung* ermittelt. Die Möglichkeiten der Messung des Faktorverbrauchs menschlicher Arbeit hängen davon ab, welche Maßeinheit für den Faktorverbrauch gewählt wird. Als Maßeinheit für den Faktor Arbeit sind in der Literatur folgende Größen vorgeschlagen worden:

(a) die Arbeitszeit,
(b) die Arbeitsleistung,
(c) der Arbeitswert.

Ist die *Arbeitszeit* Bemessungsgrundlage der Kosten des Faktors Arbeit, so ist die Arbeitsstunde, die Schicht, die Woche oder der Monat die Maßeinheit. Das Kennzeichen des *Zeitlohns* ist damit die Festlegung eines bestimmten Lohnsatzes je Zeiteinheit.

(88) $\quad K_L^{Zeit} = T \cdot l$

$\quad$ mit T geleistete Istarbeitszeit [ZE]
$\qquad$ oder Kalenderzeit [ZE]
$\quad\quad$ l Lohnsatz pro Zeiteinheit [DM/ZE]

Die zu entlohnende geleistete *Istarbeitszeit* wird auf verschiedenen Datenträgern (Zeitlohnscheine, Lochkarten, Zähluhren) durch Messung erfaßt. Der *Lohnsatz pro Zeiteinheit* setzt sich aus einer Menge verschiedener Lohnarten zusammen (KILGER [Einführung 1976, S. 95]):

$\quad$ Tariflohn (vertraglich vereinbarter Mindestlohn)
$\quad$ + gesetzl. Soziallohn (Urlaub, Feiertage)
$\quad$ + übertarifl. Lohnzulage (z. B. für Staubbelästigung)
$\quad$ + Leistungsprämien (z. B. Terminprämie)
$\quad$ + Zusatzlöhne (z. B. für Anlernen von Auszubildenden)
$\quad$ + Mehrarbeitszuschläge (z. B. für Nachtarbeit)

Ist die Zeiteinheit der Monat oder das Jahr, dann heißt der Lohnsatz in der Praxis *Gehalt.*

Die Arbeitszeit als Maßgröße des Faktorverbrauchs setzt voraus, daß die Qualität je Faktoreinheit konstant ist. Dies ist in der Realität insofern nicht gegeben, als zwischen den Arbeitskräften einerseits qualitative Unterschiede bestehen, andererseits Arbeitskräfte ihr Arbeitsverhalten innerhalb eines bestimmten Zeitabschnitts (Tagesrhythmus) verändern. Beim Zeitlohn bleiben also interpersonelle und intrapersonelle Leistungsunterschiede, die sich im Output mengenmäßig niederschlagen, unberücksichtigt.

Die *Leistung* als Maßeinheit für den Faktor Arbeit ist in der produktionstheoretischen Literatur am häufigsten vertreten (GUTENBERG [Produktion 1975], HEINEN [Kostenlehre 1970], JACOB [Diskussion 1957], KLOOCK [Input-Outputmodelle 1969]). Eine Messung der Leistung erfolgt indirekt über Ersatzgrößen wie z. B. die Zahl der gefertigten Produkte oder die Vorgabezeit.

Beim Leistungslohn erhält der zu Entlohnende entweder pro fertiggestelltes Arbeitsobjekt einen bestimmten Geldbetrag (Stückakkord), oder er erhält die den zu bearbeitenden Arbeitsobjekten entsprechenden *Vorgabezeiten* vergütet (Zeitakkord). Die Vorgabezeit ist eine zwischen Arbeitendem und Betriebswirtschaft vereinbarte Normzeit. Man erhält damit für den

Stückakkord (89) $\quad K_L^{A\text{-Stück}} = \sum_{j=1}^{n} x_j \cdot g_j$

$\qquad$ mit $x_j \quad$ Anzahl fertiggestellter Arbeitsobjekte der Art j in der Produktionsperiode [ME]

$\qquad\quad g_j \quad$ vereinbarter Stücklohn für das Arbeitsobjekt j [DM/ME]

Zeitakkord (90) $\quad K_L^{A\text{-Zeit}} = \sum_{j=1}^{n} x_j \cdot t_j \cdot l_j$

$\qquad$ mit $t_j \quad$ Vereinbarte Vorgabezeit [ZE/ME] für das Arbeitsobjekt j

$\qquad\quad l_j \quad$ Lohnsatz pro Vorgabezeiteinheit [DM/ZE]

Um die Leistung einer Arbeitskraft mit Hilfe der o. g. Ersatzgrößen exakt zu erfassen, ist beim Akkordlohn eine pro Outputeinheit anzusetzende Norm- oder Normalzeit (Leistungsgrad 100 %) zu bestimmen. Im Rahmen der Arbeitswissenschaft sind objektivierte Verfahren der Normalgrößenbestimmung entwickelt worden, die von den Sozialpartnern anerkannt werden. Einschränkend muß jedoch hinzugefügt werden, daß nicht alle Arbeiten *akkordfähig* und *akkordreif* sind[6], so daß die Arbeitsleistung als Maßgröße für den Faktor Arbeit praktisch nicht immer realisiert werden kann.

STEFFEN [Analyse 1973] hat vorgeschlagen, den *Arbeitswert* als Maßeinheit des menschlichen Arbeitseinsatzes zu wählen. Der Arbeitswert knüpft an die analytische Arbeitsbewertung an und basiert auf der Überlegung, daß jede Arbeit als die Überwindung von Arbeitsschwierigkeit gedeutet werden kann. Im Rahmen der Arbeitswissenschaft sind eine Reihe von Verfahren der Arbeitsbewertung entwickelt worden, die im Grunde alle auf dem sog. Genfer Schema basieren, das die Anforderungsmerkmale einer Arbeit in die Gruppen „Wissen", „Können", „Verantwortung" und „Belastung" einteilt. Der Arbeitswert wird in folgenden Schritten entwickelt (STEFFEN [Analyse 1977, S. 181 f.]):

— Arbeits- und Stellenbeschreibung
— Anforderungsanalyse
— Bewertung der Arbeitsanforderungen.

---

[6] Eine Liste nicht akkordierbarer Arbeiten findet man bei PFEIFFER-DÖRRIE-STOLL [Arbeit 1977, S. 252].

Der *Arbeitswert* ist also die Summe der einzelnen Anforderungswerte als Kennzahl für die „Schwierigkeit" einer Arbeit. Einschränkend ist jedoch zu bemerken, daß im Zuge der Bewertung der Anforderungsarten viele Arbeitsanforderungen nur ordinal „gemessen" werden können. Der Vorzug des Arbeitswertes als Maßeinheit der menschlichen Arbeit ist darin zu sehen, daß die Einflußgrößen des Arbeitsverhaltens (vgl. Abb. 5) berücksichtigt werden können.

Bei der Beschreibung der Kostenart „Personalkosten" darf jedoch nicht verkannt werden, daß bei der Realisierung betrieblicher Arbeitsentgelte neben dem Problem der Quantifizierung der menschlichen Arbeit eine Reihe anderer Faktoren zu berücksichtigen sind, die letztlich aus der Sonderstellung des Faktors „Arbeit" herrühren. Anerkennt man das Ziel einer relativen Lohngerechtigkeit, so läßt sich nach PFEIFFER-DÖRRIE-STOLL [Menschliche Arbeit 1977] der in Abb. 48 wiedergegebene Zusammenhang aufzeigen.

Prämien werden in Betriebswirtschaften für vereinbarte besondere Leistungen gezahlt (z. B. für die Einhaltung bestimmter Qualitäten, Termine, Kostenvorgaben).

Die Zahlung von *Lohnzulagen* beruht meist auf besonderen Umständen des Arbeitsplatzes, wie z. B. Lärm, Staub, Höhe, Witterungseinflüsse.

Zusatzlöhne werden dafür gewährt, daß der Faktor „Arbeit" seine volle Leistungsfähigkeit durch nicht durch ihn zu vertretende Umstände nicht voll entfalten kann, so z. B. durch verminderte Werkstoffqualität, Stillstandszeiten infolge Maschinenausfall, Anlernen von Auszubildenden.

Mehrarbeitszuschläge werden für die Verrichtung von Überstunden, Sonn- und Feiertagsarbeit sowie Nachtarbeit gezahlt.

Aufgrund gesetzlicher Vorschriften entstehen weitere Auszahlungen für den Faktor „Arbeit". Hierzu zählen der gesetzliche *Soziallohn* in Form von Urlaubs- und Feiertagslöhnen und die gesetzlichen *Sozialkosten* in Form von Beiträgen zur Kranken-, Renten- und Arbeitslosenversicherung und ggf. Geldleistungen im Rahmen der Vermögensbildung.

Alle weiteren bewerteten Güterverbräuche, die weiterhin für den Faktor „Arbeit" anfallen – wie z. B. Fahrgelderstattung, Ausbildungsbeihilfen, zusätzliche Pensionsvereinbarungen, Jubiläen, Einrichtungen von betrieblichen Sportanlagen, Kantinen – werden als *freiwillige Sozialkosten* erfaßt.

Ähnlich wie bei den Betriebsmitteln stellt sich für viele der vorgestellten Kostenarten das *Problem der Periodisierung* der hierfür getätigten Auszahlungen, so z. B. bei Urlaubs- und Feiertagslöhnen, Ausbildungsinvestitionen. Objektive Kriterien für eine Verteilung fehlen auch hier. In der Praxis dominiert das Prinzip der gleichmäßigen Belastung der einzelnen Produktionsperioden entsprechend der Höhe der an den Faktor „Arbeit" gezahlten Lohn- und Gehaltssumme.

Die *Kosten der Zusatzfaktoren* können als vierte Kostenartengruppe angesehen werden. Hierzu zählen die Kostenarten:

– *Kostensteuern:* beispielsweise Grundsteuer, Vermögensteuer, Gewerbekapitalsteuer, Kraftfahrzeugsteuer; Steuern stellen – wenn auch gesetzlich legitimiert – einen erzwungenen Geldverbrauch dar;

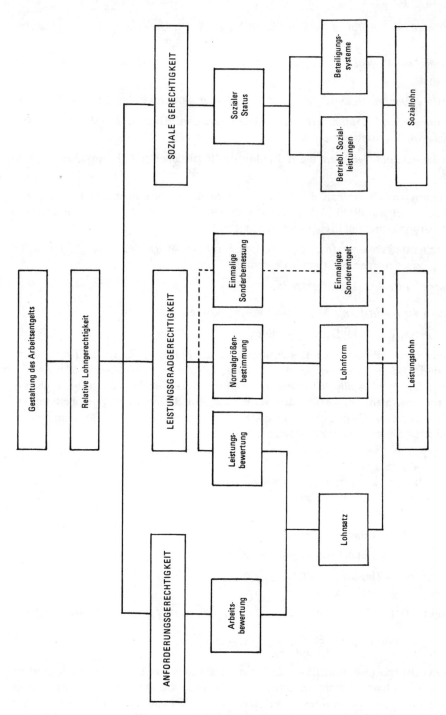

Abb. 48: Zusammenhänge bei der Realisierung eines betrieblichen Lohnsystems

- *Gebühren und Abgaben* an den Staat: Postgebühren, Grundbesitzabgaben, Kanalgebühren;
- *Beiträge zu Verbänden:* Arbeitgeberverband, Industrie- und Handelskammer, Fachverbände;
- *Versicherungsprämien:* Betriebshaftpflicht, Betriebsunterbrechung, Feuerversicherung;
- *Beratungs- und Prüfungsgebühren:* Rechtsberatung, Unternehmensberatung, Wirtschaftsprüfung, Steuerberatung.
- *Provisionen und Gebühren*, die an Kreditinstitute zu zahlen sind: Kontoführungsgebühren.

Alle bewerteten Güterverbräuche, die nicht in eine der zuvor genannten vier Gruppen – Werkstoffe, Betriebsmittel, Arbeit, Zusatzfaktoren – eingeordnet wurden, fassen wir in einer 5. Gruppe zusammen. Hier sind zu nennen:

- *Dienstleistungskosten:* fremder Gütertransport, auswärtige Bearbeitung, Fremdreinigung, Personentransport, fremde Bewirtung;
- *Kosten für Rechte:* Lizenzgebühren;
- *Kosten der Rechtsform:* Aufsichtsratskosten, Körperschaftsteuer
- *Zinskosten:* Zinsen für Darlehnsschulden.

Ein bedeutsames Problem der Kostentheorie ist die Frage, ob Zinsen als Kosten anzusehen sind. Übereinstimmend sagt die Literatur, daß *Zinsen* ein *Geldbetrag* oder eine Gütermenge für die *zeitweilige Überlassung von Gütern* darstellen. Werden Realgüter überlassen, so spricht man von *Realkapital*, werden dagegen Bar- und Buchgeld überlassen, so handelt es sich um Geld- oder *Nominalkapital*. Damit ergibt sich als Bestimmungsgleichung für die Zinsen Z einer Zeitspanne:

(91) $Z = \underbrace{C \cdot T} \cdot i$

Mengen-   Preiskomponente
komponente   der Zinsen
der Zinsen

mit C überlassenes Kapital [DM]

T Kapitalüberlassungsdauer [ZE]

i Zinssatz [DM/(DM · ZE)]

Beispiel:

$C = 5\,000,- DM \qquad T = 240\ Tage \qquad i = 0{,}06\ DM/(1\ DM \cdot 360\ Tage)$

$$Z = 5\,000 \cdot 240 \cdot \frac{0{,}06}{1 \cdot 360} = 200,- DM$$

Keine Zweifel scheinen hinsichtlich des Kostencharakters von Zinsen zu bestehen, wenn sie zu unabweisbaren Zahlungsverpflichtungen führen, also aufgrund von Verträgen an fremde Kapitalgeber (Kreditoren, Gläubiger) fließen. Bei überlassenen Realgütern führt dies z. B. zu Kostenarten wie „Mietzins" oder „Pachtzins". Wird dagegen Geldkapital überlassen, so werden die Zinsen nach (91) oder — wenn die Kapitalüberlassungsdauer mehrere Perioden n umfaßt — meist nach (92) berechnet:

(92) $Z = C [(1 + i)^n - 1]$

Die zeitweilige Überlassung von Gütern schlägt sich in der Bilanz im aktiven Güterbestand (Besitz) bzw. passiven Güterbestand (Verpflichtung) nieder. Sieht man von Sonderfällen ab (Geldumlauf der Zentralnotenbank), so erscheinen auf der Passivseite neben dem Reinvermögen (= Beteiligungsschulden) nur Real- und Nominalschulden (abgeleitete Güter) (= Darlehnsschulden) im Sinne einer Verpflichtung zur Güterabführung im Rahmen der *Tilgung*. Tilgungen erfolgen in absoluten Gütern bzw. Bar- oder Buchgeld.

Da das „Kapital" (das ursprüngliche Nutzungspotential) also nach Ablauf der Überlassungsdauer — der Intention der Kapitalgeber nach — zurückgewährt werden muß, liegt kein Verzehr des überlassenen Gutes vor. Durch Zeitablauf wird nur die abstrakte *„Vorrätigkeit"* verbraucht. *Zinsen kann man daher als geldmäßiges Äquivalent dieses Vorrätigkeitsverzehrs ansehen.* Eine Verpflichtung zur Tilgung und Verzinsung besteht jedoch nur für überlassenes Fremdkapital. Eigenkapital (Kapitalgeber ist der Gesellschafter des Betriebes) wird dagegen nicht nur befristet, sondern der Intention nach für die Dauer der Existenz der Betriebswirtschaft, d. h. für die Totalperiode überlassen. Das monetäre Äquivalent für diese Überlassung(sentscheidung) sieht der Eigenkapitalgeber im Totalgewinn.[7] Der Periodengewinn ist deshalb das monetäre Äquivalent für die einperiodige Überlassung des bilanziellen Reinvermögens der Periodenanfangsbilanz. Ist der Total- oder Periodengewinn negativ, dann tritt ein realer oder nominaler *Gutsverzehr* auf. Dies gilt auch für das Fremdkapital im Fall des Konkurses oder Vergleichs.

Entsprechend der hier vertretenen Ansicht sind Zinsen also nur dann als Kosten anzusehen, wenn sie zu Auszahlungen führen.

Zieht man den Gutscharakter des „Kapitals" im Sinne von „Vorrätigkeit" in Zweifel, so können zu zahlende Zinsen nur als Verbrauch des Nominalgutes „Geld" — ähnlich wie Steuerzahlungen — interpretiert werden. Wird Geld selbst nicht als Gut angesehen, so sind Zinsen und auch Steuern keine Kosten.

In der Kostenrechnungspraxis werden auch Zinsen auf das Eigenkapital verrechnet. Hier handelt es sich jedoch übereinstimmend um *Opportunitätskosten*. (KILGER [Einführung 1976, S. 134]) Zum Zinsproblem führt SCHÜPPENHAUER [Zinsen 1971, S. 238 f.] aus: Zinsen „ . . . stellen, inhaltlich interpretiert, Schätzgrößen für die restriktiven Wirkungen der finanziellen Sphäre bei Entscheidungen in den einzelnen betrieblichen Teilbereichen und im Privatbereich des Unternehmers dar . . . Bestehen hier keine restriktiven Interdependenzen, dann dürfen kalkulatorische Zinsen nicht angesetzt werden." Folgerichtig fordert SCHÜPPENHAUER [Zinsen 1971, S. 238 f.] „ . . . die finanziellen Wirkungen der Aktionsparameter . . . mit Hilfe von *Nebenbedingungen* im Entscheidungskalkül zu berücksichtigen." Das Ergebnis der Überlegungen lautet: „Es findet eine *pagatorische* Rechnung auf der Basis . . . zeitpunktbezogener Ein- und Auszahlungen statt." (SCHÜPPENHAUER [Zinsen 1971], S. 220; vgl. auch MÜLLER-HAGEDORN [Zinsen 1976])

---

7 Andere Äquivalente bestehen in Stimm- und Mitwirkungsrechten.

5.3.3 Die Gruppierung der Kosten in Leistungs- und Bereitschaftskosten

Differenziert man die Kosten danach, inwieweit sie vom Produktprogramm (vgl. Kapitel 3.1.3) bzw. von Entscheidungen über Vorleistungen und Potentiale abhängig sind, so ergibt sich die Unterteilung in Leistungs- und Bereitschaftskosten.

Die Einteilung der Kosten in diese beiden Kategorien orientiert sich an den seit jeher als besonders wichtig angesehenen Kosteneinflußgrößen „Produktprogramm" (Leistungen) sowie „Kapazität" der Betriebswirtschaft, repräsentiert durch erbrachte Vorleistungen, Güter- und Personalbestände. Da die „Betriebsbereitschaft" ein sehr schillernder Begriff ist, sollen ihre Bestimmungsfaktoren etwas näher beschrieben werden (Abb. 49).

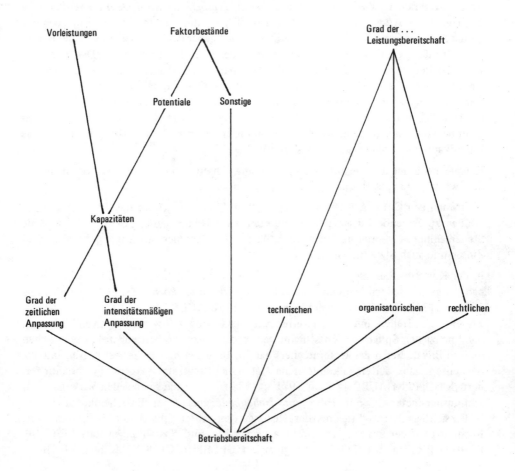

Abb. 49: Einflußgrößen der Betriebsbereitschaft

Unter *Betriebsbereitschaft* sei hier das sofortig einsetzbare, d. h. ohne zusätzliche Anpassungsprozesse und Maßnahmen der Leistungsbereitschaft, realisierbare Leistungsvermögen einer Betriebswirtschaft oder von Teilbereichen derselben verstanden. Die Betriebsbereitschaft resultiert letztlich aus den durch Vorleistungen und Potentialfaktoren gebildeten Kapazitäten, den übrigen Faktorbeständen und dem Grad der technischen, organisatorischen und rechtlichen Leistungsbereitschaft.

Die *Vorleistungen* schaffen die mittel- bis langfristigen Voraussetzungen der betrieblichen Leistungserstellung. Hierzu zählen – wie bereits erwähnt – konstitutive Entscheidungen über Rechtsform, Standort und Organisation, aber auch Vorleistungen zur Sicherung der Rohstoffbasis, des Know-how, der Absatzmöglichkeiten. Solche Vorleistungen werden in Erwartung eines späteren Nutzens erbracht. Sie reichen unterschiedlich weit in die Zukunft hinein und binden die Unternehmung in unterschiedlicher zeitlicher Reichweite. Die durch Vorleistungsentscheidungen ausgelösten Zahlungen und Zahlungsverpflichtungen bilden einen wesentlichen Bestandteil der Bereitschaftskosten.

Beispiele:

Lizenzkosten, Kosten der Rechtsform, Kosten der Forschungsabteilung.

Die Durchführung der Leistungserstellung erfordert die Bereitstellung von *Faktorbeständen,* die man gemäß der im Kapitel 3.1.2.3 getroffenen Unterscheidung in Potentialfaktor-Bestände (Potentiale) und Repetierfaktor-Bestände unterteilen kann. Da Repetierfaktoren in der Regel kein eigenes Leistungsvermögen aufweisen, wirken sie nur bei begrenzter Verfügbarkeit restriktiv auf die Betriebsbereitschaft. Dagegen umfassen die Betriebsmittel- und Personalbestände ein bestimmtes Leistungsvermögen pro Periode, das als *Kapazität* eines Potentialfaktors bezeichnet wird. Diese Kapazität stellt die Obergrenze für kurz- bis mittelfristig realisierbare Anpassungen der Betriebsbereitschaft und Maßnahmen der Leistungsbereitschaft dar.

Zur Bestimmung der quantitativen Kapazität eines Produktionssystems geht man üblicherweise von den Betriebsmittelkapazitäten aus. Die *technische Betriebsmittel-Maximalkapazität* für einen Kalendertag (24 h) ergibt sich aus

(93) $QB^{Max} = M \cdot \lambda^{Max} \cdot 24$

wobei die Kurzzeichen folgende Bedeutung haben:

QB^{Max} Technische Maximalkapazität einer vorgegebenen Anzahl M homogener Betriebsmittel gemessen in Arbeitseinheiten pro Tag.

Die Arbeitseinheiten sind physikalische Maßgrößen wie kW, t, kg, km, l oder Zählgrößen wie Stück, Umdrehungen, Anzahl Bohrungen.

M   Anzahl homogener Betriebsmittel (Kapazitanz: Kapazitätsquerschnitt)

λ^{max} Maximale Leistungsgeschwindigkeit [Arbeitseinheiten/h]

Beispiel:

Drei Dampfturbinen mit einer Nennleistung von 5 000 kW haben eine technische Maximalkapazität von

$3 \cdot 5\,000\,kW \cdot 24\,h/Tag = 360\,000\,kWh/Tag$

(93) läßt drei Größen erkennen, nämlich
- Anzahl der Betriebsmittel
- Leistungsgeschwindigkeit
- Zeit,

deren Variation als quantitative, intensitätsmäßige und zeitliche Anpassung bezeichnet wird. Wegen festgelegter Norm(al)arbeitszeiten pro Tag für Personal wird der Kalendertag in zwei multiplikativ verknüpfte Größen s und t

$$s \text{ [Schichten/Tag]} \cdot t \text{ [h/Schicht]} \leq 24 \text{ [h/Tag]}$$

aufgespalten. Bei einer 8 h-Schicht können also maximal drei Schichten/Tag gearbeitet werden. Ersetzt man in (93) den Faktor 24 durch $s \cdot t$, multipliziert ferner mit dem Zeitgrad β_B und läßt auch geringere als maximale Leistungsgeschwindigkeiten ($\lambda^{Min} \leq \lambda \leq \lambda^{Max}$) zu, so erhält man die *realisierbare Betriebsmittel-Kapazität*.

(94) $\quad Q_B^{Real} = \underbrace{M}_{} \cdot \underbrace{\lambda^{Max} \cdot \varphi_B}_{} \cdot \underbrace{s \cdot t \cdot \beta_B}_{}$

— Realisierbare Einsatzzeit
— Realisierbare Leistungsgeschwindigkeit
— Anzahl einsetzbarer homogener Betriebsmittel

φ_B kennzeichnet den sogenannten Intensitäts- oder *Lastgrad*:

$$\varphi_B = \frac{\text{Tatsächliche Leistungsgeschwindigkeit}}{\text{Maximale Leistungsgeschwindigkeit}} \leq 1$$

Den Betriebsmittel-*Zeitgrad* β_B errechnet man als Verhältnis von

$$\frac{(s \cdot t - \text{alle Zeiten für Arbeitsunterbrechung})}{s \cdot t} \leq 1$$

Arbeitsunterbrechungen ergeben sich durch festgelegte Pausen, planmäßige Brachzeiten für Reparaturen und Instandhaltung, Rüstzeiten, zufällig auftretende Maschinenausfälle u. ä.

Beispiel:
Die realisierbare Kapazität von drei Dampfturbinen mit je 5 000 kW Nennleistung, die 2-schichtig à 8 h/Schicht mit $\beta = 91\%$ und einem Leistungsgrad von $\varphi = 89\%$ betrieben werden, beträgt

$$Q_B^{Real} = 3 \cdot 5\,000 \cdot 0{,}89 \cdot 2 \cdot 8 \cdot 0{,}91 = 194\,376 \text{ kWh/Tag}$$

Das Verhältnis von $Q_B^{Real} : Q_B^{Max}$ wird Betriebsmittel-Nutzungs- oder *Auslastungsgrad* genannt.

Die Kapazität einer menschlichen Arbeitskraft QA pro Tag — gemessen in Zeiteinheiten — ergibt sich aus der mit ihr vereinbarten Arbeitszeit t_A, also beispielsweise 8 h/Tag. Diese Zeit ist mit dem Personal-Zeitgrad $\beta_A \leq 1$ zu multiplizieren, der sich durch Berücksichtigung von Pausen u. ä. ergibt. Geht man davon aus, daß Arbeitskräfte durch Anreize zu höheren Leistungen motiviert werden können, die über ein normales Maß hinausgehen, so ist ein entsprechender Leistungsgrad $\varphi_A \geq 1$ zu berücksichtigen. Die *realisierbare Personalkapazität* QA^{Real} einer als homogen angenommenen Gruppe von Arbeitskräften A beträgt daher

(95) $\quad QA^{Real} = A \cdot \varphi_A \cdot t \cdot \beta_A$

Geht man davon aus, daß Werkstoffe und andere Repetierfaktoren nicht restriktiv wirken, so sind Betriebsmittel- und Personalbestände kapazitätsbestimmend. Die *realisierbare Gesamt-Kapazität* des Produktionssystems entsteht durch Kombination dieser Faktoren. Ihre Abstimmung erfolgt über die *Bedienungsrelation*

$$b = \frac{\text{Erforderliches Personal [Anzahl]}}{\text{Betriebsmittel [Anzahl]}}$$

mit

(96) $\quad A = b \cdot \dfrac{M \cdot s \cdot t \cdot \beta_B}{\varphi_A \cdot t_A \cdot \beta_A}$

Beispiel:

Ist zur Bedienung von je zwei Dampfturbinen eine Arbeitskraft erforderlich, also b = 1/2, dann ergibt sich für obiges Beispiel ein benötigter Personalbestand ($\varphi_A = 1$, $b_A = 8$, $\beta_A = 0{,}93$) von

$$A = \frac{1}{2} \cdot \frac{3 \cdot 2 \cdot 8 \cdot 0{,}91}{1 \cdot 8 \cdot 0{,}93} = 2{,}94 \; [Arbeiter/Tag],$$

was 1,47 [Arbeiter/Schicht] entspricht.

Bei gegebenem Personal- (A = const.) und Betriebsmittelbestand (M = const.) ist zur Festlegung der Betriebsbereitschaft über die übrigen Größen in (94) und (95) zu disponieren. Die *Betriebsbereitschaft* ist also eine variable Größe, deren Variationsbreite

— von den Möglichkeiten der *zeitlichen Anpassung* durch Variation der Anzahl der Schichten (s), durch Überstunden und Kurzarbeit (t), durch Beeinflussung des Zeitgrades (β);

— von den Möglichkeiten der *intensitätsmäßigen Anpassung* durch Variation der Leistungsgeschwindigkeit (φ_B);

— von den Möglichkeiten, die *Leistungsbereitschaft des Personals* durch Anreize zu beeinflussen (φ_A);

— vom Grad der technischen, organisatorischen und rechtlichen *Leistungsbereitschaft*, die von der Unternehmensleitung erwünscht oder rechtlich erzwungen ist;

— von der restriktiven Wirkung der übrigen Faktorbestände

abhängt. Unter dem *Grad der Leistungsbereitschaft* verstehen wir die technischen, organisatorischen und rechtlichen Rahmenbedingungen, die mehr oder weniger erfüllt sein müssen, damit Produktionen vollziehbar sind. So wird die technische Leistungsbereitschaft von Betriebsmitteln sehr oft erst durch eine Reihe von Maßnahmen und Zuständen sichergestellt (Betriebstemperatur, Druck, Energieversorgung, Tankinhalt). Zur organisatorischen Leistungsbereitschaft gehört beispielsweise, daß Betriebsmittel und/oder Arbeitskräfte am richtigen Ort zur richtigen Zeit verfügbar sind oder daß eine termin- und qualitätsgerechte Materialversorgung gewährleistet ist. Die rechtliche Leistungsbereitschaft umfaßt Dinge wie Betriebsgenehmigung (TÜV), Berücksichtigung rechtlicher Vorschriften des Umweltschutzes, Zulassung (Kfz), Vorliegen einer Arbeitsgenehmigung, arbeitsrechtliche Auflagen (Lärm-, Staub- und Strahlenschutz) u. ä.

Die vorgenannten Einflußgrößen determinieren Höhe und zeitliche Reichweite der Bereitschaftskosten, denn über diese Einflußgrößen wird im allgemeinen aufgrund von Erwartungen disponiert. Von der Art der Kauf-, Arbeits-, Nutzungs- und Dienstleistungsverträge hängt die zeitliche Dimension der Bereitschaftskosten ab.[8]

Zusammenfassend kann man *Bereitschaftskosten* als diejenigen Kosten definieren, die

— aus (im allgemeinen langfristigen) Entscheidungen über Vorleistungen,

— aus Entscheidungen über die Bereitstellung von Nutzungspotentialen (Güterbeständen) und Arbeitskräften,

— aus Entscheidungen über Anpassungsprozesse zeitlicher und intensitätsmäßiger Art,

— aus Entscheidungen und gesetzlichen Auflagen über den Grad der Leistungsbereitschaft

resultieren. Sie sind unabhängig vom tatsächlich realisierten Produktprogramm. Sie stellen die i. d. R. kurzfristig unveränderlichen Kosten der Betriebswirtschaft dar.

Beispiele:

Vorleistungen: Lizenzen, Forschungskosten, spezielle Kosten der Rechtsform

Betriebsmittelbestände: Abschreibung (Zeit), Zinskosten, Wartung und Instandhaltung

Personal-Bestände: Teil der Lohnkosten, Gehälter

Sonstige Bestände: Lagerhaltungskosten, Zinskosten

Grad der Leistungsbereitschaft: Energiekosten, Kfz-Steuer, Verwaltungskosten

Anpassungsprozesse: Mehrarbeitszuschläge, Nachtarbeitszuschläge, Stillegungskosten, Sozialkosten, Wiederanlaufkosten.

Als *kurzfristig veränderlich* dagegen sind die in der Kategorie der „Leistungskosten" zusammengefaßten Kosten anzusehen. Unter *Leistungskosten* werden hier alle Kosten ver-

---

8 RIEBEL, P. [Einzelkosten- 1976, S. 88 ff.] unterscheidet hier a) Potentialfaktoren mit rechtlich festliegender Bindungsdauer, b) Potentialfaktoren mit rechtlich festliegenden Bindungsintervallen, c) Potentialfaktoren mit im voraus noch unbestimmter Nutzungsdauer.

standen, die in unmittelbarem Zusammenhang mit kurzfristigen Faktoreinsatzentscheidungen für das Produktprogramm stehen; sie hängen im wesentlichen ab vom
- qualitativen Produktprogramm (Art)
- quantitativen Produktprogramm (Menge)
- Preis- und/oder Umsatz der Produkte (Wert)
- sowie den (Kombinations-, Neben-)Bedingungen im Beschaffungs-, Produktions- und Absatzbereich der Betriebswirtschaft.

Für die Leistungskosten ist das Produktprogramm die dominierende Einflußgröße. Da für gewöhnlich Herstell- und Absatzmengen in der Periode differieren und durch Lagerabgänge oder Lagerzugänge ausgeglichen werden, ist bei den Leistungskosten zunächst zwischen *produktionsabhängigen* und *absatzabhängigen Kosten* zu unterscheiden. Die Lagerkosten für unfertige Erzeugnisse werden der Einfachheit halber dem Produktionsbereich, die für fertige Erzeugnisse dem Absatzbereich zugeordnet. Innerhalb der vorgenannten Kategorien sind artabhängige, mengenabhängige, wertabhängige sowie mengen- und wertabhängige Kosten zu differenzieren. Mitunter kann es zweckmäßig sein, die Leistungskosten noch in weitere Untergruppen – z. B. beschaffungsbedingte Leistungskosten – zu zergliedern.

Beispiel:

Haupt-Einflußgröße \ Bereich	*Produktions-abhängige Kosten*	*Absatz-abhängige Kosten*	*Sonstige Abhängigkeiten (z. B. Beschaffung)*
Art	*Sortenwechselkosten*	*Frachtkosten Verpackung*	*Lagerkosten*
Menge	*Materialkosten Lizenzkosten*	*Verbrauchssteuer u. Verpackung*	*Eingangsfrachten Rollgelder*
Wert	*Lizenzkosten*	*Provisionen Umsatzsteuer Lizenzkosten Versicherungen*	*Versicherung*
Menge und Wert	*Lagerkosten Zinskosten*	*Lagerkosten Zinskosten*	*Lagerkosten Zinskosten*
Sonstige	*Rüstkosten*		*Fixe Kosten der Bestellung*

5.3.4 Die Gruppierung in Einzel- und Gemeinkosten

Die *Zurechenbarkeit* von Kosten auf ein wohl-definiertes, sachlich, zeitlich und räumlich abzugrenzendes Kalkulationsobjekt (Bezugs-, Entscheidungsobjekt) ist ein weiteres Kriterium für die Bildung von Kostenkategorien. Unter Zurechenbarkeit versteht man das Verfahren der Zuordnung von Kostenbeträgen auf Kalkulationsobjekte.

In diesem Zusammenhang werden Kosten, die einem einzelnen Kalkulationsobjekt gemäß nachprüfbaren, eindeutigen und quantitativ meßbaren Abhängigkeiten zugerechnet werden können, als *Einzelkosten* bezeichnet. Dies ist dann der Fall,

— wenn ein mit einem bestimmten Kalkulationsobjekt verbundener Güterverbrauch entweder der Menge oder dem Wert nach eindeutig erfaßbar ist
und

— wenn Kostenentstehung und Kalkulationsobjekt auf dieselben Entscheidungszusammenhänge zurückgeführt werden können (Identitätsprinzip, RIEBEL [Einzelkosten- 1976, S. 75 ff.]).

Gemeinkosten sind dagegen solche Kosten, die noch andere Kalkulationsobjekte mitbetreffen — also mehreren Kalkulationsobjekten gemeinsam sind —, und wo die oben genannten Abhängigkeiten für die in der Gesamtheit enthaltenen Einzelobjekte nicht zutreffen.

Dies bedeutet konkret, daß durch Dispositionen über das Kalkulationsobjekt nur dessen Einzelkosten, nicht jedoch auch die übergeordneten Gemeinkosten verändert werden.

Für Produktionssysteme gelten von jeher primär die *Produkte* als die typischen Kalkulationsobjekte. Sie werden in diesem Zusammenhang *Kostenträger* genannt. Da sich Produkte in vielfältiger Weise durch Anwendung sachlicher, räumlicher, zeitlicher und persönlicher Kriterien gegeneinander abgrenzen lassen, ist es möglich, unterschiedliche *Bezugsobjektsysteme* bzw. *Bezugsobjekthierarchien* zu konstruieren. Unter einer Bezugsobjekthierarchie versteht man „ . . . eine von untergeordneten, spezielleren zu übergeordneten, allgemeineren Untersuchungsobjekten aufsteigende Rangordnung." (RIEBEL [Einzelkosten- 1976, S. 386]) Durch die Aufstellung von Objekthierarchien gelingt es, Kosten mindestens in bezug auf ein Kalkulationsobjekt als Einzelkosten zu erfassen und auszuweisen. Einzelkosten übergeordneter Objekte sind immer Gemeinkosten untergeordneter Objekte. Es ist das Verdienst RIEBELs, die Begriffe Einzel- und Gemeinkosten relativiert zu haben. Im Gefolge dieser Überlegungen lassen sich daher *beliebige* Bezugsobjektsysteme bzw. -hierarchien aufstellen, wenn es für bestimmte Rechnungszwecke sinnvoll erscheint, die Einzelkosten von — wie auch immer definierten — Kalkulationsobjekten zu bestimmen.

Beispiele:

Häufig vorkommende Kalkulationsobjekte sind:

a) Produkt(-art, -gruppe, -sparte)
b) Organisationseinheiten (Stelle, Abteilung, Bereich, Werk, Betrieb, Unternehmung)
c) Periode (Tag, Woche, Monat, Jahr).

Denkbar sind jedoch auch Kalkulationsobjekte wie

– *Werbeaktion X*
– *Streiktag*
– *h-Arbeitszeitverkürzung*
– *Sozialplan*
– *Vorstandssitzung*
– *Brief schreiben.*

In der traditionellen Kostenrechnung erfolgen Gruppierungen in Einzel- und Gemeinkosten in der Kostenstellenrechnung (Kostenstelleneinzelkosten, -gemeinkosten), in der Kostenträgerrechnung (Kostenträgereinzelkosten, -gemeinkosten) und in der Erfolgsrechnung (Periodeneinzelkosten, -gemeinkosten). Die Kostenrechnung nimmt also Kostenaufgliederungen bzw. -zusammenfassungen auf mehreren Rangstufen verschiedener Bezugsobjekthierarchien vor. (MENRAD [Rechnungswesen 1978, S. 58]) Von der Frage der Zurechenbarkeit oder Zurechnung ist die Frage der *Zuteilung* (Schlüsselung, Verteilung, Anlastung) von Gemeinkosten oder nicht zurechenbaren Kosten auf die Kalkulationsobjekte streng zu trennen. Da die Gemeinkosten die Objekte gemeinsam betreffen, kann ihre objektbezogene Anlastung – nach welchen Prinzipien, Verfahren oder Methoden auch immer (vgl. die Anlastungsprinzipien bei MENRAD [Rechnungswesen 1978, S. 60 ff.]) – nur subjektiv und willkürlich erfolgen.

5.4 Kostenfunktionen und ihre Struktureigenschaften

Ausgangspunkt der folgenden Ausführungen ist die Kostenhypothese in der Form (83), also

(83) $\quad K_h = f_h(y_1, y_2, \ldots, y_n) \qquad h = 1, \ldots, H$

K_h bezeichnet hier die *Gesamtkosten* der Kostenart h eines Produktionssystems in der Periode. Die Größen $y' = (y_1, y_2, \ldots, y_n)$ stellen die Kosteneinflußgrößen dar (vgl. Kapitel 5.2).

Von *homogener Kostenverursachung* spricht man, wenn *alle* Kostenarten eines Produktionssystems – das Produktionssystem wird in diesem Zusammenhang Kostenplatz oder *Kostenstelle* genannt – die Funktion *einer einzigen* Kosteneinflußgröße – sagen wir $\bar{y}$ – sind, also

(97) $\quad K_h = f_h(\bar{y}) \qquad h = 1, \ldots, H$

(97) ist eine Funktion mit einer unabhängigen Variablen. Ihr Bild kann im zweidimensionalen Raum dargestellt werden, wobei jedem Wert von $\bar{y}$ genau ein Wert von K_h zugeordnet ist.

Beispiele für Bilder von Kostenfunktionen:

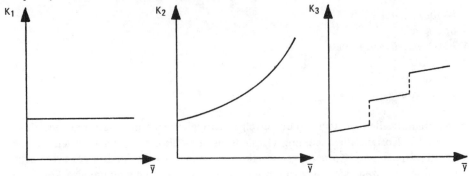

Abb. 50: Kostenfunktionen

Heterogene Kostenverursachung dagegen liegt vor, wenn die Kostenverursachung eines Produktionssystems (Kostenstelle) nicht auf eine einzige Einflußgröße, sondern auf *zwei* oder *mehr* Kosteneinflußgrößen zurückgeführt werden muß. Es gilt dann die Funktion (83); sie ist eine Funktion mit mehreren unabhängigen Variablen. Die Kosten K_h stellen graphisch eine Kostenhyperfläche im $n \geqslant 3$-dimensionalen Raum dar.

Die Spezifikation der Struktur der Kostenfunktion (83) und/oder (97) erfolgt außer durch die Angabe der Anzahl und der Variationsbereiche der Kosteneinflußgrößen durch Angabe einer Reihe von *Eigenschaften*, wie Monotonie, Stetigkeit, Differenzierbarkeit u. ä., durch die Angabe der *Verknüpfung* der Einflußgrößen (z. B. Polynom, Potenzfunktion, logarithmische Funktion) und durch die Angabe der „*Zuverlässigkeit*" der funktionsmäßigen Abbildung der Kostenhypothese. Bei *deterministischer Spezifikation* ist jedem Wert (oder jeder Wertekombination) der Kosteneinflußgröße(n) genau eine bestimmte Kostenhöhe zugeordnet. Bei *stochastischer Spezifikation* sind jedem Wert (oder jeder Wertekombination) der Kosteneinflußgröße(n) mehrere Kostenwerte oder Kostenwertintervalle zugeordnet, wobei für jeden Kostenwert oder jedes Kostenwertintervall eine bestimmte Wahrscheinlichkeit (aufgrund statistischer Gesetzmäßigkeiten) angegeben werden kann.

(a) *Gesamtkosten*

Da eine Betriebswirtschaft normalerweise aus mehreren Produktionssystemen (i = 1, ..., m) besteht, bezeichnet

(98) $K_{hi} = f_{hi}(y_1 \ldots y_n)$

die Gesamtkostenartenfunktion der Kostenart $h = 1, \ldots, H$ in der Kostenstelle i.

Die Funktion

(99) $K_h = \sum_{i=1}^{m} K_{hi}$

stellt die *Gesamtkosten der Kostenart h* der Betriebswirtschaft dar. Die Funktion

(100) $K_i = \sum_{h=1}^{H} K_{hi}$

sind die *Gesamtkosten der Kostenstelle i* in der Periode. Entsprechend sind

(101) $\quad K = \sum_{i=1}^{m} \sum_{h=1}^{H} K_{hi} = \sum_{i=1}^{m} \sum_{h=1}^{H} f_{hi}(y_1 \ldots y_n)$

die *Gesamtkosten* der Betriebswirtschaft in der Periode.

Wir betrachten im folgenden die Funktion (83) bzw. (97) und schreiben der Einfachheit halber diese *Gesamtkostenfunktion*

(102) $\quad K = f(y_1 \ldots y_n)$

(b) *Durchschnittskosten*

Dividiert man den Wert der Gesamtkostenfunktion durch die jeweilige Menge einer der Kosteneinflußgrößen, so erhält man die partiellen *Durchschnittskosten* einer Periode:

(103) $\quad k(j) = \dfrac{K}{y_j} = \dfrac{f(y_1 \ldots y_n)}{y_j}$

Beispiel:

Das Funktionsgesetz von (102) lautet:

$$K = 15y_1 + \dfrac{0{,}5}{y_2}$$

Die partiellen Durchschnittskosten sind damit

$$k(1) = 15 + \dfrac{0{,}5}{y_2 y_1} \quad \text{und} \quad k(2) = 15\dfrac{y_1}{y_2} + \dfrac{0{,}5}{y_2^2}.$$

(c) *Grenzkosten*

Ist die Funktion (102) stetig und differenzierbar, so erhält man durch die 1. Ableitung nach einer der Kosteneinflußgrößen den partiellen Differentialquotienten. Den Wert des partiellen Differentialquotienten (oder auch des Differentials) bezeichnet man als partielle *Grenzkosten:*

(104) $\quad \dfrac{\delta K}{\delta y_j} = \dfrac{\delta}{\delta y_j} f(y_1 \ldots y_n) \quad \text{oder} \quad \delta K_j = \dfrac{\delta}{\delta y_j} f(y_1 \ldots y_n)\, \delta y_j$

Beispiel:

Die partiellen Grenzkosten für die Kostenfunktion

$$K = 15y_1 + \dfrac{0{,}5}{y_2} \quad \text{lauten:}$$

$$\delta K_1 = 15\delta y_1 \quad \text{und} \quad \delta K_2 = -\dfrac{0{,}5}{y_2^2}\, \delta y_2.$$

Werden sämtliche Kosteneinflußgrößen um einen infinitesimal kleinen Betrag dy_j verändert, so erhält man das totale Differential

(105) $\quad dK = \sum\limits_{j=1}^{n} \dfrac{\delta K}{\delta y_j} dy_j$

Den Wert des totalen Differentials bezeichnet man als totale Grenzkosten. Sie stellen den Kostenzuwachs in einem Punkt der Kostenhyperfläche dar.

Beispiel:

Das totale Differential der Kostenfunktion

$$K = 15y_1 + \dfrac{0{,}5}{y_2} \quad \text{lautet:} \quad dK = 15dy_1 - \dfrac{0{,}5}{y_2^2} dy_2.$$

(d) *Fixe Kosten*

Ist die Ableitung einer Kostenfunktion nach y_j für alle Stellen eines Intervalls Null, dann ist die Kostenfunktion eine Konstante. Solche Kosten bezeichnet man als *fixe Kosten in bezug auf y_j* (Abb. 51). Betrachtet man mehrere nebeneinander liegende Intervalle, in denen die Ableitung verschwindet, der Wert der Konstanten jedoch unterschiedliche Höhen aufweist, dann spricht man von *intervallfixen Kosten in bezug auf y_j* (Abb. 52).

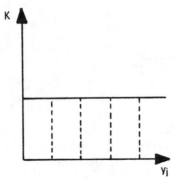
Abb. 51: Fixe Kosten

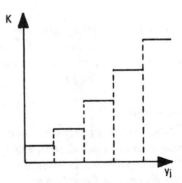
Abb. 52: Intervallfixe Kosten

(e) *Variable Kosten*

Existieren dagegen die Ableitungen (ungleich Null) für Kostenfunktionen innerhalb eines Intervalls, so werden solche Kosten als *variable Kosten in bezug auf y_j* bezeichnet (Abb. 53). Ist die 1. Ableitung eine Konstante, so ist die zugrundeliegende Kostenfunktion eine *lineare Kostenfunktion.* Bei einer linearen Kostenfunktion sind die *variablen Durchschnittskosten gleich den Grenzkosten.* Haben zwei Kostenfunktionen innerhalb eines bestimmten Intervalls die gleichen Ableitungen, so unterscheiden sie sich in diesem Intervall nur um eine additive Konstante (Intervallvariable Kosten) (Abb. 54).

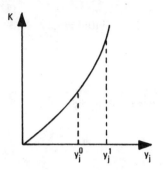

Abb. 53: Variable Kosten

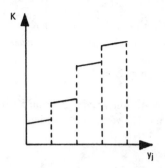

Abb. 54: Intervallvariable Kosten

(f) *Teilkosten*

Kann man eine Kostenfunktion in mehrere Teilfunktionen aufspalten, so bezeichnet man diesen Vorgang als *Kostenauflösung* und die entsprechenden Kosten als *Teilkosten*. In der Realität werden Kosten oft in fixe und variable Kosten aufgelöst.

(g) *Kostenelastizität*

Zur Strukturanalyse von Kostenfunktionen werden noch folgende Maße verwendet:

Das Verhältnis der relativen Änderung der Gesamtkosten zur relativen Änderung einer Kosteneinflußgröße heißt *partielle Kostenelastizität*.

(106) $\quad e_j = \dfrac{\partial K}{K} : \dfrac{\partial y_j}{y_j} = \dfrac{\partial K}{\partial y_j} : \dfrac{K}{y_j}$

Die Kostenelastizität der Einflußgröße j ist der Prozentsatz, um den die Kosten erhöht werden, wenn man den Wert der Kosteneinflußgröße um 1 % vergrößert.

Beispiel:

Die Kosten der Funktion $K = 15y_1 + \dfrac{0{,}5}{y_2}$ lauten:

y_1	y_2	K
5	2	75.25
5.05	2	76

$e_1 = \dfrac{0{,}75}{75.25} : \dfrac{0.05}{5} = 0{,}996678$

$e_1 = \dfrac{Grenzkosten}{Durchschnittskosten} = \dfrac{15}{15 + \dfrac{0.5}{y_2 y_1}} = \dfrac{15}{15 + \dfrac{0.5}{2.5}} = 0{,}996678$

Die Kosten erhöhen sich bei einer Einflußgrößenvariation von 5 auf 5,05 (= 1 %) um 0,996678 %.

Summiert man die partiellen Kostenelastizitäten über die Anzahl der Einflußgrößen, so erhält man die *totale Kostenelastizität*.

(107) $e = \sum_{j=1}^{n} e_j$

Sie gibt an, um wieviel sich die Kosten erhöhen, wenn *alle* Kosteneinflußgrößen pari passu um 1 % vergrößert werden.

Beispiel:

Für obiges Beispiel gilt:

y_1	y_2	K
5	2	75.25
5.05	2.02	75.9975

$e_1 = 0.996678$
$e_2 = -0.003289$
$e = 0.993389$

6 Kostenmodelle

6.1 Grundlegende Annahmen — Gleichgewichtsproduktion

6.1.1 Allgemeine Sätze

7. Fundamentalsatz: Jeder Faktorart h ist ein Faktorpreis q_h (h = 1, ..., H) zugeordnet. $q_h \geq 0$

Jeder Produktart j ist ein Produktpreis p_j (j = 1, ..., N) zugeordnet. $p_j \geq 0$

Preise werden in Geldeinheiten gemessen. [Preisannahme]

8. Fundamentalsatz: Faktor- und Produktpreise sind von den Entscheidungen des Unternehmers unabhängig und konstant. [Marktannahme]

9. Fundamentalsatz: Alle in der Produktionsperiode zugegangenen Faktoren werden in der gleichen Periode bezahlt und verbraucht. Alle in der Produktionsperiode hergestellten Produkte werden in der gleichen Periode veräußert und bezahlt. [Keine Lager- und Zahlungsfristen]

Mit den Fundamentalsätzen 7, 8 und 9 werden einige sehr wichtige Annahmen getroffen. Satz 7 und 8 beinhalten, daß sowohl Faktoren wie Produkte in beliebigen Mengen dosierbar sind, d. h. die Menge, über die disponiert wird, kann beliebig gewählt werden, und daß der Preis von anderen Beschaffungs- und Absatzdispositionen sowie von den Mengen desselben oder anderer Güter unabhängig ist. Die Preise sind in der Periode konstant. Satz 9 impliziert ebenfalls die beliebige Dosierbarkeit der Mengen wie auch die Gleichheit von Auszahlung, Ausgabe und Kosten (Einzahlung, Einnahme, Leistung).

Die *Kosten* für alle verbrauchten Faktoren pro Periode ergeben sich damit aus:

$$(108) \quad K = \sum_{h=1}^{H} r_h \, q_h$$

Der Wert aller veräußerten Produkte pro Produktionsperiode heißt *Umsatz (Erlös)*

$$(109) \quad U = \sum_{j=1}^{N} x_j \, p_j$$

Die Differenz zwischen Umsatz und Kosten heißt *Erfolg:*

(110) $\quad E = U - K = \sum_{j=1}^{N} x_j p_j - \sum_{h=1}^{H} r_h q_h$

Ein negativer Erfolg wird *Verlust,* ein positiver Erfolg *Gewinn* genannt.

Die in Fundamentalsatz 6 postulierte Zielsetzung wird beispielsweise durch die Maximierungsvorschrift des Erfolges konkretisiert.

(111) $\quad E = p'x - q'r \to Max!$

p bzw. q sind der Produktpreis- bzw. der Faktorpreisvektor.

Aus Beziehung (111) ist ersichtlich, daß bei gegebenem Outputvektor $x = \bar{x}$ der Erfolg dann maximiert wird, wenn die Kosten $K = q'r$ minimiert werden. Umgekehrt wird für einen gegebenen Faktorvektor $r = \bar{r}$ der Erfolg bei Maximierung des Umsatzes $U = p'x$ maximal.

Eine Produktion, die die Zielfunktion des Unternehmers maximiert, heißt *Gleichgewichtsproduktion.* Zur Ableitung einiger Zusammenhänge betrachten wir den Zwei-Güter-Fall (Ein Produkt — Ein Faktor).

Die Zielfunktion soll lauten

$\quad E = px - qr \to Max!$

Ist E ein vorgegebener Parameter $\bar{E}$, so gilt

$\quad x = (\bar{E}/p) + (qr/p)$

Dies ist die *Isoerfolgsgerade.* Da p, $q \geqslant 0$ ist für $\bar{E} > 0$ ihr Ordinatenabschnitt und ihre Steigung positiv. Für verschiedene $\bar{E}$-Werte erhält man eine Schar von parallelen Isoerfolgsgeraden.

Die Produktionsfunktion lautet $x = f(r)$. Wir betrachten drei Fälle, nämlich

— (a) Strenge Größendegression
— (b) Größenproportionalität
— (c) Strenge Größenprogression.

Im Fall (a) wird die Technologie T durch eine Isoerfolgsgerade in einem effizienten Randpunkt tangiert. Die Gleichgewichtsproduktion ist eindeutig. In diesem Punkt (*) wird ein Gewinnmaximum erreicht (vgl. Abb. 55).

Im Fall (b) gibt es die in Abb. 56 aufgezeigten drei Möglichkeiten.

Im *Fall 1* ist $(q/p) < (dx/dr)$. Jede in T_E enthaltene Produktion — mit Ausnahme des Nullvektors — führt zu einem Gewinn. Im endlichen Bereich jedoch gibt es keine Gleichgewichtsproduktion und kein Gewinnmaximum.

Im *Fall 2* ist $(q/p) = (dx/dr)$. Jede in T_E enthaltene Produktion führt zu einem maximalen Gewinn von Null. Die Gleichgewichtsproduktion ist jedoch nicht eindeutig determiniert.

Im *Fall 3* ist $(q/p) > (dx/dr)$. Jede in T_E enthaltene Produktion — mit Ausnahme des Nullvektors — führt zu einem Verlust. Das Gewinnmaximum liegt im Nullpunkt (Nullproduktion). Die Gleichgewichtsproduktion ist eindeutig determiniert.

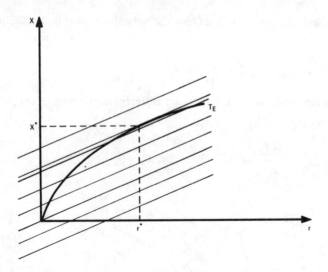

Abb. 55: Gleichgewichtsproduktion bei strenger Größendegression

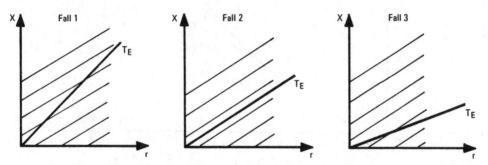

Abb. 56: Gleichgewichtsproduktion bei Größenproportionalität

Im Fall (c) schließlich wird der Rand der Technologie T durch Isoerfolgsgeraden geschnitten, deren E-Wert positiv ist. Wie aus der Abb. 57 ersichtlich, gibt es kein endliches Gewinnmaximum.

Zur Ableitung einiger allgemeiner produktionstheoretischer Sätze, betrachten wir das Produktionsmodell (5), nämlich

(5) $x = f_x (r_1, \ldots, r_H)$

Es wird unverbundener Faktoreinsatz (Totale Substitutionalität) unterstellt.

Die Zielvorschrift lautet in diesem Fall: Maximiere

$$E = px - \sum_{h=1}^{H} q_h \, r_h$$

unter der Nebenbedingung (5). Setzt man die Nebenbedingung in die Zielfunktion ein, so erhält man

$$E = p\, f_x(r_1, \ldots, r_H) - \sum_{h=1}^{H} q_h\, r_h$$

Für ein Maximum muß nach den Regeln der Differentialrechnung gelten

(I) $dE/dr_h = p\,(\partial x/\partial r_h) - q_h = 0$ und

(II) $d^2 E/dr_h^2 = \dfrac{d^2 f_x}{dr_h^2} < 0;$ $h = 1, \ldots, H$

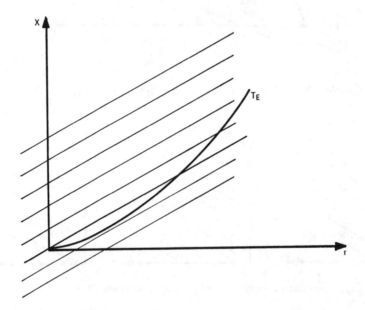

Abb. 57: Gleichgewichtsproduktion bei strenger Größenprogression

Die notwendige Bedingung (II) ist nur für *streng konkave* Produktionsfunktionen erfüllt (WITTMANN [Produktionstheorie 1968, S. 16 f.]), nicht dagegen für konkave, konvexe, sowie lineare Produktionsfunktionen.

Aus der hinreichenden Bedingung (I) erhalten wir folgenden

Satz: *Bei einer Gleichgewichtsproduktion (x*, r*) ist das (partielle) Grenzprodukt gleich dem Quotienten aus Faktor- und Produktpreis:*

$\partial x/\partial r_h = q_h/p;$ $h = 1, \ldots, H$

Betrachtet man in der Zielfunktion den Erfolg E als konstante Größe $E = \overline{E}$ und löst man die Funktion nach x auf, so erhält man die Isoerfolgs-Hyperebene

(112) $\quad x = \overline{E}/p + \sum_{h=1}^{H} (q_h/p) r_h$

Differenziert man (112) partiell nach r_h, so erhält man die Anstiege in bezug auf die r_h-Achsen:

$$\partial x/\partial r_h = q_h/p; \qquad h = 1, \ldots, H$$

$\overline{E}/p$ ist der Abstand vom Ursprung auf der x-Achse. Da p, q_h (h = 1, ..., H) $\geqslant 0$ ist der Anstieg stets positiv. Mit steigendem $\overline{E}$ wächst der Abstand zum Ursprung.

Bei unverbundenem Faktoreinsatz ist die Funktion (5) ebenfalls im R^{H+1}-Raum darstellbar. Für $r_{h*} = \overline{r}_{h*}$ = const. (h* = 1, ..., H) und h $\neq$ h* heißt

(113) $\quad x = f_x (\overline{r}_1, \ldots, \overline{r}_{h-1}, \overline{r}_h, \overline{r}_{h+1}, \ldots, \overline{r}_H)$

partielle Produktfunktion. Ihre Steigung zur r_h-Achse wird durch $\partial x/\partial r_h$ angegeben.

Gemäß dem oben abgeleiteten Satz gilt damit bei Gleichgewichtsproduktion, daß partielle Produktfunktion und partielle Isoerfolgsfunktion den gleichen Anstieg haben.

Legt man durch die Punkte der Gleichgewichtsproduktion (x*, r*) zu den Faktorachsen parallele Schnittebenen, so erhält man für eine streng konkave Produktionsfunktion im Drei-Güter-Fall die in Abb. 58 abgebildeten Schnitte durch die Isoerfolgsebene und die Produktebene.

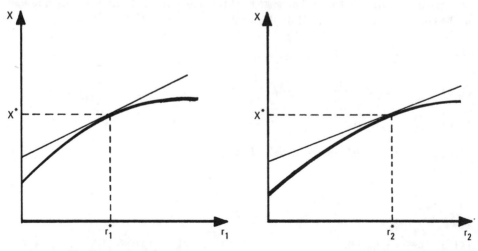

Abb. 58: Gleichgewichtsproduktion

Es folgen die weiteren Sätze:

Corollar: Für eine Gleichgewichtsproduktion (x*, r*) sind die partiellen Grenzumsätze der Faktoren (Partielles Grenzprodukt · Produktpreis) gleich den Faktorpreisen.

$(\partial x/\partial r_h) p = q_h \qquad h = 1, \ldots, H$

Corollar: Für eine Gleichgewichtsproduktion (x^*, r^*) ist das Grenzprodukt des für die Faktoren eingesetzten Geldes gleich der für eine Geldeinheit abgegebenen Produktmenge:

$$(\partial x/\partial r_h)\, q_h = 1/p \qquad h = 1, \ldots, H$$

Corollar: Für eine Gleichgewichtsproduktion $(x^*, \mathbf{r}^*)$ sind die Produktgrenzkosten für alle Faktoren gleich und entsprechen dem Produktpreis:

$$(\partial r_h\, q_h/\partial x) = p \qquad h = 1, \ldots, H.$$

6.1.2 Minimalkostenproduktion

Besteht die Zielfunktion darin, den Erfolg zu maximieren, und ist der Output vorgegeben, so ist der Umsatz konstant und es genügt, die Kosten zu minimieren. Die Entscheidungssituation lautet damit: Minimiere

$$K = \sum_{h=1}^{H} q_h\, r_h$$

unter der Nebenbedingung

$$\bar{x} = f_x (r_1, \ldots, r_H).^9$$

Dies geschieht durch Bilden der Lagrange-Funktion und durch Differenzieren nach r_h und u. Die Größe u ist der Lagrange-Multiplikator.

$$(114) \quad L = \sum_{h=1}^{H} q_h\, r_h - u\, \{f_x (r_1, \ldots, r_H) - \bar{x}\}$$

$$(115) \quad \frac{\partial L}{\partial r_h} = q_h - u\, \frac{\partial x}{\partial r_h} = 0 \qquad h = 1, \ldots, H$$

$$(116) \quad \frac{\partial L}{\partial u} = -\, \{f_x (r_1, \ldots, r_H) - \bar{x}\} = 0$$

(116) garantiert die Einhaltung der Nebenbedingung. Aus (115) folgt

$$q_h = u\, \frac{\partial x}{\partial r_h} \qquad h = 1, \ldots, H$$

bzw.

$$(117) \quad u = (\partial r_h\, q_h)/\partial x \qquad h = 1, \ldots, H$$

(117) besagt: *Für eine Minimalkostenproduktion $(\bar{x}, \mathbf{r}^*)$ sind die Produktgrenzkosten für alle Faktoren gleich.*

Für den Drei-Güter-Fall (ein Produkt, zwei Faktoren) leiten wir aus (117) ab:

$$(118) \quad q_1 : q_2 = \partial x/\partial r_1 : \partial x/\partial r_2$$

---

9 Es wird wieder unverbundener Faktoreinsatz angenommen.

Verwendet man (118) in der Relation (22), so erhält man

(119) $- dr_1/dr_2 = q_2/q_1$

(119) besagt: *Für eine Minimalkostenproduktion ($\bar{x}$, r^*) ist die Grenzrate der Faktorsubstitution zweier Faktoren gleich dem reziproken Verhältnis der Faktorpreise.*

6.1.3 Maximalumsatzproduktion

Für die folgende Ableitung unterstellen wir unverbundene Produktion, und zwar speziell folgende Faktoreinsatzfunktion:

(120) $r = g_r(x_1, \ldots, x_N)$

Zielsetzung sei nach wie vor Erfolgsmaximierung. Ist die Faktormenge $r = \bar{r} =$ const. fest vorgegeben, so sind die Kosten $K = \bar{r}q$ konstant und können bei der Maximierung unberücksichtigt bleiben. Die Entscheidungssituation lautet: Maximiere

$$U = \sum_{j=1}^{N} x_j p_j$$

unter der Nebenbedingung

$$\bar{r} = g_r(x_1, \ldots, x_N).$$

Wir bilden die Lagrange-Funktion

(121) $L = \sum_{j=1}^{N} x_j p_j - v \{g_r(x_1, \ldots, x_N) - \bar{r}\}$

und differenzieren partiell nach x_j und v, dem Lagrange-Multiplikator:

(122) $\dfrac{\partial L}{\partial x_j} = p_j - v \dfrac{\partial r}{\partial x_j} = 0 \qquad j = 1, \ldots, N$

(123) $\dfrac{\partial L}{\partial v} = - \{g_r(x_1, \ldots, x_N) - \bar{r}\} = 0$

(123) sichert die Einhaltung der Nebenbedingung. Aus (122) folgt:

$$p_j = v \frac{\partial r}{\partial x_j} \qquad j = 1, \ldots, N$$

bzw.

(124) $v = (\partial x_j p_j)/\partial r \qquad \qquad j = 1, \ldots, N$

(124) besagt: *Für eine Maximalumsatzproduktion (x^*, $\bar{r}$) sind die Faktorgrenzumsätze für alle Produkte gleich.*

Für den Drei-Güter-Fall (zwei Produkte, ein Faktor) leiten wir aus (124) ab:

(125) $p_1 : p_2 = \partial r/\partial x_1 : \partial r/\partial x_2$

Verwendet man (125) in der Beziehung (23), so erhält man

(126) $\quad - dx_1/dx_2 = p_2 : p_1$

(126) besagt: *Für eine Maximalumsatzproduktion (x^*, $\bar{r}$) ist die Grenzrate der Produktsubstitution zweier Produkte gleich dem reziproken Verhältnis der Produktpreise.*

6.2 Kostenmodelle für einstufige Fertigung

6.2.1 Das Kostenmodell auf Basis des Leontief-Produktionsmodells

6.2.1.1 Die Kostenfunktion im Leontief-Produktionsmodell

(a) *Totale Faktorvariation*

Im Leontief-Produktionsmodell (Ein-Produkt-Fall) gibt es für jeden Output nur *eine einzige effiziente* Faktoreinsatzmenge (vgl. Kapitel 4.1.2.1). Diese Mengen liegen auf dem Prozeßstrahl, oder wie man auch sagt, dem *Expansionspfad;* es gilt

$$r_h = a_h x \qquad h = 1, \ldots, H$$

und damit

$$r_h q_h = a_h x q_h \qquad h = 1, \ldots, H$$

Nach Bewertung mit ihren Preisen lassen sich die artverschiedenen Faktoren addieren, und man erhält die *Gesamtkostenfunktion*

(127) $\quad K = \sum_{h=1}^{H} r_h q_h = x \sum_{h=1}^{H} a_h q_h$

Die Funktion (127) ordnet verschiedenen Outputs die zugehörigen Kosten zu. Sie stellt eine statische Kostenfunktion dar: sie gibt die Gesamtkosten in Abhängigkeit des Outputs für eine bestimmte Periode an. Die Summe $\sum_{h=1}^{H} a_h q_h$ stellt die *Stückkosten* des Produkts dar. Sie sind konstant, da Produktionskoeffizienten und Faktorpreise Konstante darstellen. Die Kostenfunktion ist eine lineare Funktion des Outputs. Die Gesamtkosten stellen in bezug auf den Output variable Kosten dar.

Die *Durchschnittskosten* sind gleich den *Grenzkosten* und entsprechen den *Stückkosten*, also

(128) $\quad \dfrac{K}{x} = \dfrac{dK}{dx} = \sum_{h=1}^{H} a_h q_h := k$

(b) *Partielle Faktorvariation*

Ist unter der Menge der erforderlichen Faktoren *nur ein* Faktor H mit begrenzter Menge vorhanden, so limitiert dieser Faktor $\bar{r}_H$ den Output auf

(129) $\quad x_{Max} = \dfrac{\bar{r}_H}{a_H}$

Damit gilt für die *Gesamtkostenfunktion* – unter der Annahme, daß dieser Faktor nur in seiner Ganzheit eingesetzt werden kann –

(130) $\quad K = x \sum\limits_{h=1}^{H-1} a_h\, q_h + \bar{r}_H\, q_H$

mit $\quad 0 \leqslant x \leqslant \dfrac{\bar{r}_H}{a_H}$

Das Bild der Funktion (130) ist in Abb. 59 durch die Linie FEE' dargestellt. Die Gesamtkosten setzen sich aus einem (in bezug auf den Output) variablen und einem fixen Teil

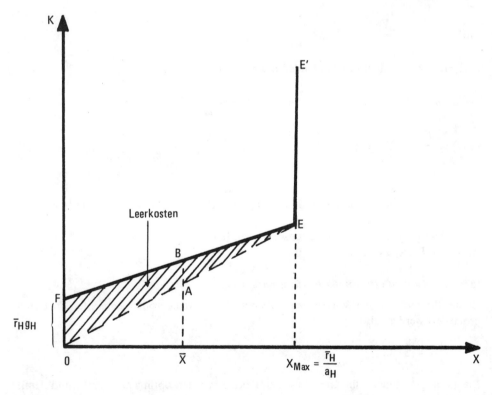

Abb. 59: Gesamtkostenfunktion im Leontief-Modell

zusammen. Liegt der Output im Bereich $0 < x < x_{Max}$ – beispielsweise bei $\bar{x}$ – so werden $(\bar{r}_H - a_H \bar{x})$ Faktormengen vergeudet. Die hierfür berechneten Kosten $q_H (\bar{r}_H - a_H \bar{x})$ heißen *Leerkosten* (Strecke $\overline{AB}$ in Abb. 59), das Produkt $q_H\, a_H\, x$ heißt *Nutzkosten*. Zusammen mit (129) erhält man für die Leerkosten folgenden Term:

$$(131) \quad \text{Leerkosten} = q_H\, \bar{r}_H \left(1 - \frac{x}{x_{Max}}\right)$$

$\bar{x}/x_{Max}$ ist der *Beschäftigungs-* oder Ausnutzungsgrad des begrenzenden Faktors. Ist der Beschäftigungsgrad Null, dann entsprechen die Leerkosten den Fixkosten; ist der Beschäftigungsgrad gleich Eins, dann sind die Leerkosten Null und die Nutzkosten entsprechen den Fixkosten. Die Aufspaltung der Fixkosten in Nutz- und Leerkosten hat lediglich den Sinn, die kostenmäßigen Auswirkungen von Unterbeschäftigungssituationen in absoluten Geldbeträgen auszudrücken – mehr nicht. Erhöht man die beliebig vermehrbaren Faktoren über die Faktoreinsatzmenge $x_{Max}\, a_h$ ($h = 1, \ldots, H-1$) hinaus, so entstehen nur höhere Kosten. Kostenwirtschaftlich ist eine Produktion nur im Punkt E (Gleichgewichtsproduktion).

Die *Durchschnittskosten* ergeben sich aus

$$(132) \quad \frac{K}{x} = \sum_{h=1}^{H-1} a_h\, q_h + \frac{\bar{r}_H\, q_H}{x}$$

mit $\quad 0 \leq x \leq \dfrac{\bar{r}_H}{a_H}$

Sie sind eine hyperbelförmig fallende Funktion von x.

Die *Grenzkosten* sind konstant im Bereich $0 \leq x \leq \dfrac{\bar{r}_H}{a_H}$

$$(133) \quad \frac{dK}{dx} = \sum_{h=1}^{H-1} a_h\, q_h$$

6.2.1.2 Die optimale Prozeßauswahl im Einproduktfall (Gleichgewichtsproduktion)

Bei mehreren effizienten Produktionsprozessen ($s = 1, \ldots, S$) stellt sich das *Problem der optimalen Prozeßauswahl.*

(a) *Prozeßauswahl bei totaler Faktorvariation*

Ist die Produktmenge $\bar{x}$ vorgegeben, so kann diese in reinen oder gemischten Prozessen produziert werden, also

$$\bar{x} = \sum_{s=1}^{S} x_s$$

Die Lösung folgenden linearen Programms bestimmt den optimalen Prozeß (und damit die optimalen Faktoreinsatzmengen):

(134) $\quad K = \sum_{h=1}^{H} q_h \, r_h \to \text{Min}$

(135) $\quad r_h = \sum_{s=1}^{S} a_{hs} \, x_s \qquad (h = 1, \ldots, H)$

(136) $\quad \bar{x} = \sum_{s=1}^{S} x_s$

(134) resultiert aus dem Fundamentalsatz 6 „Zielsetzung".

(135) ist die Leontief-Faktoreinsatzfunktion.

(136) ist die Bedingung, daß die vorgegebene Produktmenge im Rahmen der zur Verfügung stehenden Prozesse hergestellt werden muß.

Setzt man (135) in (134) ein, so erhält man

$$K = \sum_{h=1}^{H} q_h \sum_{s=1}^{S} a_{hs} \, x_s = \sum_{s=1}^{S} x_s \sum_{h=1}^{H} q_h \, a_{hs} \to \text{Min!}$$

Bezeichnet man $\sum_{h=1}^{H} q_h \, a_{hs} = k_s$, dann ist k_s das Auswahlkriterium und man erhält: Minimiere

(137) $\quad K = \sum_{s=1}^{S} x_s \, k_s$

unter der Nebenbedingung

(136) $\quad \bar{x} = \sum_{s=1}^{S} x_s$

Die Größen k_s sind die Stückkosten im Prozeß s.

Aus (136/137) ist sofort folgender *Satz* ersichtlich: *Bei gegebenem Vektor* $q' = (q_1, \ldots, q_H)$ *der Faktorpreise ist der Produktionsprozeß mit den niedrigsten Stückkosten*

$$k_s = q' a_s \qquad s = 1, \ldots, S$$

optimal: $s^* \to \min_{s} (k_s)$

Der Vektor q' und der Prozeßvektor a_s bestimmen also den optimalen Prozeß. Dies gilt unabhängig vom Outputniveau. Der optimale Prozeß kennzeichnet somit den *Expansionspfad*.

Existieren mehrere Prozesse mit minimalen k_s, dann gibt es mehrere optimale Prozesse. In diesem Fall ist auch jede Prozeßkombination dieser optimalen Prozesse eine zulässige optimale Prozeßkombination. Dies folgt unmittelbar aus dem obigen Satz. Die Bestimmung des optimalen Prozesses bzw. optimaler Prozeßkombinationen zeigen Abb. 60 und 61.

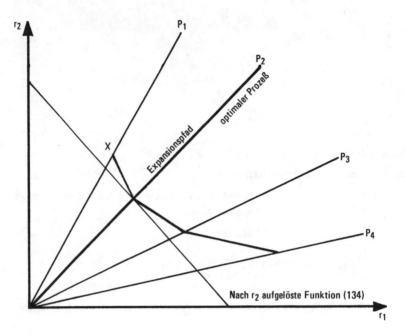

Abb. 60: Bestimmung des optimalen Prozesses

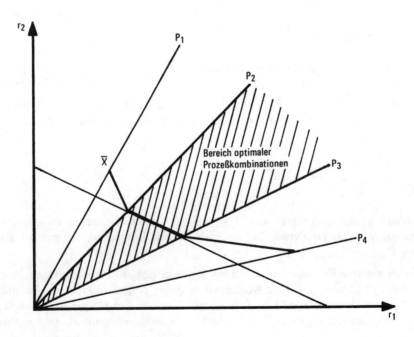

Abb. 61: Mehrere optimale Prozesse

(b) *Prozeßauswahl bei partieller Faktorvariation*

Es wird zunächst von der Annahme ausgegangen, daß nur *ein Faktor* mit seiner Einsatzmenge fest vorgegeben wird; dies sei der Faktor H, also $r_H = \bar{r}_H$. Dieser Faktorbestand $\bar{r}_H$ determiniert das Niveau des Outputs. Gemäß Fundamentalsatz 6 mit Erfolgsmaximierung als Zielsetzung bestimmt die Lösung des folgenden Entscheidungsmodells den optimalen Prozeß (und damit die optimalen Produkt- und Faktormengen):

(138) $\quad E = px - \sum_{h=1}^{H-1} q_h r_h - \bar{r}_H q_H \to \text{Max!}$

(139) $\quad r_h = \sum_{s=1}^{S} a_{hs} x_s \qquad (h = 1, \ldots, H-1)$

(140) $\quad \bar{r}_H = \sum_{s=1}^{S} a_{Hs} x_s$

(141) $\quad x = \sum_{s=1}^{S} x_s$

Die Größe $\bar{r}_H q_H$ ist konstant und stellt fixe Kosten in bezug auf den Output x dar, allerdings nur dann, wenn der Bestand $\bar{r}_H$ im Rahmen der Produktion verbraucht wird. Die fixen Kosten haben keinen Einfluß auf die Lage des Optimums und können daher bei der Optimierung unberücksichtigt bleiben.

Setzt man (139) und (141) in die Zielfunktion (138) ein, so erhält man:

$$E = p \sum_{s=1}^{S} x_s - \sum_{h=1}^{S} q_h \sum_{s=1}^{S} a_{hs} x_s \to \text{Max!}$$

bzw.

$$E = \sum_{s=1}^{S} x_s \left(p - \sum_{h=1}^{H-1} q_h a_{hs} \right) \to \text{Max!}$$

bzw. zusammen mit (140) das Modell:

(142) $\quad E = \sum_{s=1}^{S} x_s (p - k_s) \to \text{Max!}$

(140) $\quad \bar{r}_H = \sum_{s=1}^{S} a_{Hs} x_s$

Die k_s sind die variablen Stückkosten im Prozeß s. Der maximale Output im Rahmen eines Prozesses s ist

(143) $\quad x_{s\,max} = \dfrac{\bar{r}_H}{a_{Hs}}$

Der maximale Zielfunktionsbeitrag eines Prozesses s ist daher

$$E_s = x_{s\,max} (p - k_s)$$

oder mit (143)

$$E_s = \bar{r}_H \left(\frac{p - k_s}{a_{Hs}} \right)$$

Da $\bar{r}_H$ eine vorgegebene Konstante darstellt, ist das Auswahlkriterium für den optimalen Prozeß der Quotient $(p - k_s)/a_{Hs}$. Es gilt daher der *Satz*:

Die Prozeßauswahl bei partieller Faktorvariation bestimmt sich bei einem begrenzten Faktorbestand der Art H nach

$$\max_s \left\{ \frac{p - k_s}{a_{Hs}} \right\} \to s^*$$

Die mit dem optimalen Prozeß s^* zu produzierende Produktmenge ist $x_{s^*}^* = \dfrac{\bar{r}_H}{a_{Hs^*}}$

Die benötigten Mengen der variablen Faktoren ergeben sich mit $r_h = a_{hs^*} \cdot x_{s^*}^*$
(h = 1, ..., H – 1).

Beispiel:

4 Prozesse, 2 Faktoren, $\bar{r}_2 = 10$

$$0{,}4\, x_1 + 0{,}5\, x_2 + 0{,}7\, x_3 + 1{,}1\, x_4 = r_1$$
$$1\ \ x_1 + 0{,}6\, x_2 + 0{,}4\, x_3 + 0{,}3\, x_4 = \bar{r}_2$$

Sei $p = 8;\ q_1 = 5;\ q_2 = 6$

$$E = 8(x_1 + x_2 + x_3 + x_4) - 5(0{,}4\, x_1 + 0{,}5\, x_2 + 0{,}7\, x_3 + 1{,}1\, x_4) \to \text{Max!}$$
$$E = (8-2)\, x_1 + (8-2{,}5)\, x_2 + (8-3{,}5)\, x_3 + (8-5{,}5)\, x_4 \to \text{Max!}$$
$$10 = 1\, x_2 + 0{,}6\, x_2 + 0{,}4\, x_3 + 0{,}3\, x_4$$

$$x_{1\,max} = \frac{10}{1} = 10;\ E_1 = 10(8-2) = 60$$

$$x_{2\,max} = \frac{10}{0{,}6} = 16{,}67;\ E_2 = 16{,}67(8-2{,}5) = 91{,}67$$

$$x_{3\,max} = \frac{10}{0{,}4} = 25;\quad E_3 = 25(8-3{,}5) = 112{,}5 \to \max \to s^* = 3$$

$$x_{4\,max} = \frac{10}{0{,}3} = 33{,}33;\ E_4 = 33{,}33(8-5{,}5) = 83{,}33$$

Auswahl gem. Auswahlkriterium:

$$\max_s \left\{ \frac{8-2}{1}\ ;\ \frac{8-2{,}5}{0{,}6}\ ;\ \frac{8-3{,}5}{0{,}4}\ ;\ \frac{8-5{,}5}{0{,}3} \right\} =$$
$$\max_s \left\{ 6\quad ;\ 9{,}17\ ;\ 11{,}25\ ;\ 8{,}33 \right\} \Rightarrow s^* = 3$$

Probe: $\bar{r}_2 \cdot 11{,}25 = 10 \cdot 11{,}25 = 112{,}50$

Faktorverbrauch von r_1: $r_1 = x_{3max} \cdot 0{,}7 = 25 \cdot 0{,}7 = 17{,}5\ [ME]$

Sind *mehrere* Faktoren fest vorgegeben, so bestimmt die Lösung des linearen Programms

(144) $\quad E = \sum\limits_{s=1}^{S} x_s \left(p - \sum\limits_{h=1}^{g} q_h\, a_{hs} \right) \to \text{Max!}$

(145) $\quad \bar{r}_h \geqslant \sum\limits_{s=1}^{S} a_{hs}\, x_s \qquad\qquad (h = g+1, \ldots, H)$

(146) $\quad x_s \geqslant 0 \qquad\qquad\qquad\quad (s = 1, \ldots, S)$

den optimalen Prozeß und damit die optimale Produktmenge und die optimalen Faktormengen der variablen Faktoren $1, \ldots, g$.

Die Faktorbeschränkungen (145) sind jetzt Ungleichungen, weil nicht auszuschließen ist, daß bei festvorgegebenen Faktormengen diese nicht voll eingesetzt werden. Mit anderen Worten: es müssen auch ineffiziente Produktionen zugelassen werden oder vielleicht genauer: von den vorhandenen Faktorbeständen werden möglicherweise nicht alle voll genutzt.

Mehrere Faktorbeschränkungen führen auch dazu, daß im Optimum gemischte Prozesse als „Normalfall" auftreten.

Für zwei Prozesse ist die Lösung im x_1, x_2-Koordinaten-System graphisch darstellbar. Die Faktorbeschränkungen (145) und die Nichtnegativitätsbedingung (146) bilden ein konvexes Polyeder OABCDE als Raum zulässiger Produktionen (Abb. 62). Die nach x_2 aufgelöste Zielfunktion (144) ist eine negativ geneigte Gerade, die sich mit wachsendem E nach rechts oben verschiebt. Die Koordinaten des Punktes C geben die optimalen Outputs im Prozeß 1 bzw. Prozeß 2 an. Die Faktoren der Beschränkungen (I) und (IV) werden nicht voll genutzt. Hat die Zielfunktion die gleiche Steigung wie eine Faktorbeschränkung, dann ist die Lösung *mehrfach optimal.*

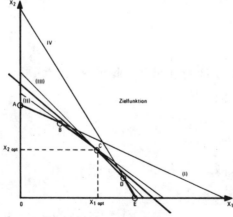

Abb. 62: Zwei Prozesse, vier Faktorbeschränkungen I–IV

6.2.1.3 Die optimale Güter- und Programmauswahl im Leontief-Produktionsmodell

In diesem Kapitel wird der allgemeine Fall des Leontief-Produktionsmodells behandelt, d. h. es gibt

(a) eine endliche Zahl von – nicht notwendigerweise effizienten – Produktionsprozessen $s = 1, \ldots, S$
(b) eine endliche Zahl von Produkten $j = 1, \ldots, N$
(c) eine endliche Zahl von Faktoren $h = 1, \ldots, H$

Sei

r_h die Verbrauchsmenge der Faktorart h

a_{hsj} der Produktionskoeffizient des Faktors h der Produktart j im Prozeß s

x_{sj} die Produktmenge der Produktart j im Prozeß s

dann gilt für die Faktoreinsatzfunktionen im Leontief-Modell

$$(147) \quad r_h = \sum_{s=1}^{S} \sum_{j=1}^{N} a_{hsj} x_{sj} \qquad (h = 1, \ldots, H)$$

Zur Ableitung einer Gleichgewichtsproduktion betrachten wir folgende Fälle:

(1) Die Produktmengen sind vorgegeben, alle Faktormengen sind variabel (Minimalkostenproduktion): $x = \bar{x} > 0$ const.

(2) Die Faktormengen sind vorgegeben, alle Produktmengen sind variabel (Maximalumsatzproduktion): $r = \bar{r} > 0$ const.

(3) Eine Teilmenge der Produktmengen und eine Teilmenge der Faktormengen ist vorgegeben, die restlichen Gütermengen sind im Rahmen der gegebenen Prozesse frei disponierbar (Produktionen mit maximalem Erfolg).

Eine Gleichgewichtsproduktion ist dadurch gekennzeichnet, daß eine zielfunktionsmaximale Festlegung der

– anzuwendenden Prozesse
– Produkte
– Faktoren

erfolgt.

Im *Fall 1* lautet das Entscheidungsmodell: Minimiere

$$(148) \quad K = \sum_{h=1}^{H} q_h r_h$$

unter den Nebenbedingungen

$$(149) \quad r_h = \sum_{s=1}^{S} \sum_{j=1}^{N} a_{hsj} x_{sj} \qquad (h = 1, \ldots, H)$$

$$(150) \quad \bar{x}_j = \sum_{s=1}^{S} x_{sj} \qquad (j = 1, \ldots, N)$$

(151) $\quad r_h \geq 0 \quad\quad\quad\quad (h = 1, \ldots, H)$

Konstante Glieder sind in der Zielfunktion weggelassen.

Da $a_{hsj} \geq 0$ und konstant, erkennt man:

– *Eine Produktion ohne Faktoreinsatz (Faktorverbrauch) ist nicht möglich*
– *Endliche Produktquantitäten können mit endlichen Faktorquantitäten erzeugt werden.*

Im *Fall 2* lautet das Entscheidungsmodell: Maximiere

(152) $\quad U = \sum\limits_{j=1}^{N} p_j x_j = \sum\limits_{j=1}^{N} p_j \sum\limits_{s=1}^{S} x_{sj}$

unter den Nebenbedingungen

(153) $\quad \bar{r}_h \geq \sum\limits_{s=1}^{S} \sum\limits_{j=1}^{N} a_{hsj} x_{sj} \quad\quad (h = 1, \ldots, H)$

(154) $\quad x_j = \sum\limits_{s=1}^{S} x_{sj} \quad\quad\quad\quad (j = 1, \ldots, N)$

(155) $\quad x_{sj} \geq 0 \quad\quad\quad\quad\quad (s = 1, \ldots, S; j = 1, \ldots, N)$

Die Nebenbedingungen (153) sind Ungleichungen, da nicht auszuschließen ist, daß bestimmte Faktormengen nicht voll verbraucht werden. Konstante Glieder sind in der Zielfunktion weggelassen.

Da $a_{hsj} \geq 0$ und konstant, folgt:

– *Aus beschränkten Faktormengen folgen beschränkte Produktquantitäten.*

Im *Fall 3* schließlich lautet das Entscheidungsmodell: Maximiere

(156) $\quad E = \sum\limits_{j=1}^{N^1} p_j \sum\limits_{s=1}^{S} x_{sj} - \sum\limits_{h=1}^{H^1} q_h r_h$

(157) $\quad r_h = \sum\limits_{s=1}^{S} \sum\limits_{j=1}^{N} a_{hsj} x_{sj} \quad\quad h = 1, \ldots, H^1$

(158) $\quad \bar{r}_h \geq \sum\limits_{s=1}^{S} \sum\limits_{j=1}^{N} a_{hsj} x_{sj} \quad\quad h = H^1+1, \ldots, H$

(159) $\quad \bar{x}_j = \sum\limits_{s=1}^{S} x_{sj} \quad\quad\quad\quad j = N^1+1, \ldots, N$

(160) $\quad x_j = \sum\limits_{s=1}^{S} x_{sj} \quad\quad\quad\quad j = 1, \ldots, N^1$

Wie ersichtlich, sind die Fälle 1 und 2 als Spezialfall im dritten Fall enthalten. Eine Lösung der drei vorgestellten Entscheidungsmodelle ist mit Hilfe der linearen Programmierung möglich.

Beispiel zu Fall 3:

- *2 Prozesse*
- *3 Produkte*
- *4 Faktoren.*

Daten:

Produktionskoeffizienten:

Prozeß →	1	1	1	2	2	2
Produktart →	1	2	3	1	2	3
↓ Faktorart						
1	1	3	4	2	2	4
2	0,5	4	2	0,3	5	3
3	5	2	6	4	3	3
4	7	1	2	9	1	3

Von Produktart 3 sollen genau 200 ME produziert werden. Die Faktorart 4 steht in beschränkter Menge von 6 300 ME zur Verfügung.

Die Faktorpreise lauten $q_1 = 2{,}50$ $\quad q_2 = 3{,}-$ $\quad q_3 = 1{,}80$

Die Produktpreise lauten $p_1 = 24{,}-$ $\quad p_2 = 35{,}-$

Das Entscheidungsmodell kann wie folgt formuliert werden:

	x_{12}	x_{12}	x_{13}	x_{21}	x_{22}	x_{23}	r_1	r_2	r_3	x_1	x_2
$E =$							−2,50	−3	−1,80	24	35
$0 =$	1	3	4	2	2	4	−1				
$0 =$	0,5	4	2	0,3	5	3		−1			
$0 =$	5	2	6	4	3	3			−1		
$6\,300 \geq$	7	1	2	9	1	3					
$0 =$	1			1						−1	
$0 =$		1			1						−1
$200 =$			1			1					

6.2.2 Das Kostenmodell auf Basis des Gutenberg-Produktionsmodells

6.2.2.1 Die Kostenfunktion im Gutenberg-Modell

Zur Ableitung der Kostenfunktion rufen wir die im Kapitel 4.1.3.1 erwähnten Annahmen des GUTENBERG-Produktionsmodells in Erinnerung. Annahme (e) besagte, daß die Faktorverbrauchsmengen neben dem Ouput von der Leistungsgeschwindigkeit (Intensität) der

Gebrauchsfaktoren abhängen. Annahme (g) definierte die Faktorverbrauchsmenge der Gebrauchsfaktoren als Produkt aus Einsatzmenge und Einsatzzeit. Folgende Faktoreinsatzfunktionen wurden abgeleitet:

— für die Gebrauchsfaktoren

(37) $\quad r_i^G = M_i^G \cdot t_i \qquad\qquad i = 1, \ldots, m$

— für die Verbrauchsfaktoren

(42) $\quad r_{ih}^V = a_{ih}^V (l_i) \cdot x$

oder $\quad r_{ih}^V = f_{ih} (l_i) a_i^G \cdot x$

oder mit (41)

(161) $\quad r_{ih}^V = f_{ih} (l_i) \cdot l_i \cdot t_i \cdot M_i^G$

Bewertet man (37) mit den Gebrauchsfaktorpreisen q_i — sie haben die Dimension DM/(ME · ZE) — und summiert, so erhält man

(162) $\quad K^G = \sum_{i=1}^{m} q_i \cdot M_i^G \cdot t_i$

Der Teilkostenbetrag K^G ist für fest vorgegebene Einsatzzeit und Einsatzmenge der Gebrauchsfaktoren eine konstante Größe. Er ist unabhängig vom Output und variiert linear mit Einsatzmenge und Einsatzzeit.

Die Kosten der Verbrauchsfaktoren ergeben sich aus der bewerteten Faktoreinsatzfunktion (42) oder (161). Im ersten Fall erhält man

(163) $\quad K^V = \sum_{i=1}^{m} \sum_{h=1}^{H-m} a_{ih}^V (l_i) \cdot q_h \cdot x$

oder $\quad K^V = x \sum_{i=1}^{m} \sum_{h=1}^{H-m} a_{ih}^V (l_i) \cdot q_h$

Für vorgegebene Intensitäten sind die Produktionskoeffizienten konstant, und damit variiert K^V linear mit dem Output x. Der Anstieg der Kostenfunktion wird bei gegebenen Faktorpreisen damit von der Intensität bestimmt, falls die Produktionskoeffizienten intensitätsabhängig sind.

Interessanter ist die Kostenfunktion im zweiten Fall, hier erhält man:

(164) $\quad K^V = \sum_{i=1}^{m} \sum_{h=1}^{H-m} f_{ih} (l_i) \cdot l_i \cdot q_h \cdot t_i \cdot M_i^G$

Für vorgegebene Intensitäten und vorgegebene Einsatzmengen der Gebrauchsfaktoren erkennt man, daß die Kosten K^V eine lineare Funktion der Einsatzzeit sind. Der Anstieg der Kostenfunktion wird für q_h, M_i^G = const. durch die Intensitäten bestimmt, falls die Verbrauchsfunktionen einen von der Leistungsgeschwindigkeit abhängigen Verlauf (z. B. u-förmig) aufweisen.

Für u-förmige Verbrauchsfunktionen und q_h, t_i, M_i^G = const. sind die Kostenfunktionen K^V dagegen nicht-linear. Die sich hieraus ergebenden besonderen Implikationen werden im nächsten Kapitel erörtert.

Aus (164) ist generell zu ersehen, daß die verbrauchsfaktorabhängigen (variablen) Kosten von Intensität, Einsatzzeit und Einsatzmenge der Gebrauchsfaktoren abhängig sind. Geht man davon aus, daß über die Einsatzmengen der Gebrauchsfaktoren langfristig disponiert wird, so ist kurzfristig über Leistungsgeschwindigkeit und Einsatzzeit im Rahmen der Betriebsbereitschaftsdisposition zu entscheiden.

6.2.2.2 Der optimale Anpassungsprozeß im Gutenberg-Produktionsmodell

Von den möglichen Anpassungsprozessen im GUTENBERG-Produktionsmodell – intensitätsmäßige, zeitliche und quantitative Anpassung – wird im folgenden die quantitative Anpassung nicht behandelt.

Wir treffen folgende *Vereinbarungen:*

(1) Es gibt nur *einen* Gebrauchsfaktor, d. h. m = 1; der Index i kann entfallen.

(2) Der *Bestand* dieses Gebrauchsfaktors ist *konstant*, d. h. M^G = const. : M^G = 1.

(3) Es existiert mindestens *eine u-förmige* Verbrauchsfunktion.

(4) Der mögliche Bereich der Intensitätsvariation ist $l^{min} \leqslant l \leqslant l^{max}$. Es wird nur eine *endliche Zahl* von Intensitäten zugelassen: $l^{min} \leqslant l_p$ (p = 1, ..., P) $\leqslant l^{max}$.

(5) Der mögliche Bereich der Einsatzzeitvariation ist $0 \leqslant t \leqslant t^{max}$. t^{max} ist die *Produktionsperiode*. Während der Zeitdauer t_p wird die Intensität l_p realisiert. Es gilt:

$$\sum_{p=1}^{P} t_p \begin{cases} = t^{max} & \text{bei intensitätsmäßiger Anpassung} \\ \leqslant t^{max} & \text{bei zeitlich-intensitätsmäßiger Anpassung} \end{cases}$$

Das *Problem* lautet: *Welche Zeit-Intensität-Kombinationen (Anpassungsprozesse) sind zu realisieren, damit eine vorgegebene Produktmenge $\bar{x}$ kostenminimal erstellt wird?*

$$0 \leqslant \bar{x} \leqslant \frac{l^{max} \, t^{max}}{a^G}$$

Aufgrund (41) gilt:

$$\bar{x} = \sum_{p=1}^{P} \frac{l_p}{a^G} t_p$$

Setzt man diesen Ausdruck in die Faktoreinsatzfunktion (161) für die Verbrauchsfaktoren ein, so erhält man

$$r_h^V = \sum_{p=1}^{P} f_h(l_p) \, l_p \cdot t_p$$

Fundamentalsatz 6 fordert: $K = \sum_{h=1}^{H-1} r_h^V \cdot q_h \to \text{Min}$

oder $\quad K = \sum_{p=1}^{P} \sum_{h=1}^{H-1} f_h(l_p) \cdot l_p \cdot q_h \cdot t_p \to \text{Min}$

Der Ausdruck

$$\sum_{h=1}^{H-1} f_h(l_p) \cdot l_p \cdot q_h := z(l_p)$$

hat — für den Fall, daß die Größen q_h die Dimension [DM/ME] aufweisen — die Dimension [DM/ZE] und für u-förmige Verbrauchsfunktionen den in Abb. 63 aufgezeigten Verlauf. (Die gestrichelte Linie zeigt den kontinuierlichen Verlauf, also eine Funktion, die zuerst konkav, dann konvex verläuft.) Die Punkte entsprechen den diskreten Werten $z(l_p)$.

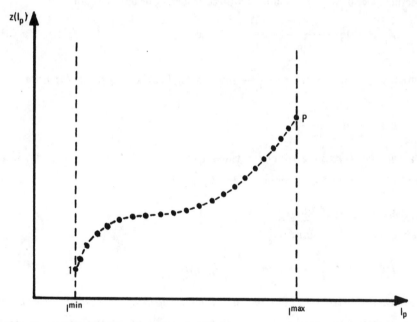

Abb. 63: Bewerteter Verbrauchsfaktoreinsatz

Damit läßt sich folgender linearer Lösungssatz aufstellen: Minimiere

$$K = \sum_{p=1}^{P} z(l_p) \cdot t_p$$

unter den Nebenbedingungen

$$\bar{x} = \sum_{p=1}^{P} \frac{l_p}{a^G} t_p$$

$$t^{max} \geq \sum_{p=1}^{P} t_p$$

$$t_p \geq 0 \qquad p = 1, \ldots, P$$

Unbekannte dieses Ansatzes sind die Teilzeiten t_p ($p = 1, \ldots, P$). Aufgrund der Optimalitätsbedingungen linearer Programmansätze (Simplextheorem) können in der optimalen Lösung *maximal zwei Variable* — also zwei Teilzeiten — positiv sein (DELLMANN–NASTANSKY [Produktionsplanung 1969]).

Um den vorgegebenen Output $\bar{x}$ mit einer vorgegebenen Intensität zu produzieren, ist die Zeit

$$t_p^{**} = \frac{\bar{x}\, a^G}{l_p} \quad \text{mit } t_p^{**} \leq t^{max}$$

erforderlich. Der dabei entstehende Zielfunktionsbetrag beläuft sich auf

$$K_p^{**} = z(l_p) \cdot \frac{\bar{x} \cdot a^G}{l_p} = \frac{z(l_p)}{l_p} \cdot \bar{x} \cdot a^G$$

Die Intensität, bei der die Größe $\dfrac{z(l_p)}{l_p}$ minimal ist, heißt *zeit-optimale Intensität*

$$l^{**} := \min_p \left\{ \frac{z(l_p)}{l_p} \right\}.$$

Durch *zeitliche Anpassung* können mit dieser Intensität alle Outputmengen im Intervall $0 \leq \bar{x} \leq \dfrac{1}{a^G} l^{**} \cdot t^{max}$ kostenminimal erzeugt werden.

Es gilt daher der *Satz*:

Die zeitoptimale Intensität ist

$$l^{**} = \min_p \frac{z(l_p)}{l_p} = \min_p \sum_{h=1}^{H-1} f_h(l_p) \cdot q_h$$

Im Bereich $0 \leq \bar{x} \leq (1/a^G)\, l^{**}\, t^{max}$ ist zeitliche Anpassung die günstigste Anpassungsform für die Minimalkostenproduktion. Während der Zeitdauer $t^{**} = \dfrac{\bar{x}\, a^G}{l^{**}}$ wird die Intensität l^{**} realisiert. Der optimale Zeitfunktionswert ist

$$K^{**} = z(l^{**}) \cdot \frac{\bar{x}\, a^G}{l^{**}} = \frac{\bar{x}\, a^G}{l^{**}} \cdot \sum_{h=1}^{H-1} f_h(l^{**})\, q_h \cdot l^{**}$$

Im Outputbereich $\dfrac{1}{a^G} l^{**}\, t^{max} < \bar{x} \leq \dfrac{1}{a^G} l^{max}\, t^{max}$ dagegen ist nur eine *intensitätsmäßige Anpassung* denkbar. Die *einzige* zu realisierende optimale Intensität ist:

$$l^{**} < l^{***} = \frac{\bar{x}\, a^G}{t^{max}} \leq l^{max}$$

Es gilt daher der *Satz:*

Ist aufgrund des vorgegebenen Outputs zeitliche Anpassung nicht möglich, so ist im Rahmen der möglichen Intensitätsvariation $l^{**} < l \leq l^{max}$ die Intensität $l^{***} = \bar{x}\, a^G/t^{max}$ zu wählen. Der optimale Zielfunktionswert ist $K^{***} = z\,(l^{***})\, t^{max}$ (Intensitätsmäßige Anpassung ohne Splitting).[10]

Ist — aufgrund welcher Bedingungen auch immer — eine zeitliche Anpassung ausgeschlossen, so gilt

$$t_{max} = \sum_{p=1}^{P} t_p$$

Da in der optimalen Lösung maximal zwei Variable enthalten sind, gilt

$$t^{max} = t_1 + t_2$$

bzw. mit $0 \leq \lambda \leq 1$

$$t^{max} = t^{max} \lambda + t^{max} (1 - \lambda)$$

Das Entscheidungsmodell lautet damit: Minimiere

$$K = z\,(l_s) \cdot t^{max} \cdot \lambda + z\,(l_p) \cdot t^{max} \cdot (1 - \lambda)$$

unter den Nebenbedingungen

$$\bar{x} = \frac{l_s}{a^G} \cdot t^{max} \cdot \lambda + \frac{l_p}{a^G} \cdot t^{max} \cdot (1 - \lambda)$$

$$t^{max} = t^{max} \cdot \lambda + t^{max} \cdot (1 - \lambda)$$

Dabei ist zu beachten:

(a) $0 \leq \lambda \leq 1$

(b) $\dfrac{l^{min}\, t^{max}}{a^G} \leq \bar{x} \leq \dfrac{l^{max}\, t^{max}}{a^G}$

(c) $s \neq p \qquad s, p = 1, \ldots, P$

Im Sinne des Zielkriteriums kann eine Linearkombination zweier Intensitäten l_s, l_p nur dann sinnvoll sein, wenn für $l_s \leq l_0 \leq l_p$ gilt:

$$z\,(l_0)\, t^{max} \geq z\,(l_s) \cdot t^{max} \cdot \lambda + z\,(l_p) \cdot t^{max} \cdot (1 - \lambda)$$

Diese Bedingung gilt jedoch im Bereich der Punkte der Abb. 63, in denen die konvexe Umhüllende *nicht* mit den gegebenen Punkten $(z\,(l_p), l_p)$ übereinsteimmt, also im Bereich l^{min} bis l^*.[11] Die Intensität l^* ergibt sich aus

---

10 Es wird bei dieser Formulierung vorausgesetzt, daß ein Intensitätspunkt $l_p = l^{***}$ existiert. Ist dies nicht der Fall, dann ist eine Linearkombination der unmittelbar benachbarten Intensitätspunkte $l_p < l^{***} < l_{p+1}$ zu realisieren.

11 Mit konvexe Umhüllende ist der zur Abszisse gewandte Teil der konvexen Hülle aller Punkte $(z\,(l_p), l_p)$ $(p = 1, \ldots, P)$ gemeint.

$$\min_{s=2,\ldots,P} \left\{ \frac{z(l_s) - z(l^{min})}{l_s - l^{min}} \right\} = l^*$$

Die Intensitäten l^{min} und l^* geben die Intensitäten an, mit denen die Linearkombination realisiert wird. Die Intensität l^* heißt *Splitting-Intensität*. Die Größe λ errechnet man aus der ersten Nebenbedingung, also

$$\lambda = \frac{\frac{\bar{x} a^G}{t^{max}} - l^*}{l^{min} - l^*}$$

Das Ergebnis der Überlegungen enthält folgender *Satz:*

Bei intensitätsmäßiger Anpassung findet im Outputbereich

$$\frac{l^{min} \, t^{max}}{a^G} \leq \bar{x} \leq \frac{l^* \, t^{max}}{a^G}$$

ein Intensitätssplitting statt, d. h. die Produktionsperiode t^{max} wird in zwei nichtnegative Teilperioden t_1 und t_2 aufgespalten, in denen die Mindest- bzw. die Splitting-Intensität realisiert wird. Die Splitting-Intensität l^* ergibt sich aus:

$$l^* = \min_{s=2,\ldots,P} \left\{ \frac{z(l_s) - z(l^{min})}{l_s - l^{min}} \right\}$$

Während der Teilperiode

$$t_1 = \frac{\bar{x} a^G - t^{max} l^*}{l^{min} - l^*}$$

wird l^{min} realisiert, während $t_2 = t^{max} - t_1$ wird l^* realisiert.

Der optimale Zielfunktionswert ist

$$K^* = z(l^{min}) t_1 + z(l^*) t_2$$

Im Outputbereich $\frac{l^* \, t^{max}}{a^G} \leq \bar{x} \leq \frac{l^{max} \, t^{max}}{a^G}$ *wird die Intensität* $l^{***} = \frac{\bar{x} a^G}{l^{max}}$ *während t^{max} realisiert (Intensitätsmäßige Anpassung mit Splitting).*

Die Sätze gelten unabhängig von der Vereinbarung, daß nur eine endliche Anzahl von Intensitäten zugelassen ist, d. h. für eine unendliche Anzahl von Punkten gilt:

$$z(l) = \sum_{h=1}^{H-1} f_h(l) \, l \, q_h.$$

Die Ergebnisse sind entsprechend zu interpretieren.

Die Übersicht auf S. 190 zeigt die Anpassungsformen im GUTENBERG-Produktionsmodell.

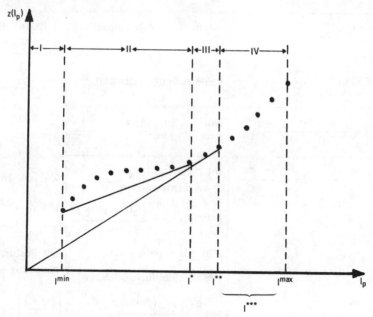

Abb. 64: Relevante Intensitätspunkte bei zeitlicher und intensitätsmäßiger Anpassung

Beispiel:

Ein Aggregat benötigt zur Erstellung einer Arbeitseinheit [AE] drei Verbrauchsfaktoren; für sie gelten folgende Verbrauchsfunktionen:

$f_1(l) = 0,02\,l^2 - 0,7\,l + 9$ *[Fakt. Einh./AE]*

$q_1 = 2$ *[DM/Fakt.Einh.]*

$f_2(l) = 0,1\,l^2$ *[Fakt.Einh./AE]*

$q_2 = 0,1$ *[DM/Fakt.Einh.]*

$f_3(l) = 8$ *[Fakt.Einh./AE]*

$q_3 = 0,5$ *[DM/Fakt.Einh.]*

Die quantitative Maximalkapazität in der Produktionsperiode beträgt $\overline{b} = 3\,360$ [AE]. Die Produktionsperiode umfaßt $t^{max} = 168$ [ZE]. Die Intensität ist in den Grenzen $4 \leq l \leq 20$ [AE/ZE] variierbar. Es sind zu berechnen

- *die Splitting-Intensität*
- *die zeit-optimale Intensität*
- *der Wert der Zielfunktion*
- *bei zeitlicher Anpassung für* $b_1 = 500$ *[AE]*
                                   $b_2 = 1\,600$ *[AE]*
                                   $b_3 = 2\,180$ *[AE]*
                                   $b_4 = 3\,000$ *[AE]*

Bereich	Output	Intensitätsmäßige Anpassung ($\bar{t} = t^{max}$ = const.)	Zeitl.-Intensitätsm. Anpassung
I	$0 \leqslant \bar{x} < \dfrac{l^{min} \, t^{max}}{a^G}$	keine zulässige Intensität	
	$\bar{x} = \dfrac{l^{min} \, t^{max}}{a^G}$	Nur *eine* Intensität l^{min} und t^{max}	
II	$\dfrac{l^{min} \, t^{max}}{a^G} < \bar{x} \leqslant \dfrac{l^* \, t^{max}}{a^G}$	Intensitätssplitting := *zwei* Intensitäten l^{min} mit $t_1 = \dfrac{\bar{x} \, a^G - t^{max} \, l^*}{l^{min} - l^*}$ l^* mit $t_2 = t^{max} - t_1$ Die Bestimmungsgleichung $\dfrac{d\left\{\dfrac{z(l) - z(l^{min})}{l - l^{min}}\right\}}{dl} = 0$ liefert die Splitting-Intensität l^* mit $l^{min} < l \leqslant l^{max}$	Nur *eine* Intensität l^{**} mit $t^{**} = \dfrac{\bar{x} \, a^G}{l^{**}}$ Die Bestimmungsgleichung $\dfrac{d\left\{\dfrac{z(l)}{l}\right\}}{dl} = 0$ liefert die zeitoptimale Intensität l^{**}
	$\bar{x} = \dfrac{l^* \, t^{max}}{a^G}$	Nur *eine* Intensität: l^* und t^{max}	
III	$\dfrac{l^* \, t^{max}}{a^G} < \bar{x} \leqslant \dfrac{l^{**} \, t^{max}}{a^G}$	Nur *eine* Intensität mit t^{max}	
IV	$\dfrac{l^{**} \, t^{max}}{a^G} < \bar{x} \leqslant \dfrac{l^{max} \, t^{max}}{a^G}$	$l^{***} = \dfrac{\bar{x} \, a^G}{t^{max}}$	

Anpassungsformen im Rahmen des G-Produktionsmodells

– bei intensitätsmäßiger Anpassung für
$$b_2 = 1\,600 \; [AE]$$
mit Intensitätssplitting
ohne Intensitätssplitting
$$b_3 = 2\,180 \; [AE]$$
$$b_4 = 3\,000 \; [AE]$$

(a) Splitting-Intensität

$$z(l) = \sum_{h=1}^{3} f_h(l) \cdot l \cdot q_h = 0{,}04\, l^3 - 1{,}4\, l^2 + 18\, l + 0{,}01\, l^3 + 4\, l$$

$$z(l) = 0{,}05\, l^3 - 1{,}4\, l^2 + 22\, l$$
$$z(l^{min}=4) = 0{,}05 \cdot 4^3 - 1{,}4 \cdot 4^2 + 22 \cdot 4 = 68{,}8$$

$$y(l) := \frac{z(l) - z(4)}{l - 4} = \frac{0{,}05\, l^3 - 1{,}4\, l^2 + 22\, l - 68{,}8}{l - 4}$$

$$\frac{d\, y(l)}{dl} = \frac{(0{,}15 \cdot l^2 - 2{,}8\, l + 22)(l-4) - (0{,}05 \cdot l^3 - 1{,}4 \cdot l^2 + 22\, l - 68{,}8)}{(l-4)^2} = 0$$

$$0{,}1\, l^3 - 2\, l^2 + 11{,}2\, l - 19{,}2 = 0$$
$$l^3 - 20\, l^2 + 112\, l = 192$$
$$l^* = 12 \quad ^{12}$$

Zeitoptimale Intensität

$$\frac{z(l)}{l} = 0{,}05\, l^2 - 1{,}4\, l + 22$$

$$\frac{d\left\{\dfrac{z(l)}{l}\right\}}{dl} = 0{,}1\, l - 1{,}4 = 0$$

$$l^{**} = 14$$

(b) Zeitliche Anpassung

$$b_1 = 500;\quad t_1 = \frac{500}{14} \approx 35{,}71$$
$$K^{**} = z(14) \cdot t_1 = (137{,}20 - 274{,}40 + 308) \cdot 35{,}71$$
$$K^{**} = 170{,}80 \cdot 35{,}71 \approx 6\,100{,}-$$

$$b_2 = 1\,600;\quad t_2 = \frac{1\,600}{14} \approx 114{,}29$$
$$K^{**} = 170{,}80 \cdot 114{,}29 \approx 19\,520{,}-$$

$$b_3 = 2\,180;\quad t_3 = \frac{2\,180}{14} \approx 155{,}71$$
$$K^{**} = 170{,}80 \cdot 155{,}71 \approx 26\,596{,}-$$

$b_4 = 3\,000;\quad t_4 = \dfrac{3\,000}{14} \approx 214{,}29 > 168$ unzulässig, daher intensitätsmäßige Anpassung (vgl. dort).

---

12   Die Lösung $l = 4$ entspricht l^{min}.

Intensitätsmäßige Anpassung

$b_2 = 1\,600;$
- mit Int.-Splitting

$$t_1 = \frac{1\,600 - 168 \cdot 12}{4 - 12} = \frac{-416}{-8} = 52$$

$$t_2 = 168 - 52 = 116$$

$$K^* = z(4) \cdot 52 + z(12) \cdot 116$$
$$= 68,8 \cdot 52 + (86,4 - 201,60 + 264) \cdot 116$$
$$= 3\,577,6 + 148,80 \cdot 116 = 20\,838,40$$

- ohne Int.-Splitting

$$l = \frac{1\,600}{168} \approx 9,52382$$

$$z(l) \approx 125,73156$$

$$K = 125,73 \cdot 168 \approx 21\,122,90$$

$b_3 = 2\,180;$

$$l^{***} = \frac{2\,180}{168} \approx 12,97619$$

$$z(l^{***}) \approx 158,9896$$

$$K^{***} = 158,99 \cdot 168 \approx 26\,710,25$$

$b_4 = 3\,000;$

$$l^{***} = \frac{3\,000}{168} \approx 17,8571$$

$$z(l^{***}) \approx 231,14187$$

$$K^{***} = 231,14 \cdot 168 \approx 38\,831,83$$

6.3 Das Pichler-Kostenmodell für mehrstufige Fertigung

6.3.1 Die Ableitung des Pichler-Kostenmodells aus dem Pichler-Betriebsmodell

Das PICHLER-Produktionsmodell einer mehrstufigen Betriebswirtschaft

(75.1) $r = F_{11}\,l + F_{12}\,n$

(75.2) $z = Z_{11} \, l + Z_{12} \, n$

(75.3) $x = P_{11} \, l + P_{12} \, n$

wird unmittelbar zur Ableitung des PICHLER-Kostenmodells benutzt. Multipliziert man von links (75.1) mit den im Zeilenvektor $q' = (q_1, q_2 \ldots q_H)$ zusammengefaßten (Primär-)Faktorpreisen, so erhält man die (primären) *Gesamtkosten* der Betriebswirtschaft

(165) $K = q'r = q'F_{11} \, l + q'F_{12} \, n$

$q'F_{11}$ gibt die durchsatzbezogenen Kosten je Leitgrößeneinheit, $q'F_{12}$ die auf die Einheit der Nebenbedingungen bezogenen Kosten an.

Beispiel:

Für das Beispiel im Kapitel 4.3.1 erhält man mit dem Vektor der Faktorpreise $q' = (5 \ 10 \ 15 \ 18)$ Gesamtkosten in Höhe von K = 648 883,– DM, die sich auf die vier Primärfaktorarten wie folgt verteilen:

$K_1 = 127\,850; \qquad K_2 = 35\,630; \qquad K_3 = 236\,265; \qquad K_4 = 249\,138.$

Die Kosten je Leitgrößeneinheit betragen

Durchsatz- $\begin{cases} kl_1 = 14{,}54 \\ kl_2 = 8{,}75 \\ kl_3 = 5{,}25 \\ kl_4 = 5{,}25 \\ kl_5 = 5{,}10 \end{cases}$
bezogene
Kosten je
Leitgrößen-
einheit

Nebenbedingungs- $\begin{cases} kn_1 = 1{,}03 \\ kn_3 = 0{,}10 \\ kn_5 = 0{,}05 \end{cases}$
bezogene Kosten
je Leitgrößen-
einheit

Faßt man (75.2) und (75.3) wie folgt zusammen:

$$p := \begin{pmatrix} z \\ x \end{pmatrix} \qquad Q_{11} := \begin{pmatrix} Z_{11} \\ P_{11} \end{pmatrix} \qquad \text{und} \qquad Q_{12} := \begin{pmatrix} Z_{12} \\ P_{12} \end{pmatrix}$$

und damit

(75.2/3) $p = Q_{11} \, l + Q_{12} \, n$

so ergibt sich für den Fall der Nicht-Singularität von Q_{11}

(78) $l = Q_{11}^{-1} \, p - Q_{11}^{-1} \, Q_{12} \, n$

Setzt man (78) in (75.1) ein und multipliziert von links mit q', so erhält man

(166) $K = q'r = \underbrace{q'F_{11} \, Q_{11}^{-1} \, p}_{\text{Leistungs-}\atop\text{kosten}} + q' \, (F_{12} - F_{11} \, Q_{11}^{-1} \, Q_{12}) \, n$

(166) ist die Gesamtkostenfunktion in Abhängigkeit der Leistungen, die im Vektor p zusammengefaßt sind, und der betrieblichen Nebenbedingungen n. Der Ausdruck $q'F_{11} Q_{11}^{-1}$ stellt daher die *Kosten je Leistungseinheit* dar, so daß man den ersten Ausdruck rechts des Gleichheitszeichens als *Leistungskosten* bezeichnen kann. Die Möglichkeit der Invertierbarkeit von Q_{11} hängt im wesentlichen von der Art der in den Fertigungsstellen zur Anwendung kommenden Produktionsverfahren, von der Unabhängigkeit der Durchsatzfunktionen und der Existenz von Kuppelprodukten ab (FRÖHLICH-BERGER [Möglichkeit 1961]).

Beispiel:

Unter Verwendung des Beispiels aus Kapitel 4.3.2 und unter der Voraussetzung n = 0 sowie der Zurechnung der Gesamtkosten auf die Leistungen (z_1 z_2 z_3 x_6 x_7) erhält man folgende Kosten je Leistungseinheit:

$$kz_1 = 27{,}62; \quad kz_2 = 7{,}00; \quad kz_3 = 61{,}85; \quad kx_6 = 82{,}39; \quad kx_7 = 24{,}22$$

Da im Leistungsvektor p auch „innerbetriebliche Leistungen" und Zwischenprodukte enthalten sind, ist gleichzeitig eine innerbetriebliche Leistungsbewertung erfolgt. Auf diese Weise oder auch über die Kosten je Leitgrößeneinheit ist es möglich, die Kosten einer Fertigungsstelle zu ermitteln.

6.3.2 Gleichgewichtsproduktion im Pichler-Modell

Das PICHLER-Modell dient nicht nur unmittelbar der Errechnung von Faktor- und Produktquantitäten sowie Leitgrößen und Kosten, sondern darüber hinaus gestattet es die Bildung von Entscheidungsmodellen zur Ableitung der Gleichgewichtsproduktion. Das Aufstellen des Entscheidungsmodells erfolgt in der Weise, daß das PICHLER-Modell (75) als Ausgangsbasis zur Definition eines Wertebereichs von Modellvariablen, beispielsweise

Faktormengen	(167.1)	$\underline{r} \leqslant r \leqslant \overline{r}$
Zwischenprodukte	(167.2)	$\underline{z} \leqslant z \leqslant \overline{z}$
Endprodukte	(167.3)	$\underline{x} \leqslant x \leqslant \overline{x}$
Durchsätze	(167.4)	$\underline{l} \leqslant l \leqslant \overline{l}$

benutzt wird. Der Wertebereich bildet die Ober- bzw. Untergrenzen für die – im Hinblick auf eine gegebene Zielsetzung – festzulegenden Werte der Variablen. Bewertet man die abhängigen Variablen r, z, x mit entsprechenden Preisvektoren q', g', p', so läßt sich Fundamentalsatz 6 in der Ausprägung „Erfolgsmaximierung" durch folgende (lineare) *Zielfunktion*

(168) $E = q'r + g'z + p'x \to \text{Max.}$

beschreiben.

(168) bildet zusammen mit (75) und (167) ein lineares Entscheidungsmodell:

(168) $\quad E = q'r + g'z + p'x \to Max.$

(75) $\quad \begin{cases} 0 = F_{11}\,l + F_{12}\,n - r \\ 0 = Z_{11}\,l + Z_{12}\,n - z \\ 0 = P_{11}\,l + P_{12}\,n - x \end{cases}$

(167) $\quad \begin{cases} \underline{r} \leqslant r \leqslant \overline{r} \\ \underline{z} \leqslant z \leqslant \overline{z} \\ \underline{x} \leqslant x \leqslant \overline{x} \end{cases}$

Dieses Entscheidungsmodell kann durch Hinzufügen weiterer Restriktionen ergänzt werden, so daß reale Betriebswirtschaften ggf. besser abgebildet werden. Auch ist es möglich, ein disaggregiertes Entscheidungsmodell in der Weise aufzustellen, daß die Güterflüsse zwischen den einzelnen Stufen transparenter werden. Allerdings sind solche Modelle sehr viel umfangreicher als ein aggregiertes Modell; außerdem ist dem Güterfluß zwischen den Stufen durch geeignete „Kontinuitäts"-Bedingungen Rechnung zu tragen.

Beispiel:

Für das in Kapitel 4.3.1 aufgezeigte Beispiel eines mehrstufigen PICHLER-Produktionsmodells ist im folgenden das zugehörige Entscheidungsmodell aufgezeigt (vgl. das nachfolgende Tableau).

Das Entscheidungsmodell umfaßt im vorliegenden Fall 27 Variable und 39 Nebenbedingungen.

Bei den Variablen Nr. 01–04 handelt es sich um die von den Beschaffungsmärkten zu beschaffenden Primärfaktoren $r_1 - r_4$. Die Variablen 05–13 sind der Fertigungsstelle 1 zugeordnet. Sie umfassen im einzelnen die Durchsätze und die Nebenbedingungen der Fertigungsstelle 1 (Variable 05, 06, 07), die sekundären Faktoren (Variable 08–11) und die Zwischenprodukte (Variable 12, 13), die auf Absatzmärkten veräußert werden können. Die Variablen 14–19 sind der Fertigungsstelle 2 zugeordnet. Die Variable 14 gibt den Durchsatz der zweiten Fertigungsstelle an, die Variable 15 die Nebenbedingungen n_4. Bei den Variablen 16–18 handelt es sich wiederum um sekundäre Faktoren, die Variable 19 ist das Zwischenprodukt z_3, das an Absatzmärkte fließt. Die restlichen Variablen 20–27 sind der Fertigungsstelle 3 zugeordnet und zwar beschreiben die Variablen 20 und 21 den Durchsatz der dritten Fertigungsstelle, die Variable 22 die Nebenbedingungen dieser Fertigungsstelle. Die Variablen 23–27 umfassen die Endprodukte der Betriebswirtschaft, wobei zu beachten ist, daß die Variablen 25, 26 und 27 Kuppelprodukte darstellen.

Diesen Variablen sind in der Zielfunktion (Zeile 00) Beschaffungs- bzw. Absatzpreise zugeordnet. Von Null verschiedene Preise haben die Primärfaktoren (Variable 01–04) die Zwischenprodukte (Variable 12, 13 und 19) sowie die Endprodukte (Variable 23, 24, 25

00	zielfu. =	01 r_1	02 r_2	03 r_3	04 r_4	05 l_1	06 l_2	07 $l_{1/2/3}$	08 x_1	09 x_2	10 x_{21}	11 x_{31}	12 z_1	13 z_2	14 l_3	15 n_4	16 x_4	17 x_5	18 x_{51}	19 z_3	20 l_4	21 l_5	22 n_5	23 x_6	24 x_7	25 x_8	26 x_9	27 x_3
		-5	-10	-15	-18								45	23						110				140	55	25		18
01	=0	1	1	1	1	.04	-.01	-.15	-.5	-.4					-.05	-.02	-.5				-.05	-.02	-0.01	-.8	-.7			
02	=0					-.02	-.02	-.01	-.8	-.3																		
03	=0					-.04		-.01	-.6	-.1																		
04	=0																											
05	=0					1			-1.9																			
06	=0					.08	-.02	-.04	1	-.8	-1	1				-.05	-2	-.5	1									
07	=0							-.08			-1						-.8											
08	=0																											
09	=0												-1															
10	=0																											
11	=0														1			1		-1		1						
12	=0															-.02	-1.5												
13	=0																-1.5												
14	=0																											
15	=0									1											1	1		-1.25 −0.3				
16	=0																							-0.125 −.3				
17	=0							.03				-1												-0.8	0.7			
18	=0																				-.02	-.04	.06	-.4				
19	=0																										-1	
20	≥ 26 000																											
21	≥ 3 700																											
22	≥ 16 000																											
23	≥ 14 000																				1							
24	≥ 36 000																											
25	≥ 9 500																											
26	≥ 3 750	1	1	1																								
27	≥ 2 500																											
28	≥ 3 500																											
29	≤ 820																											
30	≤ 770							-1								-1							-1					
31	≤ 127						1																					
32	≥ 115														1														
33	≤ 110																					1							
34	≥ 95				1																							
35	≤ 3 800																											
36	≤ 5 500																							1	1	1		
37	≤ 2 500													1															
38	≤ 3 000														1														1
39	≤ 5 000																											

und 27). Da die Zielfunktion den Überschuß der Erlöse über die Kosten der Beschaffung der primären Faktoren maximieren soll, erscheinen die Preise der Primärfaktoren in der Zielfunktion mit − 1 multipliziert.

Die Restriktionen 01−19 erscheinen in Gleichungsform. Diese Restriktionen sichern den Güterfluß zwischen den Beschaffungsmärkten und der Betriebswirtschaft einerseits, den Fertigungsstellen untereinander und den Absatzmärkten andererseits. Die Restriktionen 01−04 können als „Materialbilanzen" angesehen werden, denn sie verknüpfen die Menge der zu beschaffenden Primärfaktoren mit den Durchsätzen, Nebenbedingungen und sekundären Faktoren bzw. Endprodukten. Die Restriktionen 05−19 dagegen verknüpfen Durchsätze und Produkte und stellen die Lieferung von Gütern zwischen den Fertigungsstellen sicher.

Die Restriktionen 20−39 stellen Nebenbedingungen in Ungleichungsform dar. Die Restriktionen 20−23 beschränken die Mengen der zu beschaffenden Primärfaktoren. So können z. B. von der Primärfaktorart Nr. 4 nicht mehr als 14 000 Einheiten beschafft werden. Die Restriktionen 24−28 stellen Kapazitätsrestriktionen dar. Hier werden die Durchsätze der drei Fertigungsstellen nach oben begrenzt. So kann beispielsweise der Durchsatz der zweiten Fertigungsstelle 3 750 kg nicht überschreiten.

In den Restriktionen 29−34 werden die Nebenbedingungen beschränkt. So darf beispielsweise die Temperatur, die zur Fertigung der Produkte in den Fertigungsstellen 1, 2 und 3 erforderlich ist, 820 Grad nicht über- und 770 Grad nicht unterschreiten. Entsprechendes gilt für den Druck in Fertigungsstelle 2 und 3.

Die Restriktionen 35−39 stellen Absatzrestriktionen dar. Sie beschränken die Mengen der zu den gegebenen Preisen verkaufbaren Zwischen- und Endprodukte nach oben. So können beispielsweise von Zwischenprodukt z_2 zum Preis von 23,− DM nicht mehr als 5 000 Einheiten verkauft werden. Alle Leerfelder im Tableau stellen Nullen dar.

Dieses Entscheidungsmodell läßt sich mit Methoden der linearen Programmierung lösen. Man erhält folgende optimale Lösung:

Der Zielfunktionswert beträgt 654 505,43 DM.

Variable Nr.	Variable-Name	Lösungswert
01	Beschaffungsmenge Primärfaktor 1	25 140,29
02	Beschaffungsmenge Primärfaktor 2	3 479,24
03	Beschaffungsmenge Primärfaktor 3	15 140,44
04	Beschaffungsmenge Primärfaktor 4	13 283,78
05	Durchsatz 1 Fertigungsstelle 1	34 327,97
0,6	Durchsatz 2 Fertigungsstelle 1	8 788,42
07	Gemeinsame Nebenbedingungen der Fertigungsstellen 1, 2, 3	770

08	Sekundärfaktor 1	18 067,35
09	Sekundärfaktor 2	10 985,52
10	Menge des Zwischenproduktes z_2, die Fertigungsstelle 1 erzeugt	3 109,37
11	Menge des Endproduktes x_3 die Fertigungsstelle 1 erzeugt	2 952,81
12	Zwischenprodukt z_1	3 000
13	Zwischenprodukt z_2	5 000
14	Durchsatz Fertigungsstelle 2	3 750
15	Nebenbedingung Druck Fertigungsstelle 2	115
16	Sekundärfaktor 4	7 500
17	Sekundärfaktor 5	3 752,30
18	Menge des Zwischenproduktes z_2, die Fertigungsstelle 2 erzeugt	1 890,63
19	Zwischenprodukt 3	2 093,75
20	Durchsatz 1 der Fertigungsstelle 3	2 500
21	Durchsatz 2 der Fertigungsstelle 3	3 500
22	Nebenbedingung Druck Fertigungsstelle 3	110
23	Endprodukt x_6	3 125
24	Endprodukt x_7	5 000
25	Kuppelprodukt x_8	1 256,60
26	Menge des Produktes x_3, die Fertigungsstelle 3 erzeugt	213,10
27	Menge Produkt x_3	3 165,91

Wie aus den Lösungswerten ersichtlich ist, werden nicht alle Restriktionen ausgeschöpft. So greifen beispielsweise die Beschaffungsmarktrestriktionen nicht. Auch die Kapazitätsrestriktionen der Fertigungsstelle 1 sind nicht wirksam; wohl hingegen die Kapazitätsrestriktionen der Fertigungsstelle 2 und der Fertigungsstelle 3.

Bei den betrieblichen Nebenbedingungen liegt die Temperatur an der Untergrenze, ebenso der Druck in Fertigungsstelle 2, wo hingegen für Fertigungsstelle 3 der Druck 110 at beträgt und damit an der Obergrenze liegt.

Bei den Absatzrestriktionen greifen nur die Restriktionen 38 und 39 für die Zwischenprodukte z_1 und z_2, die übrigen Absatzrestriktionen können aufgrund der begrenzten Produktionskapazitäten in Fertigungsstelle 2 und 3 nicht ausgeschöpft werden.

Literaturverzeichnis

Abkürzungen:

IO   Industrielle Organisation
KRP   Kostenrechnungs-Praxis
MTW   Mathematik, Technik und Wirtschaft
UfO   Unternehmensforschung
ZfB   Zeitschrift für Betriebswirtschaft
ZfbF   Zeitschrift für betriebswirtschaftliche Forschung
ZfhF   Zeitschrift für handelswissenschaftliche Forschung
ZfSt   Zeitschrift für die gesamte Staatswissenschaft
ZfO   Zeitschrift für Organisation

Adam, D.: [Produktionsplanung] Produktionsplanung bei Sortenfertigung. Ein Beitrag zur Theorie der Mehrproduktunternehmung, Wiesbaden 1969.
Adam, D.: [Kostenbewertung] Entscheidungsorientierte Kostenbewertung, Wiesbaden 1970.
Adam, D.: [Anpassung] Quantitative und intensitätsmäßige Anpassung mit Intensitäts-Splitting bei mehreren funktionsgleichen, kostenverschiedenen Aggregaten. In: ZfB 42, 1972, S. 381–400.
Adam, D.: [Produktions-] Produktions- und Kostentheorie bei Beschäftigungsgradänderungen, Tübingen–Düsseldorf 1974.
Albach, H.: [Verbindung] Zur Verbindung von Produktionstheorie und Investitionstheorie. In: Zur Theorie der Unternehmung, Festschrift für E. Gutenberg, Wiesbaden 1962, S. 137–201.
Albach, H.: [System] Das System der modernen betrieblichen Planung. Festschrift des Bundesministers für Verteidigung, Bonn 1965.
Albach, H.: [Produktionsplanung] Produktionsplanung auf der Grundlage technischer Verbrauchsfunktionen. In: Arbeitsgemeinschaft für Forschung des Landes Nordrhein-Westfalen, Heft 105, Köln–Opladen 1965.
Altrogge, G.: [Einfluß] Der Einfluß von Minimal- und Maximalintensitäten auf die kostenoptimale Anpassung von Aggregatgruppen. In: ZfB 42, 1972, S. 545–564.
Amonn, A.: [Objekt] Objekt und Grundbegriffe der theoretischen Nationalökonomie, 2. Aufl., Leipzig–Wien 1927.
Amonn, A.: [Grundbegriffe] Volkswirtschaftliche Grundbegriffe und Grundprobleme, 2. Aufl., Bern 1944.
Becker, C.: [Betriebsgrößen] Optimale Betriebsgrößen, Köln–Opladen 1969.

Berger, K.-H.: [Betriebsgröße] Die Betriebsgröße als kostentheoretisches und als leistungsstrukturelles Problem. In: ZfbF 24, 1972, S. 421–433.
Bergner, H.: [Ersatz] Der Ersatz fixer Kosten durch variable Kosten. In: ZfbF 19, 1967, S. 141–162.
Beste, Th.: [Betriebsgröße] Die optimale Betriebsgröße als betriebswirtschaftliches Problem, Leipzig 1933.
Böhm, H. H.: [Programmplanung] Die Programmplanung mit Hilfe der Standard-Grenzpreise. In: Taschenbuch für den Betriebswirt 1957.
Böhm, H. H., Wille, F.: [Direct Costing] Direct Costing und Programmplanung, München 1960.
v. Böhm-Bawerk, E.: [Rechte] Rechte und Verhältnisse vom Standpunkte der volkswirtschaftlichen Güterlehre, Innsbruck 1881.
v. Böhm-Bawerk, E.: [Kapitalzins] Kapital und Kapitalzins, 2. Abteilung: Positive Theorie des Kapitals. 1. Bd., 4. Aufl., 1921, Nachdruck Meisenheim/Glan 1961.
v. Böhm-Bawerk, E.: [Kapital] Kapital. In: Handwörterbuch der Staatswissenschaften. Hrsg. L. Elster u. a., Bd. 5, 4. Aufl., Jena 1923, S. 576–582.
Böhrs, H.: [Arbeitsleistung] Die menschliche Arbeitsleistung und die Möglichkeiten ihrer Messung. In: ZfB 31, 1961, S. 641–654.
Bohr, K.: [Produktionstheorie] Zur Produktionstheorie der Mehrproduktunternehmung, Köln–Opladen 1967.
Bol, G.: [Stetigkeit] Stetigkeit und Effizienz bei mengenwertigen Produktionsfunktionen, Meisenheim 1973.
Bücker, K.: [Gesetz] Das Gesetz der Massenproduktion, ZfSt 66, 1910, S. 429–444.
Busse v. Colbe, W., Lassmann, G.: [Betriebswirtschaftstheorie] Betriebswirtschaftstheorie. Bd. 1: Grundlagen, Produktions- und Kostentheorie, Berlin–Heidelberg–New York 1975.
Chenery, H. B.: [Production] Engineering Production Functions. In: The Quarterly Journal of Economics 63, 1949, S. 507–531.
Chenery, H. B.: [Process] Process and Production Functions from Engineering Data. 1953, Kap. 8, S. 297–325. In: Leontief, Chenery u. a., Studies 1953.
Chmielewicz, K.: [Grundlagen] Grundlagen der industriellen Produktgestaltung, Berlin 1968.
Chmielewicz, K.: [Wirtschaftsgut] Wirtschaftsgut und Rechnungswesen. In: ZfbF 21, 1969, S. 85–122.
Chmielewicz, K.: [Mehrperiodenplanung] Mehrperiodenplanung von industriellen Erzeugnis- und Teilerzeugnis-Programmen mit Hilfe des Matrizenkalküls. In: ZfbF 22, 1970, S. 285–301.
Chmielewicz, K.: [Teilebedarfsermittlung] Teilebedarfsermittlung mit Hilfe des Gozinto-Graphen. Eine Erwiderung. In: ZfbF 22, 1970, S. 734–736.
Chmielewicz, K.: [Integrierte] Integrierte Finanz- und Erfolgsplanung. Versuch einer dynamischen Mehrperiodenplanung, Stuttgart 1972.
Chmielewicz, K.: [Erfolgsplanung] Integrierte Finanz- und Erfolgsplanung, Stuttgart 1972.
Chmielewicz, K.: [Rechnungswesen] Betriebliches Rechnungswesen. Band 1: Finanzrechnung und Bilanz. Band 2: Erfolgsrechnung, Reinbek bei Hamburg 1973.
Chmielewicz, K.: [Rechnungswesen 1] Betriebliches Rechnungswesen 1, Finanzrechnung und Bilanz, Reinbek 1973.

Chmielewicz, K.: [Finanzwirtschaft] Betriebliche Finanzwirtschaft I. Finanzierungsrechnung, Berlin–New York 1976.
Clauss, W.: [Begriff] Der Begriff des wirtschaftlichen Gutes, Diss. Halle 1927.
Coenenberg, A. G.: [Lernvorgänge] Die Bedeutung fertigungswirtschaftlicher Lernvorgänge für Kostentheorie, Kostenrechnung und Bilanz. In: KRP 1970, S. 111–116.
Danø, S.: [Substitution] A Note on Factor Substitution in Industrial Production Processes. In: UfO 9, 1965, S. 164–168.
Danø, S.: [Production] Industrial Production Models, Wien und New York 1966.
Dantzig, G. B.: [Programming] The Programming of Interdependent Activities: Mathematical Model. In: Activity Analysis of Production and Allocation, Cowles Commission Monograph 13, Hrsg.: T. C. Koopmans, New York–London 1951, S. 19–32.
Debreu, G.: [Theory of Value] Theory of Value. An Axiomatic Analysis of Economic Equilibrium. Cowles Foundation Monograph 17, New Haven–London 1959.
Debreu, G.: [Werttheorie] Werttheorie. Eine axiomatische Analyse des ökonomischen Gleichgewichts, Berlin–Heidelberg–New York 1976.
Dellmann, K.: [Bestimmung] Die Bestimmung optimaler Bedienungssysteme bei Mehrstellenarbeit, Köln–Berlin–Bonn–München 1971.
Dellmann, K.: [Entscheidungsmodelle] Entscheidungsmodelle für die Serienfertigung, Opladen 1975.
Dellmann, K., Nastansky, L.: [Produktionsplanung] Kostenminimale Produktionsplanung bei rein intensitätsmäßiger Anpassung mit differenzierten Intensitätsgraden. In: ZfB 39, 1969, S. 239–268.
Ehrt, R.: [Zurechenbarkeit] Die Zurechenbarkeit von Kosten auf Leistungen auf der Grundlage kausaler und finaler Beziehungen, Stuttgart 1967.
Eichhorn, W.: [Verallgemeinerung] Eine Verallgemeinerung des Begriffs der homogenen Produktionsfunktion. In: UfO 13, 1969, S. 99–109.
Eichhorn, W.: [Theorie] Theorie der homogenen Produktionsfunktion, Berlin–Heidelberg–New York 1970.
Eller, H. H.: [Grundprobleme] Grundprobleme der betriebswirtschaftlichen Kostenlehre. Eine Untersuchung ihrer Ziele und Aussagensysteme, Berlin 1968.
Ellinger, Th.: [Ablaufplanung] Ablaufplanung, Stuttgart 1959.
Elsner, K.: [Produktionstheorie] Mehrstufige Produktionstheorie und dynamisches Programmieren, Meisenheim a. G. 1964.
Engels, W.: [Bewertungslehre] Betriebswirtschaftliche Bewertungslehre im Licht der Entscheidungstheorie, Köln und Opladen 1962.
Ewinger, D.: [Kapazitätsmessung] Kapazitätsmessung und -auslastung in der Fertigung. In: Industrielle Organisation 41, 1972, S. 95–97.
Ferguson, A. R.: [Determination] Empirical Determination of Multidimensional Marginal Cost Function. In: Econometrica 18, 1950, S. 217–235.
Ferguson, A. R.: [Airline] Airline Production Functions (Abstract). In: Econometrica 19, 1951, S. 57–58.
Ferguson, A. R.: [Air] Commercial Air Transportation in the United States. 1953, Kap. 11, S. 422–447. In: Leontief, Chenery u. a., Studies 1953.
Förstner, K.: [Produktionsfunktionen] Betriebs- und volkswirtschaftliche Produktionsfunktionen. In: ZfB 32, 1962, S. 264–282.
Förstner, K.: [Produktions-] Produktions- und Verbrauchsfunktionen bei der Herstellung eines Gutes und zwei Faktoren. In: Operations Research Verfahren. Hrsg. R. Henn u. a., Bd. V, Meisenheim 1968.

Förstner, K., Henn, R.: [Produktionstheorie] Dynamische Produktionstheorie und lineare Programmierung, 2. Aufl., Meisenheim a. G. 1970.
Franke, R.: [Betriebsmodelle] Betriebsmodelle, Düsseldorf 1972.
Frisch, R.: [Production] Theory of Production, Dordrecht 1965.
Fröhlich, S., Berger, J.: [Möglichkeit] Über die Möglichkeit der Einführung industriemathematischer Methoden im Kombinat Böhlen (Bez. Leipzig). In: Wiss. Z. d. Hochsch. f. Ökonomie, Berlin, 3. Bd. 1961, S. 236–246.
Gälweiler, A.: [Produktionskosten] Produktionskosten und Produktionsgeschwindigkeit, Wiesbaden 1960.
Georgesco-Roegen, N.: [Aggregate] The Aggregate Linear Production Function and its Applications to von Neumann's Economic Model. In: Activity Analysis of Production and Allocation, Cowles Commission Monograph 13, Hrsg.: T. C. Koopmans, New York –London 1951, S. 98–115.
Göppl, H.: [Aussage] Die kostentheoretische Aussage der Begriffe Betriebsgröße und Beschäftigungsgrad. In: ZfB 36, 1966, S. 434–446.
Gümbel, R.: [Bedeutung] Die Bedeutung der Leerkosten für die Kostentheorie. In: ZfbF 16, 1964, S. 65–81.
Gutenberg, E.: [Verlauf] Über den Verlauf von Kostenkurven und seine Begründung. In: ZfhF N. F. 5, 1953, S. 1–35.
Gutenberg, E.: [Produktionsfunktion] Die Produktionsfunktion als Beispiel betriebswirtschaftlicher Theoriebildung. In: Systeme und Methoden in den Wirtschafts- und Sozialwissenschaften, Tübingen 1964, S. 145–153.
Gutenberg, E.: [Produktion] Grundlagen der Betriebswirtschaftslehre. 1. Bd.: Die Produktion, 21. Aufl., Berlin–Heidelberg–New York 1973.
Haberbeck, H.-R.: [Beschreibung] Zur Beschreibung der Abhängigkeitsstruktur des Produktionsfaktorverbrauches. In: ZfB 38, 1968, S. 905–916.
Haberbeck, H.-R.: [Verbrauchsfunktionen] Zur wirtschaftlichen Ermittlung von Verbrauchsfunktionen, Diss. Köln 1968.
Hall, R.: [Einflußgrößen] Das Rechnen mit Einflußgrößen im Stahlwerk, Köln und Opladen 1959.
Haller, H.: [Kostentheorie] Der symmetrische Aufbau der Kostentheorie. In: ZfSt 105, 1949, S. 429–448.
Haller, H.: [Kostenrechnung] Kostentheorie und Kostenrechnung. In: ZfSt 106, 1950, S. 492–511.
Hax, H.: [Kostenbewertung] Kostenbewertung mit Hilfe der mathematischen Programmierung. In: ZfB 35, 1965, S. 197–210.
Hax, H.: [Bewertungsprobleme] Bewertungsprobleme bei der Bewertung von Zielfunktionen für Entscheidungsmodelle. In: ZfbF 19, 1967, S. 749–761.
Heinen, E.: [Anpassungsprozesse] Anpassungsprozesse und ihre kostenmäßigen Konsequenzen, dargestellt am Beispiel des Kokereibetriebes, Köln und Opladen 1957.
Heinen, E.: [Kapital] Das Kapital in der betriebswirtschaftlichen Kostentheorie, Wiesbaden 1966.
Heinen, E.: [Das Kapital] Das Kapital in der Produktions- und Kostentheorie. In: ZfB 36, 1966, Ergänzungsheft I, S. 53–63.
Heinen, E.: [Produktions-] Produktions- und Kostentheorie. In: Allgemeine Betriebswirtschaftslehre in programmierter Form, H. Jacob (Hrsg.), Wiesbaden 1969.
Heinen, E.: [Kostenlehre] Betriebswirtschaftliche Kostenlehre, Kostentheorie und Kostenentscheidungen, 3. Aufl., Wiesbaden 1970, 4. Aufl. Wiesbaden 1974.

Heiss, Th.: [Grundlagen] Theoretische Grundlagen für die empirische Ermittlung industrieller Kostenfunktionen, Diss. Saarbrücken 1960.
Henn, R., Opitz, O.: [Konsum-] Konsum- und Produktionstheorie II, Berlin–Heidelberg–New York 1967.
Henzel, F.: [Unternehmer] Der Unternehmer als Disponent seiner Kosten. In: ZfB 13, 1936, S. 139–167.
Henzel, F.: [Kostenrechnung] Die Kostenrechnung, 4. erw. Aufl., Essen 1964.
Henzel, F.: [Kosten] Kosten und Leistung, 4. Aufl., Essen 1967.
Hildenbrand, W.: [Grundlagen] Mathematische Grundlagen zur nichtlinearen Aktivitätsanalyse. In: Unternehmensforschung 10 (1966), S. 66–80.
Hildenbrand, W.: [Korrespondenzen] Über stetige Korrespondenzen. In: Operations Research Verfahren, 3. Bd., 1967, S. 234–248.
Hohenbild, R.: [Verursachungsdenken] Das Verursachungsdenken in der betriebswirtschaftlichen Kostenlehre, Diss. Bochum 1972.
Hummel, S.: [Zurechnungsakrobatik] Zurechnungsakrobatik. Die Beziehungen zwischen Rechnungszweck und Kostenrechnung. In: KRP 2, 1968, S. 59–64.
Hummel, S.: [Kostenerfassung] Wirklichkeitsnahe Kostenerfassung, Berlin 1970.
Ihde, G.-B.: [Lernprozesse] Lernprozesse in der betriebswirtschaftlichen Produktionstheorie. In: ZfB 40, 1970, S. 451–468.
Ijiri, Y.: [Foundations] The Foundations of Accounting Measurement. A Mathematical, Economic and Behavioral Inquiry, Englewood Cliffs, N. J. 1967.
Jacob, H.: [Diskussion] Zur neueren Diskussion um das Ertragsgesetz. In: ZfhF 1957, S. 598.
Jacob, H.: [Produktionsplanung] Produktionsplanung und Kostentheorie. In: Zur Theorie der Unternehmung. Festschrift für E. Gutenberg, Wiesbaden 1962, S. 205–268.
Jacobs, O. H.: [Aussagemöglichkeiten] Aussagemöglichkeiten und Grenzen industrieller Kostenrechnung aus kostentheoretischer Sicht, Köln und Opladen 1968.
Kabrede, H.-J.: [Theorie] Zur Theorie der Mehrprodukt- und Mehrstufenunternehmung, Göttingen 1972.
Kemeny, J. G., Schleifer, A., Snell, J. L., Thompson, G. L.: [Mathematik] Mathematik für die Wirtschaftspraxis, Berlin 1966.
Kern, W.: [Fertigungskapazitäten] Die Messung industrieller Fertigungskapazitäten und ihrer Ausnutzung, Köln–Opladen 1962.
Kern, W.: [Produktionswirtschaft] Die Produktionswirtschaft als Erkenntnisbereich der Betriebswirtschaftslehre. In: ZfbF 28, 1976, S. 756–767.
Kilger, W.: [Produktions-] Produktions- und Kostentheorie, Wiesbaden 1958.
Kilger, W.: [Grundlage] Die Produktions- und Kostentheorie als theoretische Grundlage der Kostenrechnung. In: ZfhF N. F. 10, 1958, S. 553–564.
Kilger, W.: [Arbeit] Der Faktor Arbeit im System der Produktionsfaktoren. In: ZfB 31, 1961, S. 597–611.
Kilger, W.: [Schmalenbachs Beitrag] Schmalenbachs Beitrag zur Kostenlehre. In: ZfbF 25, 1973, S. 522–540.
Kilger, W.: [Absatzplanung] Optimale Produktions- und Absatzplanung, Opladen 1973.
Kilger, W.: [Grundlagen] Kostentheoretische Grundlagen der Grenzplankostenrechnung. In: ZfbF 28, 1976, S. 679–693.
Kilger, W.: [Einführung] Einführung in die Kostenrechnung, Opladen 1976.
Klaus, J.: [Produktions-] Produktions- und Kostentheorie, Stuttgart 1974.
Kloock, J.: [Input-Outputmodelle] Betriebswirtschaftliche Input-Outputmodelle, Wiesbaden 1969.

Kloock, J.: [Diskussion] Zur gegenwärtigen Diskussion der betriebswirtschaftlichen Produktions- und Kostentheorie. In: ZfB 39, 1969, Ergänzungsheft I, S. 49–82.
Koch, H.: [Diskussion] Zur Diskussion über den Kostenbegriff. In: ZfhF N. F. 10, 1958, S. 355–399.
Koch, H.: [Kostenbegriffs] Zur Frage des pagatorischen Kostenbegriffs. Bemerkungen zum Beitrag von K. Engelmann. In: ZfB 29, 1959, S. 8–17.
Koch, H.: [Grundprobleme] Grundprobleme der Kostenrechnung, Köln und Opladen 1966.
Koch, H.: [Planungsprobleme] Planungsprobleme bei unvollständigem Entscheidungsfeld. Die Problematik des Opportunitätsprinzips. In: ZfB 47, 1977, S. 353–384.
Koopmans, T. C.: [Analysis of Production] Analysis of Production as an Efficient Combination of Activities. In: Activity Analysis of Production and Allocation, Cowles Commission Monograph 13, Hrsg.: T. C. Koopmans, New York–London 1951, S. 33–97.
Kosiol, E.: [Kostenauflösung] Kostenauflösung und proportionaler Satz. In: ZfhF 21, 1927, S. 345–358.
Kosiol, E.: [Kostenkategorien] Die Schmalenbachschen Kostenkategorien. In: ZfB 4, 1927, S. 469–472.
Kosiol, E.: [Kostenrechnung] Kostenrechnung, Wiesbaden 1964.
Kosiol, E.: [Einführung] Einführung in die Betriebswirtschaftslehre, Wiesbaden 1968.
Kosiol, E.: [Bausteine] Bausteine der Betriebswirtschaftslehre. Eine Sammlung ausgewählter Abhandlungen, Aufsätze und Vorträge. Bd. 1: Methodologie, Grundlagen und Organisation. Bd. 2: Rechnungswesen. Betriebswirtschaftliche Forschungsergebnisse. Hrsg. E. Kosiol u. a., Bd. 62/I, Bd. 62/II, Berlin 1973.
Kosiol, E.: [Analyse] Kritische Analyse der Wesensmerkmale des Kostenbegriffes. In: Betriebsökonomisierung durch Kostenanalyse, Absatzrationalisierung und Nachwuchserziehung. Festschrift für Rudolf Seyffert zu seinem 65. Geburtstag.
Krelle, W.: [Produktionstheorie] Produktionstheorie. Teil I der Preistheorie, 2. Aufl., Tübingen 1969.
Lassmann, G.: [Produktionsfunktion] Die Produktionsfunktion und ihre Bedeutung für die betriebswirtschaftliche Kostentheorie, Köln und Opladen 1958.
Lassmann, G.: [Erlösrechnung] Die Kosten- und Erlösrechnung als Instrument der Planung und Kontrolle in Industriebetrieben, Düsseldorf 1968.
Lassmann, G.: [Grundlage] Die Kosten- und Erlösrechnung als Grundlage der kurzfristigen Planung in Industriebetrieben. In: Unternehmerische Planung und Entscheidung, Hrsg. W. Busse v. Colbe, P. Meyer-Dohm, Bielefeld 1969, S. 113–143.
Leontief, W.: [Structure] The Structure of the American Economy 1919–29, Cambridge/Mass., 1941.
Leontief, W., Chenery, H. B. u. a.: [Studies] Studies in the Structure of the American Economy. Theoretical and Empirical Explorations in Input-Output-Analysis, New York 1953.
Leontief, W.: [Input-Output-Analyse] Die multiregionale Input-Output-Analyse, Köln–Opladen 1963.
Leontief, W.: [Input-Output-Analysis] Input-Output-Analysis. In: Input-Output-Economics, von Wassily Leontief, New York 1966, S. 134–155.
Lücke, W.: [Probleme] Probleme der quantitativen Kapazität in der industriellen Erzeugung. In: ZfB 35, 1965, S. 354–369.
Lücke, W.: [Produktions-] Produktions- und Kostentheorie, Würzburg und Wien 1969.

Lücke, W.: [Qualitätsprobleme] Qualitätsprobleme im Rahmen der Produktions- und Absatztheorie. In: Zur Theorie des Absatzes, Erich Gutenberg zum 75. Geburtstag, Wiesbaden 1973, S. 263–299.
Lüder, K.: [Kostenbewertung] Entscheidungsorientierte Kostenbewertung. In: ZfB 42, 1972, S. 71–75.
Luhmer, A.: [Produktionsprozesse] Maschinelle Produktionsprozesse. Ein Ansatz dynamischer Produktions- und Kostentheorie, Opladen 1975.
Mayer, H.: [Gut] Gut. In: Handwörterbuch der Staatswissenschaften, Hrsg. L. Elster u. a., 4. Aufl., Bd. 4, Jena 1927, S. 1272–1280.
Mellerowicz, K.: [Kosten] Kosten und Kostenrechnung, Bd. 1: Theorie der Kosten, 5. Aufl., Berlin 1973, S. 207 ff.
Menger, C.: [Grundsätze] Grundsätze der Volkswirtschaftslehre, 2. Aufl., Wien–Leipzig 1923.
Menrad, S.: [Kostenbegriff] Der Kostenbegriff. Eine Untersuchung über den Gegenstand der Kostenrechnung, Berlin 1965.
Müller-Hagedorn, L.: [Zinsen] Zinsen in einer strategischen Kostenrechnung. In: ZfB 46, 1976, S. 777–800.
Müller-Merbach, H.: [Berechnung] Die Berechnung des Nettoteilebedarfs aus dem Gozinto-Graph. In: Ablauf und Planungsforschung 5, 1964, S. 191–198.
Müller-Merbach, H., Schmidt, W. P.: [Teilebedarfsermittlung] Teilebedarfsermittlung mit Hilfe des Gozintographen. In: ZfbF 22, 1970, S. 727–733.
Münzel, G.: [Kosten] Die fixen Kosten in der Kostenträgerrechnung, Wiesbaden 1966.
Neuefeind, B.: [Kostenmodelle] Betriebswirtschaftliche Produktions- und Kostenmodelle für die chemische Industrie, Diss. Köln 1969.
Opfermann, K., Reinermann, H.: [Opportunitätskosten] Opportunitätskosten, Schattenpreise und optimale Geltungszahl. In: ZfB 35, 1965, S. 211–236.
Pack, L.: [Bestimmung] Die Bestimmung der optimalen Leistungsintensität. In: ZfSt 119, 1963, S. 1–57.
Pack, L.: [Elastizität] Die Elastizität der Kosten. Grundlagen einer entscheidungsorientierten Kostentheorie, Wiesbaden 1966.
Pfeiffer, W., Dörrie, U., Stoll, E.: [Arbeit] Menschliche Arbeit in der industriellen Produktion, Göttingen 1977.
Pichler, O.: [Anwendung] Anwendung der Matrizenrechnung auf betriebswirtschaftliche Aufgaben. In: Ing.-Archiv 21, 1953, S. 119–140.
Pichler, O.: [Matrizenrechnung] Anwendung der Matrizenrechnung zur Erfassung von Betriebsabläufen. In: Ing.-Archiv 21, 1953, S. 157–175.
Pichler, O.: [Probleme] Probleme der Planrechnung in der chemischen Industrie. In: Chem. Techn. 6, 1954, S. 293–300, 316, 392–405.
Pichler, O.: [Soll-Ist-Vergleich] Der Soll-Ist-Vergleich in der chemischen Industrie. In: Technolog. Planung 3, 1955, S. 325–329.
Pichler, O.: [Matrizenrechnung] Die Matrizenrechnung in der „Produktionsforschung" (Operations Research). In: Allg. Stat. Arch. 40, 1956, S. 364–370.
Pichler, O.: [Mathematik] Mathematik in der Betriebswirtschaft. In: MTW-Mitteilungen 3, 1956, S. 105–112, S. 170–175.
Pichler, O.: [Betriebswirtschaft] Matrizenrechnung in der Betriebswirtschaft. In: UfO 1, 1956, S. 94.
Pichler, O.: [Produktionsgestaltung] Wirtschaftliche Produktionsgestaltung. In: UfO 1, 1956, S. 3–6.

Pichler, O.: [Anwendungsgebiete] Betriebswirtschaftliche Anwendungsgebiete für moderne Rechenanlagen. In: Bericht über d. Intern. Koll. ü. Probl. d. Rechentechnik, Dresden 1955, S. 5—13, Berlin 1957.
Pichler, O.: [Anwendung] Anwendung der Matrizenrechnung im industriellen Rechnungswesen. In: MTW-Mitt. 4, 1957, S. 362—370, dto. 5, 1958, S. 19—30, S. 91—100.
Pichler, O.: [Betriebskostenüberwachung] Anwendung der Matrizenrechnung bei der Betriebskostenüberwachung. In: Anwendungen der Matrizenrechnung auf wirtschaftliche und statistische Probleme, Hrsg. A. Adam u. a., Würzburg 1959, S. 74—111.
Pressmar, D. B.: [Produktionstheorie] Produktionstheorie und Produktionsplanung. Karl Hax zum 65. Geburtstag, Hrsg. v. Adolf Moxter, Dieter Schneider und Waldemar Wittmann, Köln—Opladen 1966.
Pressmar, D. B.: [Kosten-] Kosten- und Leistungsanalyse im Industriebetrieb, Wiesbaden 1971.
Reichwald, R.: [Arbeit] Die menschliche Arbeit in der betriebswirtschaftlichen Produktionstheorie — eine methodologische Analyse —, Diss. München 1973.
Reichwald, R.: [Arbeit] Arbeit als Produktionfaktor, München 1977.
Riebel, P.: [Kuppelproduktion] Die Kuppelproduktion, Köln—Opladen 1955.
Riebel, P.: [Ertragsverläufe] Kosten- und Ertragsverläufe bei Prozessen mit verweilzeitabhängiger Ausbeute. In: ZfhF N. F. 9, 1957, S. 217—248.
Riebel, P.: [Erzeugungsverfahren] Industrielle Erzeugungsverfahren in betriebswirtschaftlicher Sicht, Wiesbaden 1963.
Riebel, P.: [Kosten] Kosten und Preise bei verbundener Produktion, Substitutionskonkurrenz und verbundener Nachfrage, Opladen 1971.
Riebel, P.: [Deckungsbeitragsrechnung] Einzelkosten- und Deckungsbeitragsrechnung, 2. erw. Aufl., Opladen 1976.
Rummel, K.: [Ordnung] Die Ordnung der Kosten nach ihrer Abhängigkeit von betrieblichen Zeitgrößen. In: Die Betriebswirtschaft 23, 1930, S. 33—40, S. 72—80.
Rummel, K.: [Kostenrechnung] Einheitliche Kostenrechnung auf der Grundlage einer vorausgesetzten Proportionalität der Kosten zu betrieblichen Größen, 3. Aufl., Düsseldorf 1949.
Sauermann, H.: [Einführung] Einführung in die Volkswirtschaftslehre, 1. Bd., 2. Aufl., Wiesbaden 1965.
Say, J. B.: [Traité] Traité d'Economie Politique ou Simple Exposition de la Manière dont se forment, se distribuent et se consomment les richesses, Paris 1803.
Schäfer, E.: [Aufgabe] Die Aufgabe der Absatzwirtschaft, 2. Aufl., Köln und Opladen 1950.
Schär, J. F.: [Allgemeine] Allgemeine Handelsbetriebslehre, 5. Aufl., Leipzig 1923.
Schätzle, G.: [Fortschritt] Technischer Fortschritt und Produktionsfunktion. In: Produktionstheorie und Produktionsplanung. Karl Hax zum 65. Geburtstag, Hrsg. v. Adolf Moxter, Dieter Schneider u. Waldemar Wittmann, Köln—Opladen 1966, S. 37—61.
Schmalenbach, E.: [Verrechnungspreise] Die Verrechnungspreise in großindustriellen Betrieben, Habilitationsschrift 1903.
Schmalenbach, E.: [Selbstkostenrechnung] Selbstkostenrechnung und Preispolitik, 6. Aufl., Leipzig 1934.
Schmalenbach, E.: [Kostenrechnung] Kostenrechnung und Preispolitik, 8. Aufl. (bearbeitet v. R. Bauer), Köln—Opladen 1963.
Schneider, D.: [Kostentheorie] Kostentheorie und verursachungsgemäße Kostenrechnung. In: ZfhF 13, 1961, S. 677—707.

Schneider, D.: [„Lernkurven"] Die „Lernkurven" und ihre Bedeutung für die Produktionsplanung und Kostentheorie. In: ZfbF 17, 1965, S. 501–515.
Schneider, D.: [Grundlagen] Grundlagen einer finanzwirtschaftlichen Theorie der Produktion. In: Produktionstheorie und Produktionsplanung. Karl Hax zum 65. Geburtstag, Hrsg.: Adolf Moxter, Köln–Opladen 1966.
Schneider, E.: [Produktion] Theorie der Produktion, Wien 1934.
Schreiber, W.: [Produktions-] Neoklassische und moderne Produktions- und Kostentheorie. Ein Vergleich. In: ZfB 38, 1968, S. 69–92.
Schüppenhauer, J.: [Zinsen] Die kalkulatorischen Zinsen in der Kostenrechnung, Diss. Saarbrücken 1971.
Schumann, J.: [Input-Output-Analyse] Input-Output-Analyse, Berlin–Heidelberg–New York 1968.
Schweitzer, M.: [Verbindung] Zur Verbindung von Produktions- und Organisationstheorie. In: ZfO 38, 1969, S. 24–29.
Schweitzer, M., Küpper, H. U.: [Produktions-] Produktions- und Kostentheorie der Unternehmung, Hamburg 1974.
Seicht, G.: [Grenzbetrachtung] Die Grenzbetrachtung in der Entwicklung des betrieblichen Rechnungswesens, Berlin 1977.
v. Stackelberg, H.: [Grundlagen] Grundlagen einer reinen Kostentheorie, Wien 1932.
Steffen, M., Steinecke, V.: [Einflußgrößenrechnung] Einflußgrößenrechnung zur Kostenplanung eines kontinuierlichen Feinstahlwalzwerkes mit Matrizen. In: Stahl und Eisen 82, 1962, S. 155–165.
Steffen, R.: [Analyse] Analyse industrieller Elementarfaktoren in produktionstheoretischer Sicht. – Grundlage und Aufbau kurzfristiger Planungsmodelle, Berlin 1973.
Stein, C.: [Berücksichtigung] Zur Berücksichtigung des Zeitaspekts in der betriebswirtschaftlichen Produktionstheorie, Diss. München 1965.
Steinmann, H.: [Produktionsmodelle] Lineare Produktionsmodelle der kurzfristigen Programmplanung. Zur statischen Produktionstheorie auf der Grundlage der linearen Planungsrechnung, Diss. Clausthal 1962.
Steinmann, H., Matthes, W.: [Überlegungen] Wissenschaftstheoretische Überlegungen zum System Gutenbergs. In: Wissenschaftstheorie und Betriebswirtschaftslehre, Hrsg.: G. Dlugos u. a., Düsseldorf 1972, S. 119–151.
Stöppler, S.: [Produktionstheorie] Dynamische Produktionstheorie, Opladen 1975.
Topitsch, E.: [Probleme] Sprachlogische Probleme der sozialwissenschaftlichen Theoriebildung. In: Logik der Sozialwissenschaften, Hrsg.: E. Topitsch, 4. Aufl., Berlin–Köln 1967, S. 17 f.
Vogel, F.: [Grundlagen] Grundlagen und Funktionsweise eines Modells der betrieblichen Produktions- und Kostenstruktur. In: ZfB 38, 1968, Ergänzungsheft I, S. 1–31.
Vogel, F.: [Strukturbilanzen] Betriebliche Strukturbilanzen und Strukturanalysen, Würzburg–Wien 1969.
Vogel, F.: [Matrizenrechnung] Matrizenrechnung in der Betriebswirtschaft, Opladen 1970.
Walther, A.: [Einführung] Einführung in die Wirtschaftslehre der Unternehmung, 2. Aufl., Zürich 1959.
Wartmann, R., Kopineck, H. J., Hanisch, W.: [Kostenrechnung] Funktionales Arbeiten in Kostenrechnung und Planung mit Hilfe von Matrizen. In: Archiv für das Eisenhüttenwesen 31, 1960, S. 441–450.
Weber, H.-H.: [Kostenfunktion] Zur Ableitung der langfristigen Kostenfunktion der Einproduktunternehmung. In: ZfB 37, 1967, S. 593–608.

Weber, K.: [Aussagefähigkeit] Die Aussagefähigkeit empirischer Kostenfunktionen in betriebswirtschaftlicher Sicht. In: ZfB 37, 1967, Ergänzungsheft I, S. 47–74.

Weber, K.: [Zurechenbarkeit] Fixe und Variable Kosten, die Probleme ihrer Zurechenbarkeit und Abgrenzung, sowie die Bedeutung ihrer Unterscheidung, Göttingen 1972.

Wittmann, W.: [Grundzüge] Grundzüge einer axiomatischen Produktionstheorie. In: Produktionstheorie und Produktionsplanung, Karl Hax zum 65. Geburtstag, Hrsg. von A. Moxter, D. Schneider und W. Wittmann, Köln–Opladen 1966, S. 9–36.

Wittmann, W.: [Produktionstheorie] Produktionstheorie, Berlin–Heidelberg–New York 1968.

v. Wysocki, K.: [Steuern] Der Einfluß von Steuern auf Produktions- und Kostenfunktionen. In: ZfB 34, 1964, S. 15–36.

Zschocke, D.: [Betriebsökonometrie] Betriebsökonometrie. Stochastische und technologische Aspekte bei der Bildung von Produktionsmodellen und Produktionsstrukturen, Würzburg–Wien 1974.

Verzeichnis der Abbildungen

Abbildung 1:	Real- und Nominalgüterströme	14
Abbildung 2:	Forschungsansätze in der Produktions- und Kostentheorie	16
Abbildung 3:	Klassifikation der Güter	27
Abbildung 4:	Produktionsfaktoren	30
Abbildung 5:	Bestimmungsgrößen des Arbeitsverhaltens nach STEFFEN	32
Abbildung 6:	Nutzung von Faktoren und Produktnähe	34
Abbildung 7:	Systematik der Produktionsverfahren	43
Abbildung 8:	Einfache Verfahren der Fertigungstechnik	44
Abbildung 9:	Durchlaufende Produktion	46
Abbildung 10:	Analytische Produktion	46
Abbildung 11:	Synthetische Produktion	46
Abbildung 12:	Umgruppierende Produktion	46
Abbildung 13:	Kuppelproduktion	47/48
Abbildung 14:	Merkmalsprofil der Produktion von Betriebswirtschaften	50
Abbildung 15:	Organisationstypen des Fertigungsablaufs	51
Abbildung 16:	Nichtlineare Limitationalität (Fall 1)	51
Abbildung 17:	Nichtlineare Limitationalität (Fall 2)	59
Abbildung 18:	Produktisoquanten bei partieller Substitutionalität	60
Abbildung 19:	Grenzrate der Faktorsubstitution, Isokline	61
Abbildung 20:	Grenzrate der Produktsubstitution	63
Abbildung 21:	Größenproportionalität	63
Abbildung 22:	Größendegression	64
Abbildung 23:	Größenprogression	65
Abbildung 24:	Produktionselastizität	67
Abbildung 25:	Leontief-Produktionsfunktion im Drei-Güter-Fall (totale Faktorvariation)	71
Abbildung 26:	Leontief-Produktionsfunktion im Drei-Güter-Fall (partielle Faktorvariation)	71
Abbildung 27:	Mehrere effiziente Prozesse	73
Abbildung 28:	Leontief-Produktionsfunktion bei mehreren effizienten Prozessen	73
Abbildung 29:	Bild der Gutenberg-Produktionsfunktion	77
Abbildung 30:	Intensität-Zeit-Isoquanten	78
Abbildung 31:	Verbrauchsfunktionen	79
Abbildung 32:	Output als Funktion der Intensität (Verbrauchsfaktoren)	79
Abbildung 33:	Gebrauchsfaktoreinsatz als Funktion der Intensität (u-förmige Verbrauchsfunktion)	80
Abbildung 34:	Verbrauchsfaktoreinsatz als Funktion der Intensität (u-förmige Verbrauchsfunktion) (bei konstanter Einsatzzeit)	81
Abbildung 35:	Interne Rückkopplung	88
Abbildung 36:	Beispiel zum einstufigen PICHLER-Modell	90
Abbildung 37:	Beispiel zum mehrstufigen PICHLER-Modell	97
Abbildung 38:	Flußdiagramm zum PICHLER-Produktionsmodell	106

Abbildung 39:	Gütereinsatz und -entstehung im mehrstufigen PICHLER-Modell	107
Abbildung 40:	Gütereinsatz und -entstehung im mehrstufigen PICHLER-Modell	108
Abbildung 41:	Gozinto-Graph für zwei Güter	111
Abbildung 42:	Gozinto-Graph im Mehr-Güter-Fall	112
Abbildung 43:	Abgrenzung zwischen Auszahlung und Ausgabe	118
Abbildung 44:	Abgrenzung zwischen Einzahlung und Einnahme	119
Abbildung 45:	Abgrenzung zwischen Ausgabe und Kosten	120
Abbildung 46:	Abgrenzung zwischen Einnahme und Leistung	121
Abbildung 47:	Zusammenhang zwischen Güter- und Wertsystem	122
Abbildung 48:	Zusammenhänge bei der Realisierung eines betrieblichen Lohnsystems	149
Abbildung 49:	Einflußgrößen der Betriebsbereitschaft	152
Abbildung 50:	Kostenfunktionen	160
Abbildung 51:	Fixe Kosten	162
Abbildung 52:	Intervallfixe Kosten	162
Abbildung 53:	Variable Kosten	163
Abbildung 54:	Intervallvariable Kosten	163
Abbildung 55:	Gleichgewichtsproduktion bei strenger Größendegression	167
Abbildung 56:	Gleichgewichtsproduktion bei strenger Größenproportionalität	167
Abbildung 57:	Gleichgewichtsproduktion bei strenger Größenprogression	168
Abbildung 58:	Gleichgewichtsproduktion	169
Abbildung 59:	Gesamtkostenfunktion im Leontief-Modell	173
Abbildung 60:	Bestimmung des optimalen Prozesses	176
Abbildung 61:	Mehrere optimale Prozesse	176
Abbildung 62:	Zwei Prozesse, vier Faktorbeschränkungen I–IV	179
Abbildung 63:	Bewerteter Verbrauchsfaktoreinsatz	185
Abbildung 64:	Relevante Intensitätspunkte bei zeitlicher und intensitätsmäßiger Anpassung	189

Sachregister

Abbauproduktion 52
Abbildung
 − bonitäre 124
 − monetäre 123
 − pekuniäre 123
 − reale 124
 − wertmäßige 123
Abfallprodukt 35
Ablauforganisation 31
Ablaufprinzipien 51
Ablaufproblem 94
Absatz 14 f.
Absatzwert 117
Abschreibung 143 ff.
Additionskopplung 96
Aktivität 70
Anpassung
 − intensitätsmäßige 76
 − quantitative 76
 − rein intensitätsmäßige 78
 − rein zeitliche 78
 − zeitliche 76
Anpassungsprozesse 93
Arbeit 29, 32
Arbeitsteilung 52
Arbeitsverhalten 32
Arbeitswert 147 f.
Arbeitszeit 146
Artteilung 52
Aufbauorganisation 31
Ausgabe 117, 118, 120
Ausschußfunktion 82
Auszahlung 117, 118
Automation 49
Automatisierung 49

Baustellenfertigung 53
Bearbeitungszentrum, Prinzip des 51
Bedienungsrelation 155
Bedienungssysteme, optimale 93
Belastungsfunktion 82
Bereitschaftskosten 152 ff., 156
Beschaffung 14, 15
Beschaffungswert 117

Bestandsfaktor 33
Bestandsgröße 117
Bestellproduktion 45
Betriebliche Nebenbedingungen 85, 140
Betriebsbereitschaft 155
Betriebsmittel 33
Betriebsmittelabrechnung 143
Betriebsmittelkosten 143
Betriebswert 19
Betriebswertrechnung 19
Bewertung 127
Bewertungssätze 56
Bezugsobjekthierarchie 135, 158
Bezugsobjektsystem 135, 158
Bilanz 121

Chargenfertigung 48
Chenery-Produktionsmodell 83 ff.

Dilemma des wertmäßigen Kostenbegriffs 132, 136
Direktbedarfsmatrix 111
Durchsatz 85
Durchsatzfunktion 86
Durchschnittskosten, partielle 161
Durchschnittsprodukt 66

Effizienz 42
Eigenerstellung 107
Effizienzpostulat 56
Einnahme 117, 119, 121
Einproduktproduktion 45
Einzahlung 117, 119
Einzelkosten 158 f.
Einzelkostenperiode 117
Einzelproduktion 45
Elementarfaktor 29, 30 ff.
Elementarkombination 82
Elementartypen 44
Endprodukt 35
Energietechnik 43
Energiezufuhr-Funktion 84
Engineering Production Functions 84
Erfolg 123, 166

Erfolgssystem 123
Erlös 117, 165
Ertragszuwachs 66
Erzeugnisstruktur 110
– lineare 110
– vernetzte 110

Faktoren 13, 28 ff.
– dispositive 29, 30 f.
Faktoreinsatz
– unverbundener 49
– verbundener 49
Faktoreinsatzfunktion 57
Finanzierung 15
Faktorisoquante 62
Faktorkoeffizient 84
Faktormatrix 87
Faktorpreis 138
Faktorpreisqualität 138
Faktorverbrauchsfunktion 82
Fertigungstechnik 43
Fertigungsverfahren 41
Finanzsystem 121
Fließfertigung 52
Flußprinzip 51
Flußproduktion 51
– organisierte 52
– verfahrenstechnische 52
Fremdbezug 107

Gebrauchsfaktor 33, 74
Gebrauchsgut 28, 125 f.
Gebrauchsverschleiß 143
Geldvermögen 123
Geldziel 13
Geltungszahl, optimale 19
Gemeinkosten 158 f.
Gesamtbedarfsmatrix 111
Gesamtkosten 159, 160
Gewinn 14, 123, 166
Gleichgewichtsproduktion 165 ff.
Gozinto-Graph 110
Grenzfaktoreinsatz 67, 68
– partieller 67
– totaler 68
Grenzkosten 161
– partielle 161
– totale 162
Grenzprodukt 66, 68
– partielles 66
– totales 66, 68
Grenzproduktionskoeffizient 66
Grenzrate der Faktorsubstitution 61, 68

Grenzrate der Produktsubstitution 62, 68
Größe der Produktion 63
Größendegression 64
Größenprogression 64
Größenproportionalität 63
Güterbestände 139
Güterbeständesystem 121
Güterentstehung 13
Güterprozesse 13
Güterraum 55
Güterverbrauch 13, 125
– erzwungener 126
– freiwilliger 126
Gut 25 ff.
– abgeleitetes 26
– adjunktives 27
– freies 34
– wirtschaftliches 34
Gutenberg-Produktionsmodell 74 ff., 182 ff.

Homogenität 63, 69

Indexmethode 130
Information, vollkommene 54
Input 29
Intensität 74
Intensitätssplitting 188 ff.
Investitions- und Finanzwirtschaft 92
Isokline 62
Istkosten 127, 140

Kapazitanz 153
Kapazität 153
– qualitative 33, 74
– quantitative 33, 74
– realisierbare 154
– technische Maximalkapazität 153
Kapazitätsterminierung 94
Kapital 26, 29
Kaufkraft 130
Kombinationsbedingungen 139
Konsumgut 28
Kontrolle 31
Kopplung 91, 96 f.
Kopplungsmatrix 107
Kosten 13, 19, 117, 120, 125, 165
– fixe 162
– intervallfixe 162
– intervallvariable 162
– Plan- 140
– variable 162
Kostenart 141 f.
Kostenartenfunktion 137
Kostenauflösung 163

Kostenbegriff
- entscheidungsorientierter 134 f.
- monetärer 128 f.
- pagatorischer 128
- substantieller 129 ff.
- wertmäßiger 131 ff.
Kosteneinflußgrößen 136 ff.
Kostenelastizität 163
- partielle 163
- totale 163
Kostenkategorien 140
Kostenmodelle 165 ff.
Kostenstruktur 49
Kostentheorie 13, 17, 19, 115 ff.
Kosten- und Leistungsrechnung 14
Kostenverursachung
- heterogene 160
- homogene 159
Kostenwerttheorie 125 ff.
Kuppelproduktion 47, 57
- elastische 47, 62
- lose 47
- starre 47, 62
- variable 47

Leerkosten 174
Leistung 14, 32, 117, 121, 146
Leistungsbereitschaft 31
Leistungsfähigkeit 31
Leistungsfunktion 82
Leistungsgeschwindigkeit 74
Leistungskosten 152 ff., 156 f.
Leitgröße 85
Lenkungsfunktion der Bewertung 124
Leontief-Produktionsmodell 70 ff., 172 ff.
Limitationalität 57 ff.
- lineare 57, 58
- nichtlineare 57, 58
Linear-Homogenität 65

Management 15
Marktpreis 128
Marktproduktion 45
Maschinenbelegung 93
Maschinisierung 49
Massenfertigung 47
Massenproduktion 45
Material 33
Materialabrechnung 143
Materialwirtschaft 92
Maximalumsatzproduktion 171 f.
Maximumprinzip 42
Mechanisierung 49
Mehrproduktproduktion 45

Mehrstellenarbeit 93
Mengenteilung 52
Minimalkostenproduktion 170 f.
Minimierungsbedingung, technische 56
Minimumprinzip 42
Motorisierung 49

Nettovermögen 123
Niveau der Produktion 63
Nominalgut 26
Nominalgütersystem 14
Nullproduktion 54
Nutzkosten 174

Objektfaktor 29 f.
Opportunitätskosten 134, 151
Organisation 31
Organisationstypen des Produktionsablaufs 50 ff.

Parallelproduktion 45
Passus-Gleichung 69
Personalanweisungsproblem 93
Personalkapazität, realisierbare 155
Personalwirtschaft 92
Pichler-Kostenmodell 192 ff.
Pichler-Produktionsmodell 85 ff., 94 ff.
Planung 31
Potentialfaktor 33
Preisindex 130
Preistheorem der Linearen Programmierung 21
Primärbedarf 110
Primärfaktor 29
Prinzip der Wirtschaftlichkeit 127
Produkt 13, 35 ff.
Produktdifferenzierung 36
Produktgestaltung 35
- äußere 36
- innere 35
Produktion 14, 15
- analytische 46
- automatisierte 49
- diskrete 48
- durchlaufende 46
- einfache 45
- einstufige 45, 54
- intermittierende 48
- irreversible 58
- kontinuierliche 48
- manuelle 49
- maschinelle 49
- mehrstufige 45, 91
- rhythmische 48

- synthetische 46
- umgruppierende 46
- unverbundene 47, 57
- verbundene 47, 57

Produktionsablauf 36
Produktionselastizität 67, 69
Produktentscheidung 56
Produktionsfaktor 28 ff.
Produktionsfunktion 56, 57
Produktionsgleichung 56
Produktionsgut 28
Produktionskapazitätskurve 62
Produktionskoeffizient 67
Produktionsmodell
- deterministisches 54, 55
- statisches 55
- technisches 83

Produktionsperiode 38
Produktionsplanung 14
Produktionsprozeß 58, 70
Produktionspunkt 88
Produktionssystem 38 ff.
Produktionstheorie 13, 17, 23 ff.
Produktionstheorie und -politik 17
Produktionstypen 44
- inputbezogene 49
- outputbezogene 45
- throughputbezogene 45

Produktions- und Kostentheorie 16
Produktionsverfahren 41 ff., 58
Produktisoquante 61, 68
Produktivität 42, 127
Produktkoeffizient 87
Produktlinie 36
Produktmatrix 87
Produktprogramm 36, 139
- Theorie zu Ableitung des 14

Produktvariation 36
Produktzuwachs 66
Programmgestaltung 38
Programmplanung 36
- qualitative 38
- quantitative 38

Prozeß 70
- gemischter 72
- reiner 72

Prozeßauswahl, optimale 174 ff.
Prozeßstrahl 70

Realgut 26
Reinvermögen 123
Reihenfertigung 52
Repetierfaktor 33

Rückfluß
- externer 40, 41
- interner 40, 41

Rückkopplung
- externe 88
- interne 88

Sachziel 13
Sekundärbedarf 110
Sekundärfaktor 29
Sequenzproblem 94
Seriengrößenplanung 93
Serienproduktion 45
Skalenelastizität 69
Soll-Kosten 127
Sortenfertigung 45
Splitting-Intensität 188

Stromgrößenkongruenz 131
Strömungsgröße 117
Strukturmatrix 39
Stücklisten-Auflösung 110
Substitutionalität 57 ff.
- partielle 57, 61
- totale 57, 61

Subtraktionskopplung 103

Taktzeit 52
Technologie 41, 54, 55
- effiziente 56

Technologiemenge 54
Teilkosten 163
Terminplanung 94
Totalperiode 117
Transformationsfunktion 84
Transformationskurve 62
Transportproduktion 53

Umsatz 117, 165
Unternehmensleitung 30

Verbrauchsabweichung 127
Verbrauchsfaktor 33, 74
Verbrauchsfunktion 75
Verbrauchsgut 27, 125 f.
Verfahrensbedingungen 93
Verfahrensplanung 93
Verfahrenstechnik 43
Verflechtungskoeffizient 86
Verflechtungsmatrix 86, 111
Verflechtungsmodell 86
Verlust 123, 166
Vermögen 121
Verrechnungsfunktion 127

Verrichtungsprinzip 51
Verursachungs- und Proportionalitätsprinzip 20
Vorgabezeit 147
Vorleistungen 138
Vorleistungskosten 141

Wanderproduktion 53
Wechselproduktion 46
Werkbankproduktion 51
Werkstattprinzip 51
Werkstattproduktion 51
Werkstoffe 33

Wert 127 f.
— gerundiver 132
Wirtschaftlichkeit 127

Zahlungsmittel 117
Zeitverschleiß 143
Zielsetzung 56
Zinsen 150 f.
Zusatzfaktor 29 f., 33
Zwangslauffertigung 52
Zwischenprodukt 33, 35